W0325434

ANNETTE VON DROSTE-HÜLSHOFF UNTERWEGS

KULTURLANDSCHAFT WESTFALEN

Band 4

Landschaftsverband
Westfalen-Lippe

Walter Gödden Jochen Grywatsch

ANNETTE VON DROSTE-HÜLSHOFF UNTERWEGS

Auf den Spuren der Dichterin durch Westfalen

mit Fotografien von Karl Heinz Baltzer

Ardey-Verlag

Mit freundlicher Unterstützung der

VEW ENERGIE Aktiengesellschaft

Westfälische PROVINZIAL Versicherung der Sparkassen

Die Deutsche Bibliothek – CIP-Einheitsaufnahme
Gödden, Walter :
Annette von Droste-Hülshoff unterwegs :
auf den Spuren der Dichterin durch Westfalen /
Walter Gödden ; Jochen Grywatsch.
Mit Fotogr. von Karl Heinz Baltzer.
– Münster : Ardey-Verl., 1996
(Kulturlandschaft Westfalen ; Bd. 4)
ISBN 3-87023-076-2
NE: Grywatsch, Jochen; Baltzer, Karl Heinz [Ill.]; GT

2. Auflage 1996
© Ardey-Verlag, Münster
Alle Rechte vorbehalten. Dieses Werk sowie einzelne
Teile desselben sind urheberrechtlich geschützt.
Jede Verwertung in anderen als den gesetzlich zulässigen Fällen
ist ohne vorherige Zustimmung des Verlages nicht zulässig.

Printed in Germany.
Umschlagbild: Rüschhaus
Satz und Lithographie: Rhema – Tim Doherty, Münster
Druck: Schnell, Warendorf
Bindung: Regensberg, Münster
ISBN 3-87023-076-2

VORWORT

Mit der Publikation „Dichter – Stätten – Literatouren", die zugleich den Beginn der vorliegenden Reihe „Kulturlandschaftschaft Westfalen" bildetete, wandte sich der Landschaftsverband Westfalen-Lippe 1992 erstmals einem Thema zu, das in den letzten Jahren zunehmend an Bedeutung gewonnen hat: dem Literaturtourismus. In der genannten Publikation wurden rund 250 Orte und literarische Schauplätze vorgestellt, wobei der Blick auf ganz Westfalen gerichtet war. Ziel der Veröffentlichung war es, sowohl wissenschaftlichen Ansprüchen Rechnung zu tragen als auch die Interessen des Literaturliebhabers anzusprechen. Diese Absicht wurde mit der Begründung der Reihe „Westfälische Dichterstraßen" weiterverfolgt, deren erster Band unlängst erschienen ist. Er ist der südostwestfälischen Region gewidmet und stellt das literarische Schaffen Friedrich Wilhelm Webers, Peters Hilles, des Bökendorfer Märchenkreises sowie die bedeutende Corveyer Schloßbibliothek in den Mittelpunkt.

Der vorliegende literarische Reiseführer steht in einem solchen, darüber hinaus jedoch noch in einem weiteren Zusammenhang. Er entstand anläßlich des Droste-Jahres 1997, in dem der 200. Geburtstag der Dichterin feierlich begangen wird. Der Landschaftsverband Westfalen-Lippe trug maßgeblich zur Gestaltung dieses Jubiläums bei, zum einen durch eigene Programmpunkte, zum anderen dadurch, daß er eine Vernetzung zwischen Programmangebot und Veranstaltern herstellte. Bei dem vom Landschaftsverband zusammengestellten Programmbuch kamen auf diese Weise westfalenweit über 250 Veranstaltungen zusammen – Indiz für das nachhaltige Interesse an Leben und Werk Annette von Droste-Hülshoffs.

Die wichtigsten Gedenkstätten der Droste – Burg Hülshoff, das Rüschhaus, 1995 kam das Bökerhof-Museum in Bökendorf bei Brakel hinzu – sind heute allgemein bekannt. Wie aber steht es mit den Reisen der Droste, welche Städte und Schlösser besuchte sie, und was floß von diesen Visiten in ihr Werk ein? In der Beantwortung solcher Fragen liegt der Reiz der vorliegenden Untersuchung. Sie kann diesbezüglich mit vielen Bezügen und Querverweisen aufwarten, die bisher noch ganz oder teilweise unbekannt waren.

Mit der Publikation „Annette von Droste-Hülshoff unterwegs. Auf den Spuren der Dichterin durch Westfalen" setzt der Landschaftsverband Westfalen-Lippe sein verstärktes Engagement im Bereich der westfälischen Literatur fort. Im Jahre 1990 wurde in der Abteilung Kulturpflege ein eigenes Referat Literatur gegründet, aus dem verschiedene Publikationen wie das „Westfälische Autorenlexikon" und die Reihe „Literatur in Westfalen. Beiträge zur Forschung" hervorgingen. Dem Referat Literatur ist weiterhin die Geschäftsstelle einer „Arbeitsgemeinschaft Literarischer Gesellschaften Westfalens" angegliedert, der die derzeit 11 literarischen Gesellschaften Westfalens angehören – ein weiterer Bereich, in dem sich Wissenschaft und allgemeines Literaturinteresse fruchtbar ergänzen.

Münster, im September 1996

Dr. Manfred Scholle
Direktor des Landschaftsverbandes Westfalen-Lippe

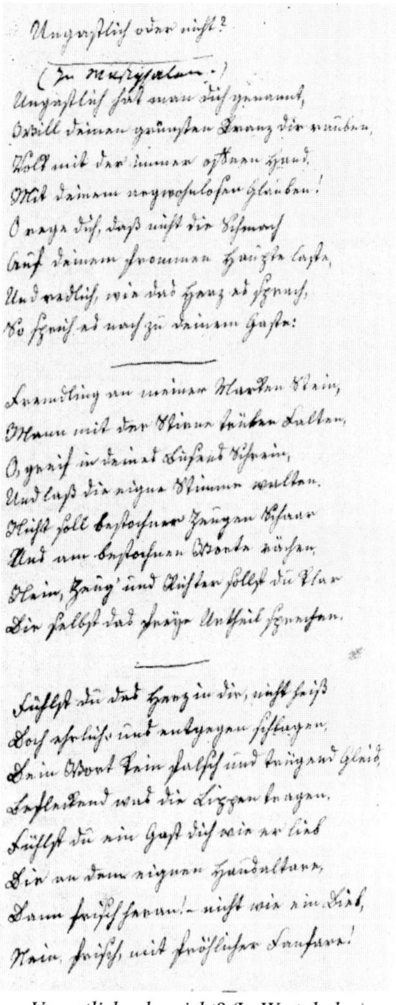
Ungastlich oder nicht?

(In Westphalen.)

Ungastlich hat man dich genannt,
Will deinen grünsten Kranz dir rauben,
Volk mit der immer offnen Hand,
Mit deinem argwohnlosen Glauben!
O wehre dich, daß nicht die Schmach
Auf deinem frommen Haupte laste,
Und redlich, wie das Herz es sprach,
So sprich es nach zu deinem Gaste:

Fremdling an meiner Marken Rain,
Wenn mit der Stirne trüben Falten,
O greif in deines Busens Schrein,
Und laß die eigne Stimme walten.
Nicht soll bestochner Zeugen Schaar
Und um bestochner Worte rächen,
Nein, Hang und Sitten sollst du klar
Dir selbst das freie Urtheil sprechen.

Fühlst du das Herz in dir, nicht heiß
Doch ehrlich und entgegen schlagen,
Dein Wort kein falsch und trügend Gleiß,
Befleckend was die Lippen tragen.
Fühlst du ein Gast dich wie er lieb
Dir an dem eignen Herdaltare,
Dann frisch heraus! – nicht wie ein Dieb,
Nein, frisch, mit fröhlicher Fanfare!

Ungastlich oder nicht? (In Westphalen)
Faksimile der Reinschrift für die
Gedichtausgabe von 1844

Warum dieses Buch?

Literarische Stätten erzählen auf ihre Weise Literaturgeschichte(n), vielleicht nicht immer aus erster Hand, aber fast immer aufschlußreich. Es genügt manchmal schon, die Tür eines Dichtergeburtshauses einen Spalt weit zu öffnen – und schon beginnen wir, am Leben jenes Autors teilzunehmen. Wir lernen Ausschnitte seiner Lebenswirklichkeit kennen, erhalten Einblick in seine Schreibwerkstatt, bekommen vielleicht die Erstdrucke seiner Texte zu Gesicht. Die Kenntnis solcher Zusammenhänge kann in keinem Fall die Lektüre seiner Werke ersetzen, mag aber Neugierde und Interesse wecken und dazu anregen, die Schriften jenes Autors erstmals oder wieder einmal zur Hand zu nehmen.

Die Haupt-Wirkungsstätten Annette von Droste-Hülshoffs sind bereits gut erforscht, neben zahlreichen Aufsätzen liegen kleinere Monographien vor. Das Interesse richtete sich bisher stets auf einzelne lokale Bezugspunkte, die isoliert nebeneinanderstanden. Mit der vorliegenden Veröffentlichung wird dagegen erstmals – hinsichtlich Westfalens – ein Gesamtbild entworfen. Dieses stützt sich jedoch nicht allein auf frühere, bewährte „Vorläufer", sondern bringt auch zahlreiche neue Forschungen ein. Die Bearbeiter profitierten dabei von ihrer jahrelangen Mitarbeit an der in Münster und Osnabrück erarbeiteten Historisch-kritischen Droste-Ausgabe.

Wie sollte man dieses Buch benutzen?

Annette von Droste-Hülshoff besaß nicht einen, sie besaß gleich mehrere „Schreiborte", die fast gleichwertig nebeneinanderstehen. Jeder dieser Orte ist mit biographischen Erinnerungen und der Entstehung bestimmter Werke verknüpft. Die bevorzugten „Anlaufstellen" sind im *Münsterland* das Wasserschloß Hülshoff als Elternhaus der Autorin sowie das nahegelegene Haus Rüschhaus, in dem die Autorin von 1826 bis 1846, von ihrem 29. bis 49. Lebensjahr, lebte. Beide Häuser sind heute vielbesuchte Droste-Museen. Im *Paderborner Land* entstand 1995 mit dem Bökerhof-Museum in Bökendorf bei Brakel ein ähnliches Zentrum. Haus Bökerhof war der Stammsitz der mütterlichen Verwandten, der Familie von Haxthausen. Die Kontakte der Autorin zum *Sauerland* sind weniger gut erforscht, aber auch hier gibt es zu den Orten Gevelinghausen (Geburtshaus ihrer Schwägerin **Caroline von Wendt-Papenhausen**), Bruchhausen und Rödinghausen unmittelbare Berührungspunkte.

Das vorliegende Vademekum ist alphabetisch gegliedert, einmal, um eine schnelle Orientierung zu gewährleisten, zum anderen, um auch entlegenere Droste-Orte von ihrem Schattendasein zu befreien. Wer wenig Zeit mitbringt, sollte unmittelbar die oben genannten Museen Burg Hülshoff, Haus Rüschhaus oder Haus Bökerhof ansteuern. Wer dagegen ausführlicher auf den Spuren Annette von Droste-Hülshoffs wandeln möchte, findet im vorliegenden Buch zahlreiche weiterführende Anregungen. Die Karte im Anhang bietet hier eine übergeordnete Orientierung. Bei schwierig aufzufindenden Örtlichkeiten wurde darüber hinaus eine Wegbeschreibung beigegeben.

Stichwort Westfalen

... ich bin eine Stockmünsterländerinn, und finde den münsterischen Mond bedeutend gelber als den schweizer, schrieb die Autorin vor Antritt ihrer Reise nach Meersburg im Sommer 1841. Und an anderer Stelle: *Zur Reise in die Schweiz kann ich mich nicht so recht oder vielmehr gar nicht freuen, man hört und liest viel Herrliches davon, aber ich mag fremde Länder nur durchreisend sehn, – ein Sperling in der Hand ist besser wie eine Taube auf dem Dache,– wär Jenny* ⟨von Laßberg, Schwester der Droste⟩ *nicht dort oder gieng Mama nicht*

Annette von Droste-Hülshoff. Zeichnung von Adele Schopenhauer, 1840

Haus Bökerhof

mit, dieses gelobte Land möchte, meinetwegen, bey seinem Namensbruder in Asien wohnen (an Schlüter, 2.1.1835). An vielen anderen Stellen betont die Droste, wieviel ihr Land und Leute ihrer Heimat bedeuteten.

Im Werk fehlt es ebenfalls nicht an „Westfalenbekenntnissen". Dem fiktiven Herausgeber des Romans *Bei uns zu Lande auf dem Lande*, einem Münsterländer Edelmann, legt sie die Worte in den Mund: *Ich bin ein Westphale und zwar ein Stockwestphale, nämlich ein Münsterländer,– Gott sei Dank! füge ich hinzu und denke gut genug von jedem Fremden, wer er auch sei, um ihm zuzutrauen, daß er gleich mir den Boden, wo „seine Lebenden wandeln und seine Todten ruhen" mit keinem andern auf Erden vertauschen würde ...*

Haus Hülshoff

In dem Gedicht *Ungastlich oder nicht? (In Westphalen)* heißt es apologetisch:

Ungastlich hat man dich genannt, / Will deinen grünsten Kranz dir rauben, / Volk mit der immer offnen Hand, / Mit deinem argwohnlosen Glauben; / O rege dich, daß nicht die Schmach / Auf deinem frommen Haupte laste, / ... Die Luft die unsern Odem regt, / Der Grund wo unsre Gräber blühen, / Die Scholle die uns Nahrung trägt, / Der Tempel wo wir gläubig knieen, / Die soll kein frevler Spott entweihn ...

Hinzu treten Texte aus dem Zyklus der *Haidebilder* (mit *Der Knabe im Moor*), das in Westfalen spielende Epos *Die Schlacht im Loener Bruch* sowie Verse mit unmittelbarem lokalen Bezug, die sich auf Hülshoff, Rüschhaus oder die Paderborner Gegend beziehen.

Im Prosawerk der Autorin bildet das Westfalenthema einen Dreh- und Angelpunkt. Drei der fünf überlieferten Prosawerke behandeln Westfalen, und alle drei sind unmittelbar miteinander verknüpft. Das Verbindungsglied bildet der bereits erwähnte, großangelegte Roman über Westfalen *Bei uns zu Lande auf dem Lande*, der allerdings über die Eingangskapitel und Entwürfe für eine Fortsetzung nicht herausgelangte. In diesem Roman sollte auch die Erzählung *Die Judenbuche* ihren Platz finden. Ein weiteres „Nebenprodukt" bilden die *Westphälischen Schilderungen aus einer westphälischen Feder*, die 1845 in den *Historisch-politischen Blättern* erschienen. Hier gibt die Droste ein halb authentisches, halb subjektives Sittengemälde der drei Hauptlandschaften Westfalens, des Münster-

landes, des Paderborner Landes und des Sauerlandes.
Oftmals spielen Bezüge zu Orten und Menschen im Werk der Droste eine Rolle; sie waren Antriebsfedern für das Entstehen von Texten. Überhaupt bezog die Dichterin ihre Stoffe am liebsten aus ihrem unmittelbaren Lebensumkreis. In der Schilderung des *Naturgetreuen, durch Poesie veredelt*, erkannte sie ihre eigentliche literarische Stärke. Dennoch verbietet es sich, die Droste provinziell zu vereinnahmen, wie es in der Vergangenheit oft geschehen ist (die Autorin verdankt ihre „Entdeckung" in den 80er Jahren des 19. Jahrhunderts sogar wesentlich dem Umstand, daß sie damals – im Kulturkampf – zu einer westfälischen und katholischen Gallionsfigur stilisiert wurde). Für Annette von Droste-Hülshoff gilt wie für viele andere Autorinnen und Autoren auch: sie benutzte ihre Kenntnisse über Land und Leute als literarisches Material, um daraus bedeutende Literatur entstehen zu lassen, deren ästhetische Qualität weit über den regionalen Bezug hinausweist.
Für das so häufige Aufgreifen des Westfalenthemas gibt es einen weiteren Grund: die konservative Weltanschauung der Autorin. Westfalen war für die Droste ein *seltsam schlummerndes Land*, wie sie in ihren *Westphälischen Schilderungen* schreibt, ein Land, das – ihrer Meinung nach – von den Auswüchsen der Moderne noch weitgehend verschont geblieben war. Im *Bei uns zu Lande* wollte sie jenes „alte" Westfalen noch einmal – als Synonym für eine unverdorbene und unprätentiöse Lebensweise – auferstehen lassen. Ihrem literarischen Freund **Levin Schücking** riet die Droste 1843: *lassen Sie Ihre Gestalten hören und sehn … mit der unblasirten Gemüthlichkeit westphälischer Sinne, reden Sie mit den einfachen Lauten, handeln Sie in der einfachen Weise Ihres Vaterlands, und die Ueberzeugung wird sich immer mehr in Ihnen befestigen, daß nur das Einfache großartig, nur das ganz Ungesuchte wahrhaft rührend und eindringlich ist.* Dem Fürstbischof **Melchior von Diepenbrock** schrieb sie im Mai 1845: *Gottlob ist unser gutes Westphalen noch um hundert Jahre zurück, – möge es nie nacheilen auf dem Wege des Verderbens! und mögen andre Länder auf ihrem Kreislaufe bald wieder bey ihm eintreffen! … unser gemeinschaftliches Vaterland* ⟨D. stammte aus Bocholt⟩ *ist bisher Gottlob noch ziemlich frey geblieben von allgemeiner Demoralisation – was dort wächst ist wenigstens nicht in der Wurzel angesteckt, so müssen Alle zusammen halten, hoch und gering, und wer sich nur als eines Schärfleins Herr fühlt soll es her geben, zum Bau des Dammes gegen Sittenlosigkeit und Unnatur, der die Irreligiosität so sicher folgt, wie der Sünde der Tod.*
Erwähnt sei schließlich, daß landschaftsbezogene Dichtung im Biedermeier hoch im Kurs stand. In Westfalen wurde sie mit **Carl Leberecht Immermanns** *Münchhausen*-Roman (1838/1839), in den die in Westfalen spielenden *Oberhof*-Kapitel eingeblendet sind, literarisch „hoffähig". Im Zuge regionaler und nationaler Identitätssuche wurde damals Landschaft als literarisches Motiv entdeckt, wobei man sich an ausländischen Vorbildern, insbesondere englischen, orientierte. Bis zu diesem Zeitpunkt genoß Westfalen in der Literatur nicht den besten Ruf. **Voltaires** „Candide" (1759) und **Justus Gruners** „Meine Wallfahrt zur Ruhe und Hoffnung, oder Schilderung des sittlichen und bürgerlichen Zustandes Westfalens, am Ende

Haus Rüschhaus

des 18. Jahrhunderts“ (1802/1803) – um nur zwei Titel zu nennen – waren mit der westfälischen Rückständigkeit hart ins Gericht gegangen und gaben insbesondere die katholischen Gegenden der Lächerlichkeit preis.

Die landschaftsbezogene Prosa der Droste liest sich in vielem wie eine Antwort auf diese Schriften. Die Autorin war jedoch – allen westfalenpatriotischen Zügen zum Trotz – durchaus nicht gewillt, ein beschönigtes Westfalenporträt zu bieten wie etwa **Ferdinand Freiligrath** und **Levin Schücking** in ihrem Landschaftsbildband „Das malerische und romantische Westphalen“ (1841). Mit ihrer Prophezeiung *Ich fürchte, meine lieben Landsleute steinigen mich, wenn ich sie nicht zu lauter Engeln mache* ... sollte die Droste wie mit so manch anderer Prognose (*ich mag und will jetzt nicht berühmt werden, aber nach hundert Jahren möcht ich gelesen werden*) recht behalten. Ihre *Westphälischen Schilderungen*, heute als Musterbeispiele deutscher Prosa und kulturgeschichtliche Quelle ersten Ranges gelobt, riefen 1845 eine *fatale Sensation* (Selbstzeugnis der Autorin) hervor, weil die paderbornische und sauerländische Bevölkerung viel zu kritisch beurteilt worden waren. Auch in der *Judenbuche* werden Mißstände wie Alkoholismus und Sittenverfall unmittelbar angesprochen.

TEIL 1
MÜNSTERLAND

Die Kulissen, die Annette von Droste-Hülshoff für ihren Roman *Bei uns zu Lande auf dem Lande* entwarf, waren weit, vielleicht zu weit gespannt. Die Handlung sollte im Münsterland, im Paderborner Land und im Sauerland spielen. Ihrem literarischen Berater **Christoph Bernhard Schlüter**, dem Betreuer ihrer ersten Gedichtausgabe, schrieb die Autorin: *erst noch wegen meines Buchs ⟨Bei uns zu Lande⟩ in spe – es wird drey Abtheilungen enthalten, und den verbindenden Faden giebt der Aufenthalt eines Edelmanns aus der Lausitz bey einem Lehnsvetter im Münsterlande, (erste und stärkste Abtheilung) der dann mit dieser Familie ihre Verwandten im Paderbörnischen besucht, (zweyte Abtheilung) und durchs Sauerland zurückkehrt, wo sie auch einige Zeit bey Freunden und entfernten Verwandten verweilen. (dritte und kleinste Abteilung) – diese sind die drei hervorstechendsten Provinzen Westphalens, und zudem die Einzigen, wo ich hinlänglich eingebürgert bin, um festen Grund unter mir zu fühlen.*

Der Roman sollte Westfalen – mit nostalgischem Charme – so porträtieren, wie es die Autorin noch in ihrer Kindheit kennengelernt hatte. Zugleich war der Droste daran gelegen, andere, „schiefe" Darstellungen zu korrigieren. Der fiktive Herausgeber des *Bei uns zu Lande* klärt auf: *Sehr wunderlich war mir zu Muthe, als ich vor etwa zehn Jahren zum ersten Mal mein gutes Ländchen in van der Veldes Roman unverhofft begegnete, es war mir fast als sei ich nun ein lion geworden und könne fortan nicht mehr in meinem ordinairen Rocke ausgehen,– in den letzten Jahren habe ich mich indessen dagegen verhärtet, seit wir Westphalen in der Literatur wie Ameisen umherwimmeln,– ich will nichts gegen diese Schriften sagen, da ich wohl weiß wie es mir ergehen würde, wenn ich z. B. einen Russen oder Kalmucken in die Scene setzen sollte, aber soviel ist gewiß, daß ich in den Figuren, die dort unsere Straßen durchwandeln höchstens meine Nebenmenschen erkannt habe.* Im Text selbst finden sich weniger allgemeine Äußerungen über Westfalen als beispielgebende, humorvoll getönte Anekdoten und Episoden.

Einer ganz ähnlichen Dreiteilung – Westfalen, Paderborner Land, Sauerland – folgen auch die *Westphälischen Schilderungen*, die 1842 auf eine Bitte **Levin Schückings** hin entstanden. Dabei griff die Droste vermutlich auf ihre Vorarbeiten für ihren Roman *Bei uns zu Lande auf dem Lande* zurück. Einführend in den Text heißt es: *Wenn wir von Westphalen reden, so begreifen wir darunter einen großen, sehr verschiedenen Landstrich, verschieden nicht nur den weit auseinander liegenden Stammwurzeln seiner Bevölkerung nach, sondern auch in Allem, was die Physiognomie des Landes bildet, oder wesentlich darauf zurückwirkt, in Clima, Naturform, Erwerbsquellen, und, als Folge dessen, in Cultur, Sitten, Charakter, und selbst Körperbildung seiner Bewohner …*

Die *Westphälischen Schilderungen* sollten ursprünglich unter Schückings Namen in dem Sammelband *Deutschland im 19. Jahrhundert* erscheinen, der jedoch nicht zustandekam. Zur Veröffentlichung gelangten sie 1845 anonym in den *Historisch-politischen Blättern.* Mit den erwähnten Folgen: Es erschienen drei Entgegnungen, die nahezu jede Behauptung des Textes wiederlegten und als *Caricatur* abqualifizierten.

Von seiten eines Münsterländers kam verständlicherweise kein Protest. Er wird dem Paderborner und Sauerländer geradezu als Musterbeispiel vorangestellt. Die betreffenden Passagen zu den drei westfälischen „Nationalcharakteren" sind zu „klassischen", immer wieder zitierten Stellen geworden. Der Münsterländer wird mit den folgenden Worten vorgestellt:

Der Münsterländer ist groß, fleischig, selten von starker Muskelkraft; – seine Züge sind weich, oft äußerst lieblich, und immer durch einen Ausdruck von Güte gewinnend, aber nicht leicht interessant, da sie immer etwas Weichliches haben, und selbst ein alter Mann oft frauenhafter aussieht, als eine Paderbörnerin in den mittleren Jahren,– die helle Haarfarbe ist durchaus vorherrschend; man trifft alte Flachsköpfe, die vor Blondheit nicht haben ergrauen können.– Dieses und alles dazu Gehörige – die Hautfarbe – blendend weiß und rosig, und den Sonnenstrahlen bis in's überreife Alter widerstehend. Die lichtblauen Augen, ohne kräftigen Ausdruck – das feine Gesicht mit fast lächerlich kleinem Munde, hierzu ein oft sehr anmuthiges und immer wohlwollendes Lächeln, und schnelles Erröthen stellen die Schönheit beider Geschlechter auf sehr ungleiche Wage,– es gibt nämlich fast keinen Mann, den man als solchen wirklich schön nennen könnte, während unter zwanzig Mädchen wenigstens fünfzehn als hübsch auffallen, und zwar in dem etwas faden, aber doch lieblichen Geschmacke der englischen Kupferstiche. – Die weibliche Landestracht ist mehr wohlhäbig, als wohlstehend, recht viele Tuchröcke mit dicken Falten, recht schwere Goldhauben und Silberkreuze an schwarzem Sammetbande, und bei den Ehefrauen Stirnbinden von möglichst breiter Spitze, bezeichnen hier den Grad des Wohlstandes; da selten Jemand in den Laden geht, ohne die nöthigen blanken Thaler in der Hand, und noch seltner durch Putzsucht das richtige Verhältniß zwischen der Kleidung und dem ungeschnittenen Leinen und andern häuslichen Schätzen gestört wird. – Der Hausstand in den, meist vereinzelt liegenden Bauernhöfen ist groß, und

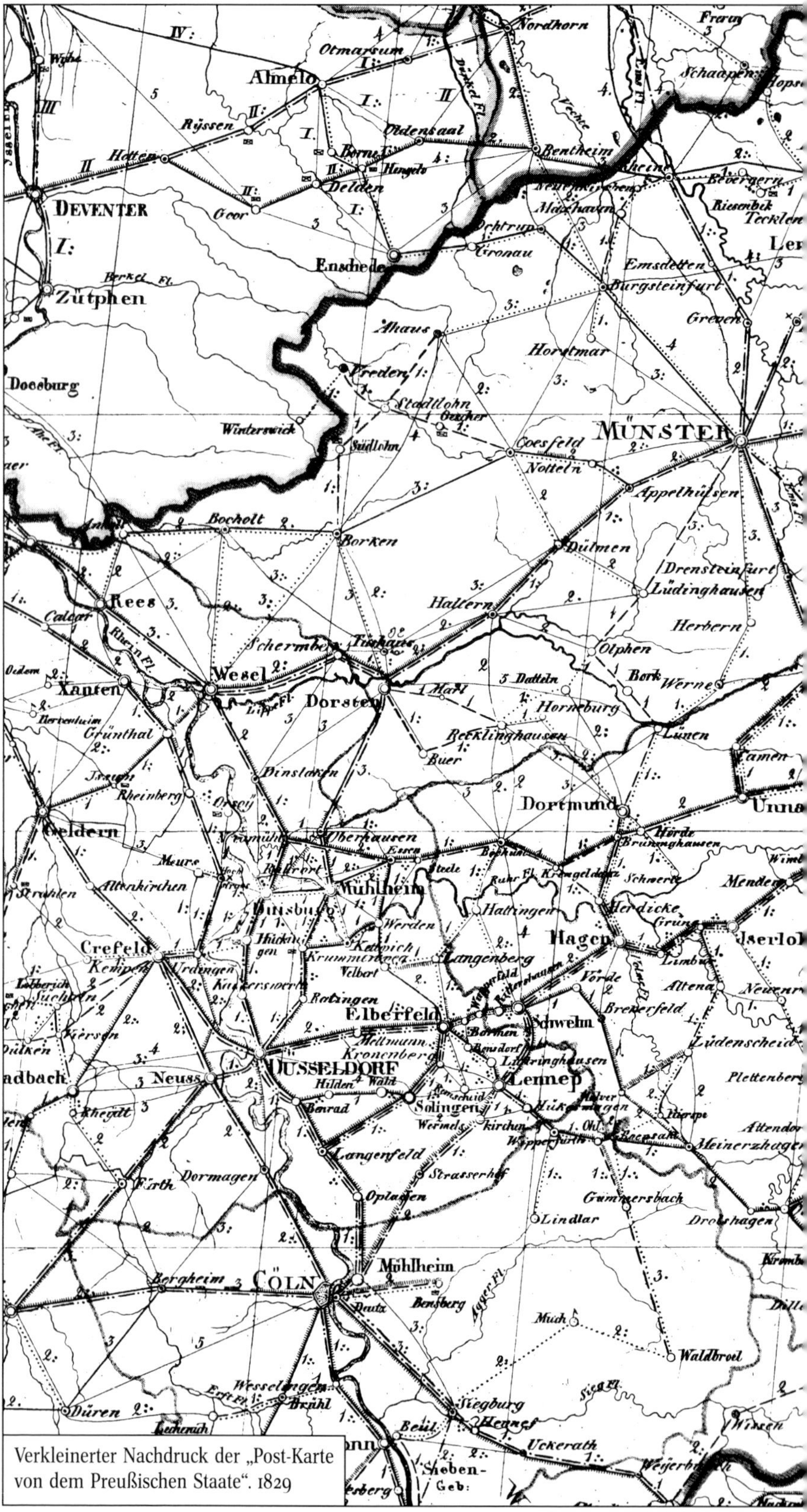

Verkleinerter Nachdruck der „Post-Karte von dem Preußischen Staate". 1829

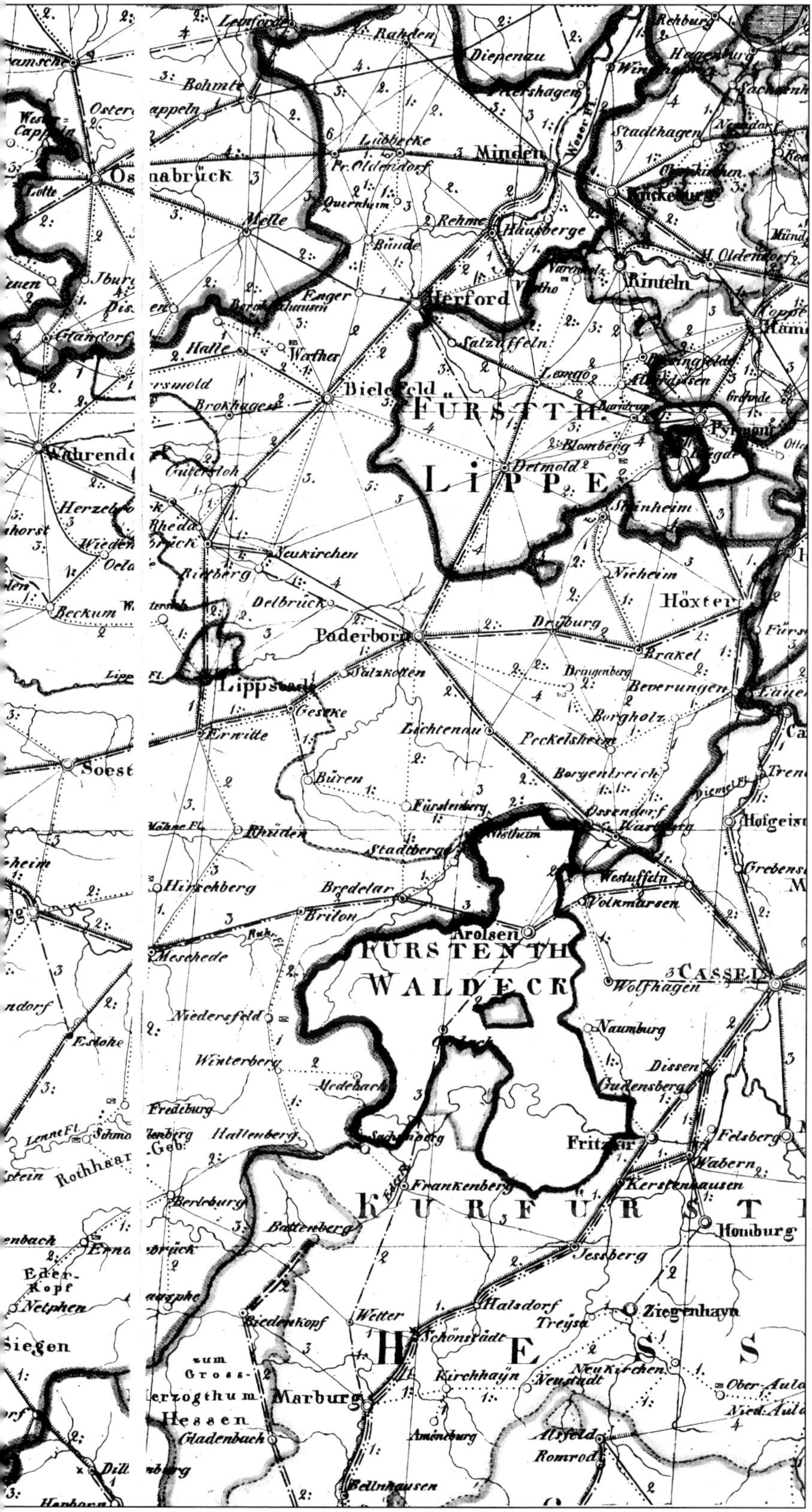
Osnabrück
Minden
Herford
Bielefeld
FÜRSTTH. LIPPE
Detmold
Lemgo
Pyrmont
Rinteln
Paderborn
Lippstadt
Soest
Höxter
Brakel
Beverungen
Arolsen
FÜRSTENTH WALDECK
CASSEL
Wolfhagen
Fritzlar
Frankenberg
KURFÜRST
Homburg
Ziegenhayn
HESS
Marburg
zum Gross-Herzogthum Hessen
Gladenbach
Biedenkopf
Battenberg
Berleburg
Siegen
Netphen
Brilon
Meschede
Winterberg
Medebach
Stadtberge
Warburg
Wahrendorf
Gütersloh
Rietberg
Delbrück
Salzkotten
Geseke
Erwitte
Büren
Lichtenau
Peckelsheim
Borgentreich
Driburg
Nieheim
Steinheim
Blomberg
Salzuffeln
Lübbecke
Rahden
Melle
Halle
Werther
Brokhagen
Wiedenbrück
Rheda
Neukirchen
Beckum
Hallenberg
Naumburg
Gudensberg
Felsberg
Wabern
Jessberg
Halsdorf
Wetter
Kirchhayn
Amöneburg
Alsfeld
Romrod
Neustadt
Treysa
Volkmarsen
Westuffeln
Hofgeismar
Bredelar
Niedersfeld
Fredeburg
Eslohe
Hirschberg
Rhüden
Lemförde
Diepenau
Stadthagen
Bückeburg
Hausberge
Rehme
Bünde
Enger
Vlotho
Iburg
Glandorf
Rehburg
Sachsenhagen
Hameln
Lauenförde
Trendelburg
Grebenstein
Kerstenhausen
Schönstadt
Bellnhausen
Erndtebrück
Eder-Kopf
Dillenburg
Rothhaar-Geb.

in jedem Betracht reichlich, aber durchaus bäurisch. – Das lange Gebäude von Ziegelsteinen, mit tief niederragendem Dache, und von der Tenne durchschnitten, an der zu beiden Seiten eine lange Reihe Hornvieh, ostfriesischer Race, mit ihren Ketten klirrt,– die große Küche, hell und sauber, mit gewaltigem Kamine, unter dem sich das ganze Hauspersonale bergen kann;– das viele, zur Schau gestellte blanke Geschirr, und die absichtlich an den Wänden der Fremdenstube aufgethürmten Flachsvorräthe erinnern ebenfalls an Holland, dem sich überhaupt diese Provinz, was Wohlstand und Lebensweise betrifft, bedeutend nähert, obwohl Abgeschlossenheit und gänzlich auf den innern Verkehr beschränktes Wirken ihre Bevölkerung von all den sittlichen Einflüssen, denen handelnde Nationen nicht entgehen können, so frei gehalten haben, wie kaum einen andern Landstrich. Ob starke Reibungen mit der Außenwelt dem Münsterländer den Muth und die Betriebsamkeit des Batavers, – ein patriarchalisches Leben diesem die Sitteneinfalt und Milde des Münsterländers geben könnten, müssen wir dahingestellt seyn lassen, bezweifeln es aber,– jetzt mindestens sind sie sich in den Zügen, die man als die nationellsten Beider anzuführen pflegt, fast feindlich entgegengesetzt, und verachten sich auch gegenseitig, wie es Nachbarn zukömmt. Wir haben schon früh von dem überaus friedlichen Eindrucke eines münsterischen Gehöftes gesprochen. – In den Sommermonaten, wo das Vieh im Felde ist, vernimmst Du keinen Laut außer dem Bellen des sich an seiner Kette abzappelnden Hofhundes, und wenn Du dicht an der offenen Hausthüre herschreitest, das leise Zirpen der in den Mauernesseln aus- und einschlüpfenden Küchlein, und den gemessenen Pendelschwung der Uhr, mit dessen Gewichten ein paar junge Kätzchen spielen; – die im Garten jätenden Frauen sitzen so still gekauert, daß Du sie nicht ahndest, wenn ein zufälliger Blick über den Hagen sie Dir nicht verräth, und die schönen, schwermüthigen Volksballaden, an denen diese Gegend überreich ist, hörst Du etwa nur auf einer nächtlichen Wanderung durch das Schnurren der Spinnräder, wenn die blöden Mädchen sich vor jedem Ohre gesichert glauben. – Auch auf dem Felde kannst Du im Gefühl der tiefsten Einsamkeit gelassen fortträumen, bis ein zufälliges Räuspern, oder das Schnauben eines Pferdes Dir verräth, daß der Schatten, in den Du so eben trittst, von einem halbbeladenen Erndtewagen geworfen wird, und du mitten durch zwanzig Arbeiter geschritten bist, die sich weiter nicht wundern, daß der „nachdenkende Herr" ihr Hutabnehmen nicht beobachtet hat, da er, nach ihrer Meinung, „andächtig ist", d. h. den Rosenkranz aus dem Gedächtnisse hersagt.– Diese Ruhe und Einförmigkeit, die aus dem Innern hervorgehen, verbreiten sich über alle Lebensverhältnisse.

Auch die Landschaft des Münsterlandes wird ausführlich beschrieben. Vom Westen, vom Niederrhein kommend nähert sich der Erzähler einer zunehmend freundlichen Gegend: *Wir haben bei Wesel die Ufer des Niederrheins verlassen, und nähern uns durch das, auf der Karte mit Unrecht Westphalen zugezählte, noch ächt rheinische Herzogthum Cleve, den Gränzen jenes Landes. Das allmählige Verlöschen des Grüns und der Betriebsamkeit; das Zunehmen der glänzenden Sanddünen und einer gewissen lauen, träumerischen Atmosphäre, so wie die aus den seltenen Hütten immer blonder und weicher hervorschauenden Kindergesichter sagen uns, daß wir sie überschritten haben,– wir sind in den Gränzstrichen des Bisthums Münster. – Eine trostlose Gegend! unabsehbare Sandflächen, nur am Horizonte hier und dort von kleinen Waldungen und einzelnen Baumgruppen unterbrochen. – Die von Seewinden geschwängerte Luft scheint nur im Schlafe aufzuzucken. – Bei jedem Hauche geht ein zartes, dem Rauschen der Fichten ähnliches Geriesel über die Fläche, und säet den Sandkies in glühenden Streifen bis an die nächste Düne, wo der Hirt in halb somnambüler Beschaulichkeit seine Socken strickt, und sich so wenig um uns kümmert, als sein gleichfalls somnambüler Hund und seine Haidschnukken. – Schwärme badender Krähen liegen quer über den Pfad, und flattern erst auf, wenn wir sie fast greifen können, um einige Schritte seitwärts wieder niederzufallen, und uns im Vorübergehen mit einem weissagenden Auge, „oculo torvo sinistroque" zu betrachten.– Aus den einzelnen Wachholderbüschen dringt das klagende, mövenartige Geschrill der jungen Kibitze, die wie Tauchervögel im Schild in ihrem stachligen Asyle umschlüpfen, und bald hier bald drüben ihre Federbüschel hervorstrecken. – Dann noch etwa jede Meile eine Hütte, vor deren Thür ein paar Kinder sich im Sande wälzen und Käfer fangen, und allenfalls ein wandernder Naturforscher, der neben seinem überfüllten Tornister kniet, und lächelnd die zierlich versteinerten Muscheln und Seeigel betrachtet, die wie Modelle einer frühern Schöpfung hier überall verstreut liegen,– und wir haben Alles genannt, was eine lange Tagereise hindurch eine Gegend belebt, die keine andere Poesie aufzuweisen hat, als die einer fast jungfräulichen Einsamkeit, und einer weichen, traumhaften Beleuchtung, in der sich die Flügel der Phantasie unwillkührlich entfalten.–* Es folgt eine ausführliche Beschreibung der Flora und Fauna und der landschaftlichen Beschaffenheit des Münsterlandes zu Anfang des

19. Jahrhunderts. *Allmählich bereiten sich indessen freundlichere Bilder vor,– zerstreute Grasflächen in den Niederungen, häufigere und frischere Baumgruppen begrüßen uns als Vorposten nahender Fruchtbarkeit, und bald befinden wir uns in dem Herzen des Münsterlandes, in einer Gegend, die so anmuthig ist, wie der gänzliche Mangel an Gebirgen, Felsen und belebten Strömen dieses nur immer gestattet, und die wie eine große Oase, in dem sie von allen Seiten, nach Holland, Oldenburg, Cleve zu, umstäubenden Sandmeer liegt.– In hohem Grade friedlich, hat sie doch nichts von dem Charakter der Einöde, vielmehr mögen wenige Landschaften so voll Grün, Nachtigallenschlag und Blumenflor angetroffen werden, und der aus minder feuchten Gegenden Einwandernde wird fast betäubt vom Geschmetter der zahllosen Singvögel, die ihre Nahrung in dem weichen Kleiboden finden. – Die wüsten Steppen haben sich in mäßige, mit einer Haidenblumendecke farbig überhauchte Weidestrecken zusammengezogen, aus denen jeder Schritt Schwärme blauer, gelber und milchweißer Schmetterlinge aufstäuben läßt. – Fast jeder dieser Weidegründe enthält einen Wasserspiegel, von Schwertlilien umkränzt, an denen Tausende kleiner Libellen wie bunte Stäbchen hängen, während die der größeren Art bis auf die Mitte des Weihers schnurren, wo sie in die Blätter der gelben Nymphäen, wie goldene Schmucknadeln in emaillirte Schalen niederfallen, und dort auf die Wasserinsekten lauern, von denen sie sich nähren. – Das Ganze umgränzen kleine, aber zahlreiche Waldungen. – Alles Laubholz, und namentlich ein Eichenbestand von tadelloser Schönheit, der die holländische Marine mit Masten versieht – in jedem Baume ein Nest, auf jedem Aste ein lustiger Vogel, und überall eine Frische des Grüns und ein Blätterduft, wie dieses anderwärts nur nach einem Frühlingsregen der Fall ist. – Unter den Zweigen lauschen die Wohnungen hervor, die lang gestreckt, mit tief niederragendem Dache, im Schatten Mittagsruhe zu halten und mit halbgeschlossenem Auge nach den Rindern zu schauen scheinen, welche hellfarbig und gescheckt wie eine Damwildheerde sich gegen das Grün des Waldbodens oder den blassen Horizont abzeichnen, und in wechselnden Gruppen durcheinander schieben, da diese Haiden immer Almenden sind, und jede wenigstens sechszig Stück Hornvieh und darüber enthält. – Was nicht Wald und Haide ist, ist Kamp, d. h. Privateigenthum, zu Acker und Wiesengrund benützt, und, um die Beschwerde des Hütens zu vermeiden, je nach Umfange des Besitzes oder der Bestimmung, mit einem hohen, von Laubholz überflatterten Erdwalle umhegt. – Dieses begreift die fruchtbarsten Grundstrecken der Gemeinde, und man trifft gewöhnlich lange Reihen solcher Kämpe nach- und nebeneinander, durch Stege und Pförtchen verbunden, die man mit jener angenehmen Neugier betritt, mit der man die Zimmer eines dachlosen Hauses durchwandelt. Wirklich geben auch vorzüglich die Wiesen einen äußerst heitern Anblick durch die Fülle und Mannigfaltigkeit der Blumen und Kräuter, in denen die Elite der Viehzucht, schwerer ostfriesischer Race, übersättigt wiederkaut, und den Vorübergehenden so träge und hochmüthig anschnaubt, wie es nur der Wohlhäbigkeit auf vier Beinen erlaubt ist. Gräben und Teiche durchschneiden auch hier, wie überall, das Terrain, und würden, wie alles stehende Gewässer, widrig seyn, wenn nicht eine weiße, von Vergißmeinicht umwucherte Blüthendecke und der aromatische Duft des Münzkrautes dem überwiegend entgegenwirkten; auch die Ufer der träg schleichenden Flüsse sind mit dieser Zierde versehen, und mildern so das Unbehagen, das ein schläfriger Fluß immer erzeugt.– Kurz diese Gegend bietet eine lebhafte Einsamkeit, ein fröhliches Alleinseyn mit der Natur, wie wir es anderwärts noch nicht angetroffen.– Dörfer trifft man alle Stunde Weges höchstens eines, und die zerstreuten Pachthöfe liegen so versteckt hinter Wallhecken und Bäumen, daß nur ein ferner Hahnenschrei, oder ein aus seiner Laubperücke winkender Heiligenschein sie dir andeutet, und du dich allein glaubst mit Gras und Vögeln, wie am vierten Tage der Schöpfung, bis ein langsames ‚Hott' oder ‚Haar' hinter der nächsten Hecke dich aus dem Traume weckt, oder ein grellanschlagender Hofhund dich auf den Dachstreifen aufmerksam macht, der sich gerade neben dir, wie ein liegender Balken durch das Gestripp des Erdwalls zeichnet.*

AHAUS
→ OTTENSTEIN

„Der tolle Herzog auf der Flucht!"
So stürmt er fort, ein Meteor
Mit Flammenspur am Himmelsthor,
Bis nun auf Ahaus Haidegrund
Sein Heer sich lagert wirr und bunt.
Ach, armes kleines Städtchen du,
Wie steht's um deine nächt'ge Ruh!
All deine Bürger blieben wach
Und zittern vor dem jungen Tag,
Wie Jener, dem der Sonne Licht
Nun leuchten soll zum Hochgericht.
Man hat gehemmt der Glocke Schlag,
Kein Lämpchen in der Kammer glimmt;
Der Blendlaterne trüber Schein
Nun wohlverdeckt im Keller schwimmt,
Wo zitternd birgt, so gut er kann,
Sein bischen Hab der ärmste Mann.
Auch in den Kammern Manche sind,

Die betend an den Fenstern stehn,
Und sehn gleich Dämonen gehn
Die Wache längst der Feuer Schein.

(*Die Schlacht im Loener Bruch*, 1. Gesang).

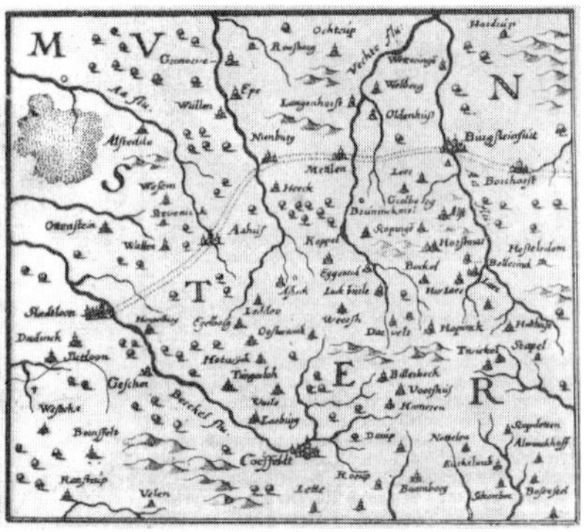

Karte zur Topographie der Schlacht bei Stadtlohn aus „Theatrum Europaeum" (1662)

Das Westmünsterland, besonders die Gegend um Ahaus und Stadtlohn, ist Schauplatz von Annette von Droste-Hülshoffs Verserzählung *Die Schlacht im Loener Bruch.* Diese Schlacht besiegelte die Niederlage des *tollen*, d. h. wagemutigen und hitzköpfigen **Christian von Braunschweig**, der in der bedeutendsten Schlacht des 30jährigen Krieges auf westfälischem Boden 1623 bei Stadtlohn – nach den Worten der Dichterin – *die Jacke voll* kriegte.
Den Schauplatz selbst erläuterte die Autorin in einer Anmerkung: *Ahaus, eine kleine Stadt, fast am Eingange eines bedeutenden Fichtenwaldes, des Liesner, der sich bis an das Schlachtfeld, Loener Bruch, eine starke Stunde weit erstreckt. Sie war früher befestigt, doch zu jener Zeit waren die Werke bereits zerfallen; nur stand eine Veste in der Stadt, die ihrem Namen aber wenig entsprach.*
Zum historischen Hintergrund der Schlacht lieferte die Droste ebenfalls eine Anmerkung. Wenn sie im letzten Satz angibt, es habe sich in ihrem Epos alles *durchaus geschichtlich getreu entwickelt*, so wird man hier keine heutigen strengen Maßstäbe anlegen dürfen. Obwohl die Droste zahlreiche historische Wälzer zurate zog – u. a. das 1833 erschienene *Taschenbuch für vaterlaendische Geschichte* mit einem Aufsatz über die Schlacht –, blieb ihre Darstellung in manchem historisch ungenau. Die diesbezüglichen Selbstzweifel der Autorin wurden von **Christoph Bernhard Schlüter** mit dem Einwand zerstreut, daß auch Schiller im *Wallenstein* frei mit der Historie umgegangen sei. Immerhin besuchte die Droste Gut Egelborg bei Legden, den Wohnsitz des **Freiherrn von Oer**, um sich mit der Örtlichkeit der Schlacht vertraut zu machen. Von dort aus unternahm sie mehrere Exkursionen in die Umgebung.
In den historischen Erläuterungen zum Hintergrund ihres Epos führte die Droste an: *Christian Herzog von Braunschweig, gewöhnlich der tolle Herzog, der tolle Braunschweig, auch Halberstadt genannt, als ernannter Bischof von Halberstadt, ging in den ersten Jahren des dreißigjährigen Krieges zur protestantischen Religion über und trat als General in die Dienste des Pfalzgrafen Friedrich des Fünften, den die aufrührerischen Böhmen sich aus eigner Macht zu König gesetzt hatten, auch der Winterkönig genannt, nach der kurzen Dauer seiner Herrschaft. Christian, noch sehr jung, wurde zu diesem Schritte nicht sowohl durch Ueberzeugung geleitet, als durch seinen glühenden Haß gegen den Stand, den man ihm so ganz gegen seine Wünsche und die natürliche Neigung seines kriegerischen Geistes gegeben hatte, zugleich durch ein tiefes leidenschaftliches Interesse für die Gemahlin des Winterkönigs, Elisabeth, Tochter Jakobs des Ersten von England, eine der schönsten und vielleicht ehrgeizigsten Frauen ihrer Zeit. Nach dem Verfall ihrer kurzen Herrschermacht konnte Christian sich nicht zur Ruhe geben. Ohne eigne Mittel dennoch ein bedeutendes Heer meistens von Rathlosen und Geächteten, von denen es damals wimmelte, zusammenbringend und sich mit einem kühnen Abentheurer, dem Grafen Ernst von Mansfeld verbindend, wagte er es den Krieg auf eigne Hand fortzusetzen. Dann von der protestantischen Union in Dienste genommen, unternahm er, mit abwechselndem Glück, die kühnsten Wagstücke, jedoch an der Uebermacht sich nach und nach verblutend. – Seit Monaten bereits vom Feldmarschall der katholischen Ligue, Johann Tscherklas, Graf von Tilly, hart gedrängt, erhielt seine Macht am siebenten August 1623 bei dem Städtchen Stadtloen im Bisthum Münster den letzten Schlag, von dem er sich nicht wieder erholte. Nur mit Wenigen gelangt es ihm die holländische Grenze zu erreichen, und als er bald nachher sowohl von Kummer als an den Folgen seiner Wunden starb, ward sein Tod kaum bemerkt. Er war ein gewaltiger Krieger, die Geißel der Rheinlande und Westfalens. Da im Verlauf der Erzählung selbst sowohl der Charakter als das Schicksal des Christian von Braunschweig sich genugsam und durchaus geschichtlich treu entwickelt, so mag es mit diesen Andeutungen genügen. Er starb mit 25 Jahren.*
Die Droste beruhigte ihre Mutter mit der Aussage, daß in ihrem Epos nicht *viel Schlachterey* vorkomme, es sei vielmehr ein *vaterländisches*, soll heißen: westfälisches Werk. Nicht zuletzt wegen seiner westfalenverherrlichenden Züge fand es im Bekanntenkreis gleich

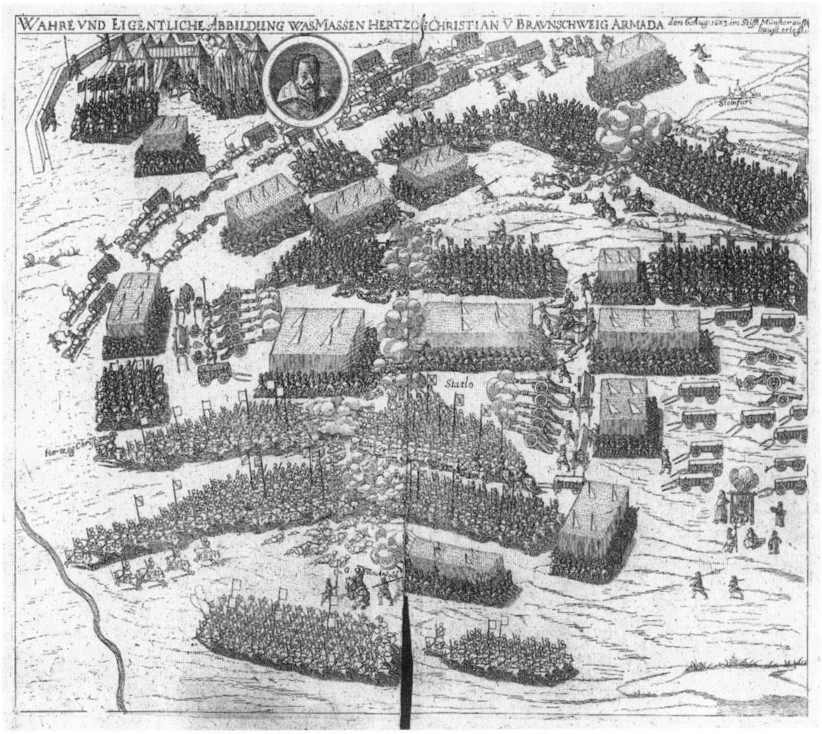

Darstellung der Schlacht bei Stadtlohn, aus „Östreichischer Lorberkrantz“ (1627)

viel Zuspruch: *meine Freunde sagen mir so viel Schönes darüber, und puhsten mich dermaßen auf, daß ich fürchte der Himmel läst mich zur Strafe meiner Sünden desto tiefer in den Dreck fallen, wenn die öffentliche Kritik mal drüber her kömmt.*

Die Droste hatte das etwa 2300 Verse umfassende *Schlachtgemälde* in aller Eile verfaßt. Es komplettierte ihre 1838 bei Aschendorff erschienene erste Gedichtsammlung. Die Ausgabe war zwar ein Mißerfolg, doch hat gerade *Die Schlacht im Loener Bruch* das dichterische Selbstbewußtsein der Autorin gestärkt. Das Werk steht an der Schwelle zu ihren bedeutenden späteren Arbeiten, etwa der kaum zwei Jahre später vollendeten *Judenbuche.* Auch greift es erstmals das Westfalenthema auf, dem Annette von Droste-Hülshoff mit weiteren Prosawerken (*Judenbuche, Bei uns zu Lande, Westphälische Schilderungen*) treublieb:

Seh ich dich so, mein kleines Land, / In deinem Abendfestgewand: / Ich meine, auch der Fremdling muß / Dir traulich bieten Freundesgruß. / Du bist nicht mächtig, bist nicht wild, / Bist deines stillen Kindes Bild, / Das, ach, mit allen seinen Trieben / Gelernt vor Allem dich zu lieben! (aus dem 1. Gesang).

Neben Ahaus werden in *Die Schlacht im Loener Bruch* weitere westfälische Orte namentlich erwähnt: → Burlo, → Metelen, → Ottenstein, → Stadtlohn, → Erwitte.

ALBACHTEN (Münster)

Der Ort Albachten, an einer damaligen großen Poststraße nach Dülmen und Haltern gelegen, wurde von der Autorin wiederholt passiert, u. a. bei ihren Reisen an den Rhein oder später an den Bodensee. Bereits zur Kinderzeit der Droste führten einige Familienausflüge nach Albachten. Die frühesten sind im Tagebuch **Jenny von Droste-Hülshoffs**, der um zwei Jahre älteren Schwester der Droste, am 21. April 1805 und am 27. Mai 1806 verzeichnet. Im September 1810 nahmen drei Söhne des Grafen **Friedrich Leopold von Stolberg** (→ Münster) an einem solchen Ausflug teil. Ende August 1812 besuchte man in Albachten eine Festlichkeit, bei der die damals 15jährige Droste am Tanz teilnahm. Auch im Juni 1816 und Juli 1817 standen größere Besuchspartien auf dem Programm. Man besuchte damals Havixbeck, Nienberge, die Bauerschaft Tilbeck und erneut Albachten. In den Briefen der Droste spielt Albachten – trotz dieser vielfältigen Bezüge – jedoch keine Rolle.

➤ Albachten ist ein Vorort von Münster, etwa 5 km südwestlich gelegen.

BILLERBECK
Haus Hameren

Durch das Tagebuch **Jenny von Droste-Hülshoffs** sind wir über viele Einzelheiten des Hüls-

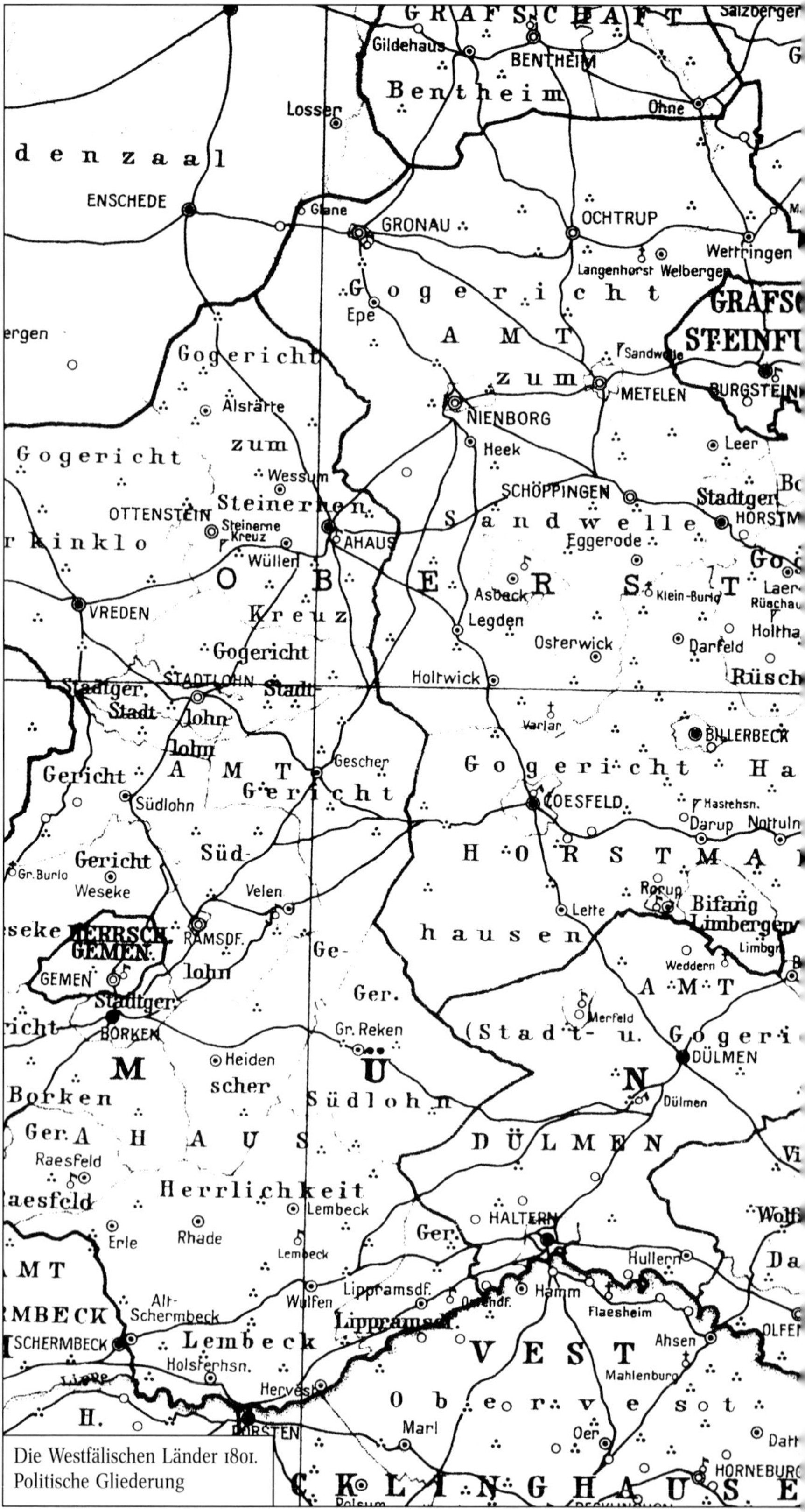

Die Westfälischen Länder 1801.
Politische Gliederung

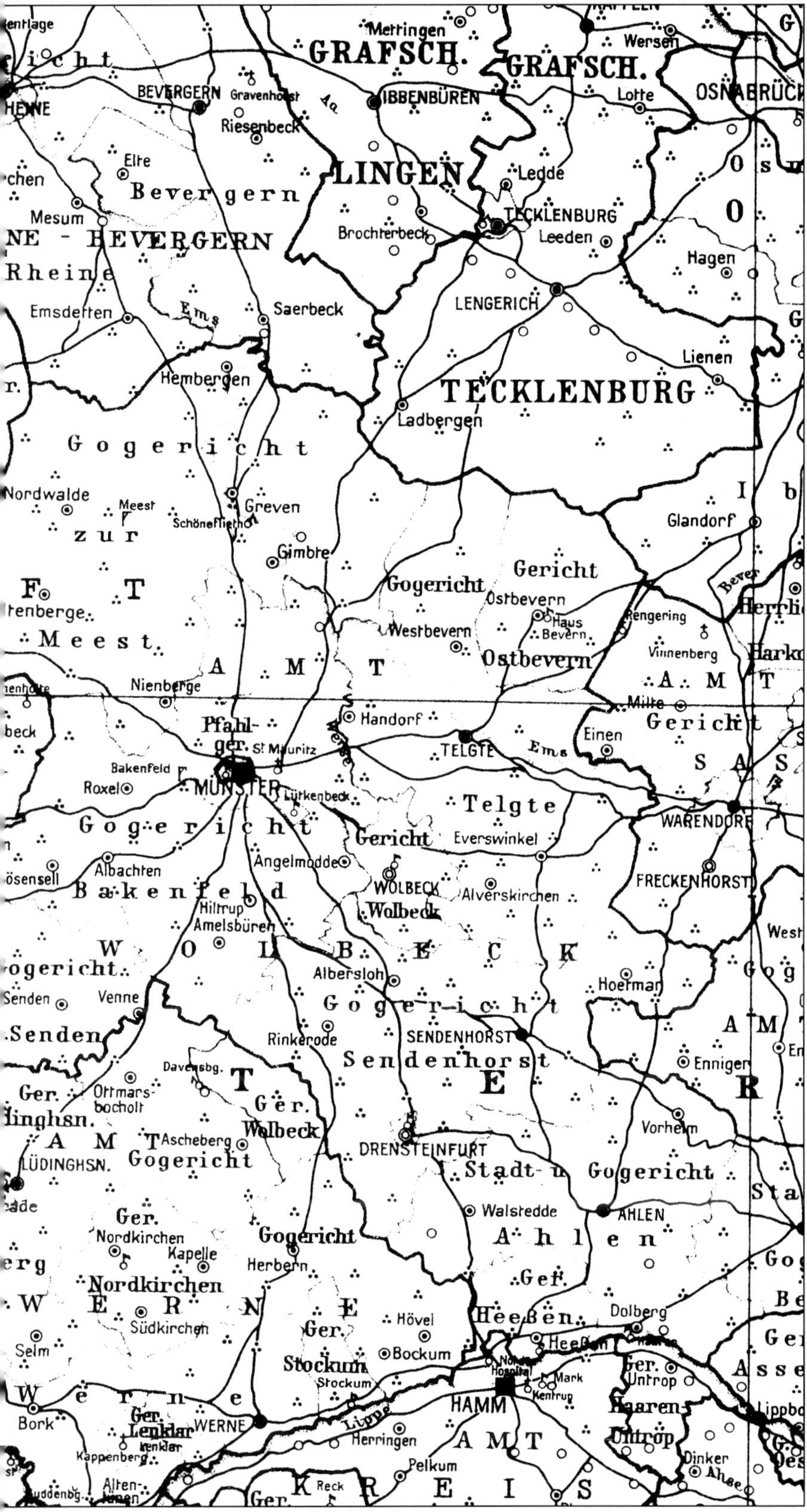

GRAFSCH.
GRAFSCH.
Mettringen
Wersen
BEVERGERN
Gravenhorst
IBBENBÜREN
Lotte
OSNABRÜCK
Riesenbeck
LINGEN
Ledde
Elte
Bevergern
Mesum
TECKLENBURG
Brochterbeck
Leeden
Hagen
Rheine
Emsdetten
Ems
Saerbeck
LENGERICH
Lienen
Hembergen
TECKLENBURG
Ladbergen
Gogericht
Nordwalde
Meest
Greven
Schöneflieth
zur
Glandorf
Gimbte
Gericht
Gogericht
Ostbevern
Rengering
Haus Bevern
Westbevern
Vinnenberg
Ostbevern
Meest
A M T
A M T
Nienberge
Milte
Handorf
Gericht
Pfahl-ger.
St. Mauritz
TELGTE
Ems
Einen
Bakenfeld
Roxel
MÜNSTER
Lütkenbeck
Telgte
WARENDORF
Gogericht
Gericht
Everswinkel
Angelmodde
Albachten
WOLBECK
Alverskirchen
FRECKENHORST
Bakenfeld
Hiltrup
Wolbeck
Amelsbüren
W O L B E C K
Albersloh
Hoerman
Senden
Venne
Gogericht
Rinkerode
SENDENHORST
Senden
Sendenhorst
Enniger
Davensbg.
Ottmarsbocholt
T
E
R
Ger.
Wolbeck
Vorhelm
A M T
Ascheberg
LÜDINGHSN.
Gogericht
DRENSTEINFURT
Stadt- u. Gogericht
Walstedde
AHLEN
Ger.
Nordkirchen
Kapelle
Gogericht
Herbern
Ahlen
Ger.
Nordkirchen
W E R N E
Südkirchen
Ger.
Hövel
Heessen
Dolberg
Selm
Stockum
Bockum
Heessen
Nord-Hospital
Mark
Ger.
Untrop
Stockum
HAMM
Kentrup
Werne
Haaren-
Untrop
Bork
Ger.
Lenklar
WERNE
Lippe
Herringen
A M T
Kappenberg
Pelkum
Dinker
Ahse
Alten-
Reck
K R E I S

Haus Hameren. Lithographie von Ph. Herle

hoffer Alltags gut informiert. Das Tagebuch, das allerdings nicht regelmäßg geführt wurde, bietet eine Art Besuchsstatistik und führt die Ausflüge auf, die von der Familie unternommen wurden. Demzufolge stand im Juli 1809 ein Familienausflug nach Billerbeck auf dem Programm, bei dem die Mutter des damaligen Hülshoffer Hofmeisters **Bernhard Wenzelo** besucht wurde. Der Ausflug verfolgte weiterhin das Ziel, die Billerbecker Gegend näher kennenzulernen. Drei Jahre später, am 2. Juni 1812, kam es erneut zu einem (zweitägigen) Ausflug der Droste nach Billerbeck. Sie erzählte ihrer Schwester damals, daß sie sich wünsche, sieben Jahre älter zu sein.

In der Nähe von Billerbeck liegt auch der Wohnsitz einer Bekannten der Droste **Mathilde von Merode geb. von Twickel**, die seit 1826 mit dem Freiherrn **Carl Victor von Twickel** verheiratet war und mit ihm auf **Haus Hameren** wohnte. Über den Kauf des Hauses berichtet die Droste in einem Familienbrief aus dem Mai 1827: *Merode hat gestern Morgen Hamern gekauft – ich glaube, daß es fest und sicher ist, doch sprich lieber noch nicht davon, der Kauf möchte wieder zurück*

Haus Hameren. Wasseranlage mit zwei rechteckigen Inseln

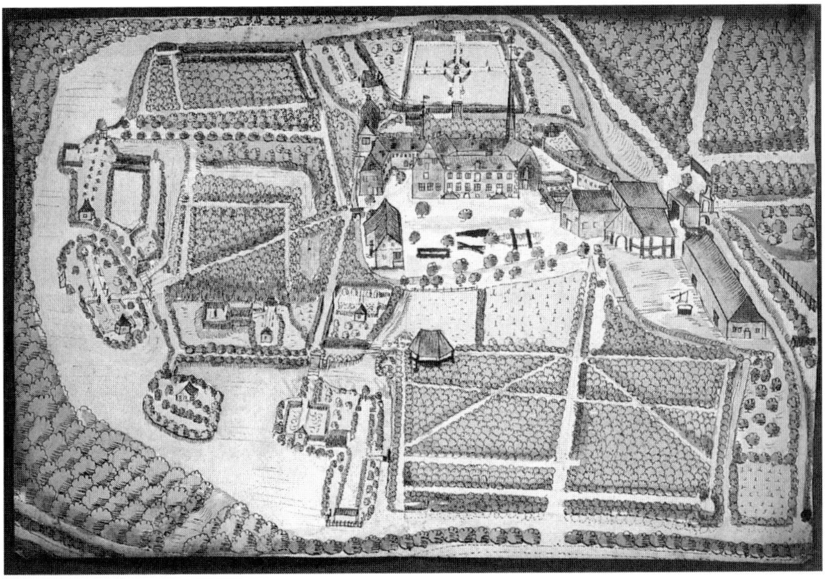

Kloster Burlo. Aquarellzeichnung Anfang des 18. Jahrhunderts

gehn.– hier im Hause ⟨Haus Havixbeck⟩ *sind sie recht froh darüber, doch haben sie auch Manches dagegen.– z. b. ist, unter uns gesagt, Frau von Twickel etwas bange, daß Merode sich allmählig zu sehr in die billerbeckschen Gesellschaften gewöhnen, dort am Ende immer liegen, Billard spielen, Wein trinken, et cet. würde, und sie mag daran wohl recht haben,– doch denke ich immer, am Ende mag das wohl so übel gar nicht seyn, wenn er etwas Gesellschaft findet, er möchte sonst vor Langeweile gar zu knurrig werden.*

Im Herbst 1840 vermittelte die Droste **Mathilde von Merode** ein Dienstmädchen aus der Waisenanstalt **Ludowine von Haxthausens** (→ Brede bei Brakel). Die Vermittlung brachte manche Verwicklungen und Komplikationen mit sich, die zahlreiche Briefseiten füllen und damit endeten, daß sich Mathilde von Merode wieder von dem Dienstmädchen trennte. Über Mathilde von Merode erfuhr die Droste jeweils Neuigkeiten aus dem Billerbekker Alltag. So teilt sie ihrer inzwischen nach Meersburg verzogenen Schwester Jenny am 1. Juli 1841 mit: *In Billerbeck hat das Nervenfieber grassirt, und Wenzelos Schwager ist daran gestorben, auch Docktor Becker hat ganz am Ende gelegen. – jetzt hört man nicht mehr davon, es muß nachgelassen haben,– Was wird die Madame Kemper nun wohl anfangen? – ich denke sie bleibt vorläufig bey ihrem Bruder, bis ihr Bernhard, der jetzt im Clevischen Capellan ist, eine Pfarre hat, und sie zu ihm ziehn kann.*

➤ Haus Hameren liegt an der Landstraße Billerbeck-Dülmen, etwa 2 km südwestlich von Billerbeck.

KLOSTER BURLO (Burlo/Borken)

Gelassen tritt der Mönch heran.
Man spricht so viel aus jener Zeit
Von Clerus Ausgelassenheit;
Dies war ein still gelehrter Mann,
Und einzig seiner Bücher froh
Im Gotteshause zu Burloh.

(*Die Schlacht im Loener Bruch*, 1. Gesang)

Das Kloster Burlo findet in dem bereits genannten Epos der Droste *Die Schlacht im Loener Bruch* (→ Ahaus) Erwähnung. Die Autorin erläutert selbst: *Burloh: Cisterzienser Kloster, etwa eine Meile* ⟨eine preußische Meile = ca. 7,5 Kilometer⟩ *von Ahaus gelegen.* Die Entfernungsangabe der Droste ist sehr ungenau; in Wirklichkeit trennen Burlo und Ahaus etwa 25 Kilometer. Vielleicht darf hieraus geschlossen werden, daß sie das Kloster nicht persönlich kennengelernt hat.

Das Kloster Burlo war im Jahre 1245 von Wilhelmiten-Eremiten gegründet worden. Der

Das ehemalige Kloster Burlo

wachsende Wohlstand des Klosters führte Mitte des 14. Jahrhunderts zur Gründung des Klosters Klein-Burlo im Kirchspiel Darfeld, während das Gründungskloster fortan Groß-Burlo genannt wurde. Mißwirtschaft und nachlassende Klosterzucht führten 1448 zu einem Anschluß an den strengen Zisterzienserorden (Droste-HKA).

➤ Das Kloster liegt etwa 1 km westlich von Burlo, an der Straße von Oeding nach Rhede, etwa 10 km südwestlich von Stadtlohn.

SCHLOSS CAPPENBERG (Selm)

Im Schloß Cappenberg wurde im Jahre 1122 durch Gottfried und Otto von Cappenberg und dem heiligen Norbert von Xanten die erste Prämonstratenpropstei in Deutschland gegründet. Diese Klosterstiftung liefert den historischen Hintergrund zu der Droste-Ballade *Die Stiftung Cappenbergs*, der im einzelnen folgende Situation zugrunde liegt: „Nach der Beendigung der Kämpfe im Rahmen des Investiturstreits zwischen Kaiser und Papst auf dem Reichstag zu Würzburg 1121, an dem Gottfried II. von Cappenberg (1097–1127) auf seiten des Papstes teilnahm, fügte er den Besitzungen Cappenbergs durch Heirat mit Jutta von Arnsberg, der Tochter Friedrichs des Streitbaren von Arnsberg, die Grafschaften Arnsberg und Rietberg hinzu, die ihn zu einem der mächtigsten Grafen Westfalens machten. Beeinflußt von der Kreuzzugsidee, nach anderen Quellen aus Reue über die Zerstörung des Doms zu Münster im Februar 1121, nahm Gottfried II. 1121 Kontakt mit Norbert von Xanten, dem Gründer des Prämonstratenserordens auf, als sich dieser in Köln aufhielt. Gottfried II. ließ sich von Norbert überzeugen, seinen gesamten Besitz dem neugegründeten Orden zu stiften. Aus den Besitztümern Cappenbergs wurden sechs Klöster gegründet, darunter Burg Cappenberg selbst, das 1122 Norbert von Xanten übergeben wurde. Die Stiftung stieß jedoch auf erheblichen Widerstand seitens des Bischofs von Münster, der Gattin Gottfrieds und vor allem seines Schwiegervaters Graf Friedrich von Arnsberg, der seine territorialen Ziele durchkreuzt sah und mit Gottfried II. um ein Erbteil für seine Tochter, die vor dem Zwangseintritt ins Kloster floh, prozessierte. 1123 belagerte Friedrich Cappenberg, um seinen Ansprüchen Nachdruck zu verleihen. Erst nach dem Tod Friedrichs 1124 konnte Gottfried II. seine Gattin Jutta ins Kloster zwingen, 1125 trat er selbst dem Orden bei“ (Thomas Schneider).

Die Handlung der Ballade, die im Arbeitsmanuskript noch *Friedrich der Streitbare von Arnsberg* überschrieben ist, wurde von der Droste auf dem Stammsitz Friedrichs, der → Wevelsburg angesiedelt. Verfaßt wurde der Text Anfang 1841 für Schückings *Malerisches und romantisches Westphalen.* Er gelangte dort allerdings nicht zur Veröffentlichung, weil Schücking ihn für mißlungen hielt.

Die Stiftung Cappenbergs

Der Mond mit seinem blassen Finger
Langt leise durch den Mauerspalt,
Und koset, streifend längs dem Zwinger,
Norbertus' Stirne feucht und kalt.
Der lehnt an bröckelndem Gestein,
Salpeterflocken seine Daunen,
An seinem Ohre Heimchen raunen,
Und wimmelnd rennt das Tausendbein.

Und über'm Haupte fühlt er's beben,
Da geht es hoch, da zecht es frisch,
In Pulsen schäumend pocht das Leben,
Die Humpen tanzen auf dem Tisch.
Der Graf von Arnsberg giebt ein Fest,
Dem Schwiegersohn der graue Schwäher;
So mehr er trinkt so wird er zäher,
So wirrer steht sein Lockennest.

Schloß Cappenberg. Ehemaliges Prämonstratenserkloster (1122–1802)

Schloß Cappenberg. Zeitgenössische Farblithographie

Gern hat sein Kind er dem Dynasten,
Dem reichen Cappenberg vertraut,
Nun trägt sein Anker Doppellasten!
Und seinen Feinden hat's gegraut.
Da kömmt auf seinem Eselein
Norbert, und macht den Sohn zum Pfaffen;
Allein er wußte Rath zu schaffen,
Er pferchte den Apostel ein.

Wie, keine Enkel soll er wiegen?
Soll in des Eidams Hora gehn,
Und sehn sein Kind am Boden liegen
Und Paternosterkugeln drehn?
Nein, heute ist der Tag wo muß,
Wo wird die Sache sich erled'gen,
Und sollt' er mit dem Schwerte pred'gen,
Ein umgekehrter Carolus.

Und „Gottfried", spricht er, „Junge, Ritter,
So sieh doch einmal in die Höh!
Du schaust ja in den Wein so bitter
Wie Requiem und Kyrie.
Was spinnst du an dem alten Werg?
Laß die Kaputze grauen Sündern,
Und deine Burg die laß den Kindern,
Dein schönes festes Cappenberg!"

Und drunten in dem feuchten Thurme
Der Heil'ge flüstert: „Großer Gott,
Allgegenwärt'ger du im Wurme
Als in der Krone blankem Spott,
Wie größer deine Allmacht zeigt
Sein Füßchen, das lebendig zittert,
Als eine Mauer die verwittert,
Und ob ein Babel drüber steigt!"

„Ja" spricht der Graf, den Humpen schwenkend:
„Wär Norbert hier, dein Eselmann,
Ich ließ ihm füllen, dein gedenkend,
Und trinken möcht er was er kann;
Doch da ihm Pech und Schwefel glüht,
Was andern Schächern mild und süße,
So bleibt er besser im Verließe,
Ein wohlkasteiter Eremit."

Und drunten spricht's mit mildem Tone:
„Du der, des Himmels höchste Zier,
Gezogen bist zur Dornenkrone
Auf einem still demüth'gen Thier,
Du, der des Mondes Lieblichkeit
In meinen Kerker ließest rinnen,
Gezähmt mir die vertrauten Spinnen,
Du, Milder, seyst gebenedeit!"

Und Gottfried, kämpfend mit den Thränen,
Ergreift den Humpen, noch gefüllt,
Vor seinem Ohr ein leises Stöhnen,
Vor seinem Aug' ein bleiches Bild.
O, dringen möcht er durch den Stein,
Wo seine sünd'gen Füße stehen,
O, einmal, einmal möcht' er sehen
Durch Lichterglanz den Heil'genschein!

„Ha!" zürnt der Graf, „was ließ ich schenken
Dir meinen allerbesten Wein!
Eh möcht' ich einen Schädel tränken,
Ja, oder einen Leichenstein.
Gottfried, Gottfried, ich schwör es dir,
So wahr ich Friedrich" – seht ihn stocken,
Vor seinem Auge schwimmen Flocken,
Er hebt sich auf, er schwankt zur Thür,

Und plötzlich auf den Estrich nieder
Taumelt er wie ein wundes Roß,
Es zucken, strecken sich die Glieder.
Welch' ein Getümmel in dem Schloß!
„Krank" dieser, „todt" spricht jener Mund,
Ja wahrlich, das ist Todes Miene,
Und eine mächtige Ruine
Liegt Friedrich auf dem eignen Grund.

Die Humpen sind in Hast zertrümmert,
Burgunderblut fließt über'n Stein,
Die Lampen mählig sind verkümmert,
Wie Erdenlust sie qualmten ein.
Doch drüben, in des Klosters Hut,
Entflammte man die ew'ge Leuchte,
Und knieend alles Volk sich beugte
Dem reinen Wein, der Christi Blut.

➤ Schloß Cappenberg liegt südöstlich von Selm, etwa 4 km nördlich von Lünen, an der Straße nach Nordkirchen.

COESFELD

Das Tagebuch **Jenny von Droste-Hülshoffs** verzeichnet unter dem Datum des 12. August 1804 erstmals einen Familienausflug nach Coesfeld. Die Stadt war damals über eine Wegverbindung zu erreichen, die über Münster, Schapdetten, Nottuln und Darup führte. Von Coesfeld aus führte die Straße in nördlicher Richtung weiter nach Ahaus und in westlicher Richtung auf Stadtlohn zu. Im August 1811 unternahm die Familie Droste-Hülshoff von Nottuln aus einen Abstecher nach Coesfeld. Eine weitere biographische Spur ergibt sich aus einem Tagebucheintrag **Jenny von Droste-Hülshoffs** aus dem Jahre 1814. Dort zitiert sie aus einem Brief, den sie in Bökendorf von der Droste erhalten hatte. Die Droste hatte ihr mitgeteilt, daß sie eine **Mademoiselle Cabbes** aus Coesfeld kennengelernt habe und diese *anbete.*
Die Reiseroute über Coesfeld benutzte die Familie Droste-Hülshoff auch bei ihrer Hollandreise im Sommer 1834. Wie wir aus Notizen der Droste wissen, reiste man am ersten Tag über Coesfeld, Velen und Borken bis Rhede. Am zweiten Reisetag passierte die Reisegesellschaft hinter Bocholt die *Barriére* nach Holland, um über Hengelo vorbei an den Gutshöfen *Zuidras* und *Vieracker* den ersten Zielort Zutphen zu erreichen.
Andere Bezüge bleiben indirekter. 1839 nahm **Wilhelm Junkmann**, ein naher Bekannter der Droste aus dem Kreis um Christoph Bernhard Schlüter und Mitbetreuer ihrer ersten Gedichtausgabe aus dem Jahre 1838, in Coesfeld eine Anstellung als Hilfslehrer an. Aufgrund dieser räumlichen Distanz mußte er seine häufigen Besuche im Rüschhaus einstellen. *Ihr Plan, liebster Freund,* schrieb ihm die Droste im November 1839 aus dem Rüschhaus, *uns zuweilen auf Einen Tag zu besuchen, hört sich sehr angenehm an, aber ich halte ihn für unausführbar – von hier bis Coesfeld sind sechs Stunden, mit dem Rückwege zwölf – und die wollen Sie in einem Tage machen, der kaum acht helle Stunden hat?*
Der sich aus dieser Konstellation ergebende Briefwechsel zwischen der Droste und Junkmann, aus dem allerdings nur wenige Zeugnisse überliefert sind, ist hinsichtlich der Selbstzeugnisse der Autorin über ihre literarischen Pläne und Arbeiten aufschlußreich.
Ende des Jahres 1845 trat ein Coesfelder Bekannter Junkmanns, der Theologe und Schriftsteller **Friedrich Teipel**, mit der Droste in Kontakt. Er übersandte ihr seine damals in Coesfeld erschienene Sammlung „Dichterische Versuche". Die Antwort der Droste vom Januar 1846 liegt als Entwurf vor. Das Dokument bezeugt eine – für die letzte Lebensphase der Droste typische – konservativ verengte Haltung: *die Litteratur ist in leichtsinnigen und durchweg jugendlich unreifen Händen und es thut Noth, daß die Wenigen denen der Ernst des Lebens bereits die große Verantwortlichkeit ihrer Aufgabe deutlich gemacht hat, eng zusammen halten. Möge der Himmel hiezu seinen Segen*

Alte Stadtansicht von Coesfeld. Kupferstich von Merian, 1647.

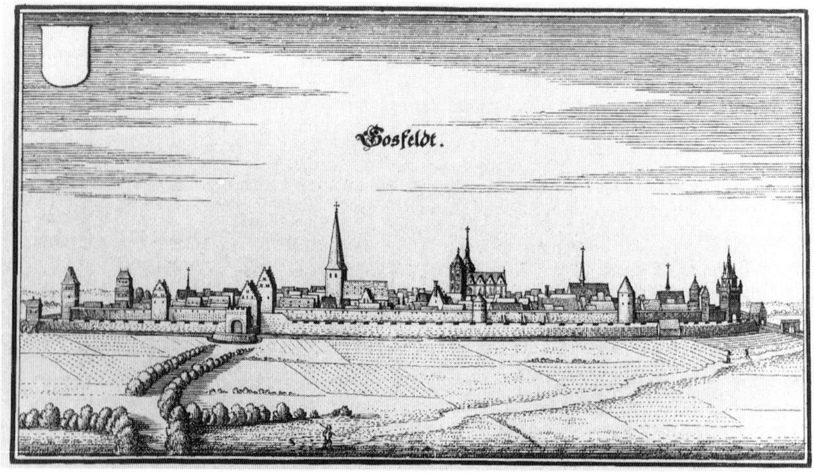

Alte Stadtansicht von Dülmen. Lithographe von A. Esselbrügge, 1842

geben, – diese Zeit bedarf eines tüchtigen Segens denn sie liegt unter einem schweren Fluche.

DÜLMEN

Der Ort Dülmen lag an einer großen Poststraße, die von Wesel aus Münster passierte und weiter bis Hamburg führte. Wesel war für die Droste ein wichtiger „Verkehrsknotenpunkt" . Bei zwei Reisen an den Bodensee bestieg sie hier das Dampfschiff, mit dem sie bis Mannheim bzw. Karlsruhe fuhr. Auch die Rückfahrten führten zumeist über Wesel und Dülmen. Eine Ausnahme bildete die Rückkehr von Meersburg im Jahre 1844. Diesmal verließ sie das Dampfschiff in Düsseldorf und fuhr *zu Lande immer voran ohne auszusteigen* über Ratingen, Mülheim, Dorsten, Haltern bis Dülmen, wo die Reise unterbrochen wurde. Bis zum Abend, als die Fahrt fortgesetzt wurde, hatte sie genügend Zeit, um einige Goldschmiede aufzusuchen (die Droste war eine begeisterte Sammlerin und geradezu berüchtigte Tauschpartnerin). Sie berichtet hierüber ihrer Schwester Jenny: *Dann giengs über Haltern nach Dülmen, wo wir Settchen zu Gefallen, die ihre liebe Madame Werneking (Brudersfrau des freundlichen Nichtchens, was uns der gute Professor mahl mit nach Hülshoff brachte) bey der sie fünf Jahre im Laden gestanden hatte, so gern sehn wollte, anhielten und Kaffee tranken. Ich sah mich nach einem Goldschmiede um, und Mama erfuhr derweil, daß Levin Spies in Dülmen wohne, und seine Frau grade in Wochen sey, sie gieng hin, fand die Rump dort, und brachte sie mit in den Gasthof wo ich sie fand. – sie war immer unbeschreiblich herzlich, und erzählte uns, daß die Doppelheurath von Aline mit Elmendorf, und Klothilde Brenken mit Schell schon statt gefunden habe, und beyde jungen Paare jetzt eine gemeinschaftliche Rheinreise machten, – ich konnte mich anfangs nicht besinnen wie diese einander so nahe gekommen wären, bis mir einfiel, daß die junge Rump ja eine Schade und Clotildens leibliche Cousine ist, – Auch Agnes Keverberg ist kürzlich in Westphalen gewesen, in Borg und bey der Rump, aber schon wieder fort, – Settchen war indessen bey ihren Freunden gewesen, und kam etwas niedergeschlagen zurück, denn mehrere derselben, sogar ihre liebe Madame Werneking, hatten sie anfangs gar nicht erkannt, und es schien ihr nahe zu gehn, in so jungen Jahren schon so verändert zu seyn. Sie erzählte uns, Rosa Wesener, die Vorsteherin von Ludowinens Waisenhause auf Mauritz, eine sehr tüchtige Person, von der man am Ersten das Gedeihen der Anstalt erwartete, sey vor einigen Tagen nach Dülmen zurück gekehrt, um ganz dort zu bleiben, und sich auf ihre eigne Hand der Krankenpflege zu widmen, – was das zu bedeuten hat wissen wir nicht, fürchten aber der erste Schenkeifer der Münsteraner sey vorüber, umsomehr da sie jetzt auf ihre eigne Hand ein neues Waisenhaus für 40 Kinder stiften, und so könne das Mauritzinstitut, was außer Haus und Garten noch gar keinen Fond hat, natürlich nicht halten. – Auch eine Gehülfin Ludowinens auf der Brede, Julchen Werneking, (Schwester jenes Nichtchens, und Schwägerinn der Madame Werneking) war vor einigen Tagen nach Dülmen zurückgekehrt, um dort zu bleiben und Madame Werneking hat Mama'n sehr gern sprechen wollen, hat aber nicht herein kom-*

men mögen, weil die Rump da war, sonst hätten wir wohl Alles genau erfahren.

Auch aus einem Brief an **Elise Rüdiger geb. von Hohenhausen** aus dem Jahre 1845 geht hervor, daß sich die Droste in Dülmen bestens auskannte. Bezogen auf eine Fahrt mit der öffentlichen Schnellpost von Rüschhaus nach Abbenburg gibt die Droste folgende Episode zum besten: *ich rollte mit meinem Settchen in süßer Einsamkeit weiter, und legte mich quer auf die Sitzbank, aber nur eine halbe Stunde, dann stiegen zwey Männer ein,– der Eine, ein sehr ruhiges Subject, gab sich als Lederfabrikanten aus Paderborn zu erkennen, und war dann mäuschenstill, der Andre, ein ältlicher Mann, in halb geistlicher (wahrscheinlich Schulmeister-) Tracht, verrieth sich mit den ersten Worten als Münsterländer, und stellte sich, auf meine Nachfrage als geborner Dülmenser und seit zwanzig Jahren Bewohner von Rietberg heraus,– das gab gleich große Freundschaft,– ich kannte die halbe Stadt, Wirthsleute, Krämer, Pastoren,– gab ihm von Allem Nachricht,– sagte, ich sey auch aus der*

Catharina Busch, später verheiratete Schükking (1791–1831). Ölgemälde von Johann Christoph Rincklake, 1810

Gegend von Dülmen, vom Lande her,– kurz,– that ganz wie eine Schulzenfrau oder dergleichen Gutes, wobey meine toilette mich vortrefflich unterstützte, und Settchen, die den Spaß merkte, mich durch nichts verrieth,– mein altes Männchen wurde vollkommen getäuscht, und gab, als es in Neuhaus ausstieg, mir Grüße an alle Schuster und Schneider mit.– Ein Erfolg auf den ich nicht wenig stolz war, und schon überlegte, ob ich nicht am Besten thue aufs Theater zu gehn, aber – Sic transit gloria mundi! als ich eben vor Hochmuth bersten wollte, fing mein Lederfabrikant an lebendig zu werden: „Mit Erlaubniß, bleiben Sie die Nacht in Paderborn?" – „Nein, ich fahre noch bis Brakel." – „Mit Erlaubniß, Sie wollen wohl nach der Hinnenburg?" – Ich: (sehr verwundert) – „nach Hinnenburg? – nein nach Brakel, und morgen weiter" – „Mit Erlaubniß, ich habe doch die Ehre mit Fräulein von Droste zu sprechen?" – (hier fiel mir vor Verwunderung ein Stück Butterbrod zum Wagen hinaus) „kennen Sie mich?" – „Nein, aber ich habe ⟨mir vom ersten Augen⟩blicke an vorgestellt, daß Sie Fräulein von Droste seyn müsten, denn ich habe ihre Gedichte gelesen, ach! wie schön sind die!" – so giengs weiter, und ich kam bis Paderborn nicht aus der Consternation, mein neues Talent so zerplatzen zu sehn.

Im Zusammenhang mit dem Ort Dülmen läßt sich ein loser biographischer Faden zu **Catharina Schücking geb. Busch**, der Mutter **Levin Schückings**, entwickeln. Die älteste Tochter des Stadt- und Landrichters **Ignatz Anton Busch** wuchs in Dülmen auf und wurde im Dülmener Kloster Agnetenberg erzogen. 1807, während eines längeren Aufenthalts in Münster, wurde ihr literarisches Talent von **Anton Mathias Sprickmann** (→ Münster), dem ersten literarischen Mentor der Droste, entdeckt und weiter gefördert. Er führte sie auch in den Kreis der Fürstin **Amalia von Gallitzin** (→ Münster) ein. Im Herbst 1810 erschienen erste Gedichtveröffentlichungen Catharina Schückings in **Friedrich Raßmanns** poetischem Taschenbuch „Mimigardia" und im „Westfälischen Anzeiger". Entgegen den Gepflogenheiten der Zeit waren diese Beiträge – ohne Wissen Catharina Buschs – namentlich und mit ihrem Wohnort bezeichnet, wodurch die Autorin ungewollt zu einer ‚literarischen Berühmtheit' wurde. Allerdings im despektierlichen Sinn: Sie mußte sich in Münster Spott und mißtrauische Anfeindungen gefallen lassen. Vielleicht auch durch diese ‚Ausnahmestellung' wurde Catharina Busch für die Droste zu einem Dichteridol. Sie widmete ihr ein eigenes Gedicht, in dem sie Catharina Schücking als *Westphalens Dichterin* bezeichnet.

Katharine Schücking

Du hast es nie geahndet, nie gewußt,
Wie groß mein Lieben ist zu dir gewesen,
Nie hat dein klares Aug' in meiner Brust
Die scheu verhüllte Runenschrift gelesen,
Wenn du mir freundlich reichtest deine Hand,
Und wir zusammen durch die Grüne wallten,
Nicht wußtest du, daß wie ein Götterpfand
Ich, wie ein köstlich Kleinod sie gehalten.

Du sahst mich nicht als ich, ein heftig Kind,
Vom ersten Kuß der jungen Muse trunken,

Im Garten kniete, wo die Quelle rinnt,
Und weinend in die Gräser bin gesunken;
Als zitternd ich gedreht der Thüre Schloß,
Da ich zum ersten Mal dich sollte schauen,
Westphalens Dichterin, und wie da floß
Durch mein bewegtes Herz ein selig Grauen.

Sehr jung war ich und sehr an Liebe reich,
Begeisterung der Hauch von dem ich lebte;
Ach! Manches ist zerstäubt, der Asche gleich,
Was einst als Flamme durch die Adern bebte!
Mein Blick ward klar und mein Erkennen stark,
Von seinem Throne mußte Manches steigen,
Und was ich einst genannt des Lebens Mark,
Das fühlt' ich jetzt mit frischem Stolz mein eigen.

So scheut' ich es, als fromme Schülerin,
Dir wieder in das dunkle Aug' zu sehen,
Ich wollte nicht vor meiner Meisterin
Hochmüthig, mit bedecktem Haupte, stehen.
Auch war ich krank, mein Sinnen sehr verwirrt,
Und keinen Namen mocht' ich sehnend nennen;
Doch hat dies deine Liebe nicht geirrt,
Du drangst zu mir nach langer Jahre Trennen.

Und als du vor mich tratest, fest und klar,
Und blicktest tief mir in der Seele Gründe,
Da ward ich meiner Schwäche wohl gewahr,
Was ich gedacht, das schien mir schwere Sünde.
Dein Bild, du Starke in der Läutrung Brand,
Stieg wie ein Phönix aus der Asche wieder,
Und tief im Herzen hab' ich es erkannt,
Wie zehnfach größer du als deine Lieder.

Du sahst, Bescheid'ne, nicht, daß damals hier
Aus deinem Blick Genesung ich getrunken,
Daß deines Mundes Laute damals mir
Wie Naphta in die Seele sind gesunken.
Ein jedes Wort, durchsichtig wie Krystall
Und kräftig gleich dem edelsten der Weine,
Schien mir zu rufen: „Auf! der Launen Ball,
Steh auf! erhebe dich, du Schwach' und Kleine!"

Nun bist du hin! von Gottes reinstem Bild
Ist nur ein grüner Hügel uns geblieben,
Den heut' umziehn die Winterstürme wild
Und die Gedanken derer, die dich lieben.
Auch hör' ich, daß man einen Kranz gelegt
Von Lorbeer in des Grabes dunkle Moose,
Doch ich, Cathinka, widme dir bewegt
Den Epheu und die dornenvollste Rose.

Das Gedicht schließt an eine biographische Episode an, die zur Entstehungszeit des Textes (um den 2. November 1841) mehr als 28 Jahre zurücklag. Im Januar 1813 war Catharina Busch zu einem dreitägigen Besuch nach Hülshoff gekommen. Die Visite dürfte von Sprickmann vermittelt worden sein, der mit Catharina Busch weitläufig verwandt war. Die Droste war von deren Wesen gleich übermäßig eingenommen, wie aus ihrem Brief an **Sprickmann** vom Februar 1816 hervorgeht. Sie schreibt dort, daß sie *alles* 〈interessiere〉, *was von diesem herrlichen und seltnen Weibe* komme, zu dem sie eine *eigne und innige Hinneigung* empfinde. **Jenny von Droste-Hülshoff** ging dagegen auf Distanz: „Gegen Mittag kam der Kammersekretär Kettler mit seiner Tochter Lisette und der berühmten Catharina Busch. Sie ist klein, hat dunkles Haar, ist blaß und hat ein paar starre unangenehme Augen; (nach meinem Urteil) ist sie nicht interessant, nicht mal genialisch und ein bischen mehr Blödigkeit würde ihr nicht schaden, sie spielt ziemlich hübsch Klavier, hat aber eine steife klanglose Stimme." Vielleicht kam es im Sommer 1813 zu weiteren Begegnungen zwischen der Droste und Catharina Busch, worauf das erwähnte Gedicht *Katharine Schücking* hindeuten könnte. Durch die Heirat Catharina Buschs mit **Paulus Modestus Schücking** am 17. Oktober 1813 und ihren Umzug nach Meppen brach der Kontakt ab. Im Jahre 1829 kam es jedoch in Münster noch einmal zu einem Wiedersehen. Daraufhin versuchte Katharina Schücking mit ihrem Brief an die Droste vom 8. Oktober 1831 noch einmal eine Wiederaufnahme des Briefwechsels. Häusliche Aufgaben (als Mutter von vier Kindern) und die räumliche und gesellschaftliche Isolation im Emsland hatten damals längst zu Catharina Schückings literarischem Verstummen geführt. Zu Lebzeiten trat sie nur noch einmal literarisch auf, 1821 in **Raßmanns** „Rheinisch-westfälischem Musenalmanach" – diesmal allerdings unter dem Pseudonym „Pauline zu Cl." (nach ihrem Wohnort Clemenswerth). Catharina Schücking verfaßte fast ausschließlich gefühlvoll-zarte Lyrik. Von ihr stammt aber auch der Satz: *Wär ich doch kein Weib geworden, das sich so geduldig in all die Fesseln und Einschränkungen des bürgerlichen Lebens schmiegen muß, und das, so verschieden auch sein Charakter und seine Geisteskräfte sein mögen, doch immer sich derselben Bestimmung fügen muß* (an Sprickmann, 1809). Die Droste wiederum dichtete in ihrem Gedicht *Am Thurme*: *Wär ich ein Jäger auf freier Flur, / Ein Stück nur von einem Soldaten, / Wär ich ein Mann doch mindestens nur, / So würde der Himmel mir rathen; / Nun muß ich sitzen so fein und klar, / Gleich einem artigen Kinde, / Und darf nur heimlich lösen mein Haar, / Und lassen es flattern im Winde!*

In die Literaturgeschichte ging Dülmen jedoch nicht durch Catharina Schücking, sondern durch **Anna Katharina Emmerick** ein. Im Jahre 1818 suchte **Clemens Brentano** die stigmatisierte Nonne in Dülmen auf, um ihre Visionen aufzuschreiben. Sein Aufenthalt sollte ursprünglich nur einige Wochen dauern, zog sich aber fast sechs Jahre bis zum Tode der Emmerick hin. Den ständigen Gedankenaustausch mit der Augustinerin des Klosters Agnetenberg hielt Brentano tagebuchartig auf 12.000(!) Folioseiten fest. Erst 1833 veröffentlichte er – dichterisch ausgeschmückt – den dritten Teil daraus unter dem Titel „Das bittre Leiden unseres Herrn Jesu Christi. Nach den Betrachtungen der gottseligen A.K. Emmerick", eine Art religiöses Volksbuch, das weite Verbreitung fand. Die ersten beiden Teile wurden später von anderen herausgegeben. **Friedrich Leopold von Stolberg** (→ Münster) hatte bereits 1813 am Krankenbett Anna Katharina Emmericks gestanden. In einem „Öffentlichen Brief" machte er ihren Fall in ganz Deutschland bekannt. Während sich ein Teil des „Kreises von Münster" für das übersinnliche Phänomen der stigmatisierten Nonne begeisterte, war die Familie Droste-Hülshoff zurückhaltender. Weder die Droste noch andere Mitglieder ihrer Familie erwähnen die spektakulären Vorfälle um die Dülmener Nonne in ihren Briefen.

HAUS ERMELINGHOF
(Hamm/Bockum-Hövel)

Von den Mitgliedern der Familie von Wintgen zu Ermelinghof bei Bockum-Hövel stand die Droste insbesondere den Schwestern **Sophie** und **Cornelie von Wintgen** nahe. Beiden widmete sie jeweils ein eigenes Gedicht.
Sophie von Wintgen war zur Jugendzeit der Droste Stiftsfräulein in Hohenholte. Von dort kam sie regelmäßig, oft mehrmals monatlich, nach Hülshoff, den Aufzeichnungen **Jenny von Droste-Hülshoffs** zufolge erstmals am 14. Juli 1804. Später nahm sie in Hülshoff am Unterricht des Zeichenlehrers **von Spies** teil: „Sophie von Wintgen kam alle Donnerstage von Hohenholte, wir zeichneten fleißig" (Eintrag zu Sommer 1810).
Auch **Cornelie von Wintgen** trat in das Hohenholter Stift ein. Dies war am 23. Dezember 1806 der Fall. Das Aufnahmezeremoniell

Haus Ermelinghof, bereits im 13. Jahrhundert nachgewiesene Wasseranlage. Nebengebäude

Haus Ermelinghof, Brauhaus

wurde vom Vater der Droste gemeinsam mit dem Domherrn von Merode vollzogen.
Sophie von Wintgen besaß – ähnlich wie die Droste – ein besonderes Schauspieltalent. Wie sich aus dem Tagebuch **Jenny von Drostes** ergibt, spielte Sophie 1812 und 1813 bei den traditionellen Hohenholter Theateraufführungen zum Namenstag der Äbtissin jeweils Hauptrollen und „gefiel vorzüglich".
Die Wintgen-Schwestern heirateten später nach Frankreich. Zunächst heiratete Sophie **Alexandre Louis Barbier de Laserre**, während Cornelie später eine Ehe mit **Alexandre François de Chertemps** einging. Die Schwestern wohnten fortan in Valenciennes. Auf die Abreise beziehen sich zwei Stellen aus dem Tagebuch **Jenny von Droste-Hülshoffs**: „Caroline Herrdemerten und ich waren gegen Nachmittag in Hohenholte, dort hörte ich, Sophie von Wintgen sey dort gewesen und jetzt mit Cornelie, und mit allen Ihrigen für immer abgereist, wahrscheinlich wird wohl bald die Heyrath seyn, und Cornelie sie nach Frankreich begleiten, der Umgang der Wintgens war mir sehr angenehm, und ich werde Hohenholte künftighin nicht halb so gern mehr besuchen" (Eintrag vom 9.9.1813).
„Im September ⟨1814⟩ war ich in Münster, um Sophie Wintgen zu sehn die mit ihrer Mama da war, ich fand sie ganz unverändert, sie wollte am anderen Morgen abreisen, und Cornelie ging mit nach Frankreich; ich schied recht ungern von den beyden lieben" (November 1814).
Die Familie von Wintgen wird auch in den Entwürfen zur Fortsetzung von *Ledwina* erwähnt: *Pennink ... verachtet auch Wintgens, sie seyen aus Oesterreich hergekommen,– doch habe er gehört, daß es dort noch mehrere Familien gebe, die so heißen, und von gutem Adel*

seyn auch seyn sie sonst solide Leute nur hielten sie sich mit zu vielem Künstlerpack auf – er zieht noch mehrere Familien durch auch Bürgerliche aus der Nachbarschaft.
Bei den erwähnten Gedichten, die wohl auf 1814 zu datieren sind, handelt es sich lediglich um anspruchslose Abschiedsverse. Wegen ihrer biographischen Bezüge seien sie hier dennoch angeführt:

An Cornelie

Du wanderst fort, und manche theure Stunde
Zieht fort mit Dir, in jenes ferne Land,
Wohl weiß ich es, daß in getreuem Bunde
Auch dort Dir Aller Herzen zugewandt
Doch weiß ich auch, Dir wird in fremder Runde
Nicht fremd die treue langgekannte Hand,
Und liebend, die wir Dir die Arme breiten,
Wirst du zurück an unsre Herzen gleiten.

An Sophie

Wie ein Strom will Ferne scheiden
Unsers Lebens ernsten Weg
Aber stille Jugendfreuden
Bauen einen lichten Steg
Ach was uns die Stirn umkränzte
An der Kindheit Weihaltar
Dort das Leben uns durchglänzte
Dort geliebt und theuer war,
Unsrer Jugend Liebeszeichen
Was auf Erden mag ihm gleichen.

Für die spätere Zeit lassen sich nur einige kurze Begegnungen zwischen der Droste und den nun in Frankreich lebenden Wintgen-Schwestern nachweisen. Ihr Plan, gemeinsam mit **Alexandre François de Chertemps** den Winter 1840 im Rüschhaus zuzubringen, gelangte ebensowenig zur Ausführung wie ein Besuch im Rüschhaus im Frühjahr 1841. Erst der Sommer 1841 brachte ein Wiedersehen. Damals statteten die Wintgen-Schwestern – während eines Besuches in Münster – mehrfach Besuche im Rüschhaus ab.
In Briefen der Droste aus den Jahren 1842 und 1843 ist außerdem mehrfach von einem Plan **Cornelie** und **Sophie von Wintgens** die Rede, sich für einen Sommer in der Nähe Meersburgs einzumieten.
Gelegentlich werden in den Briefen der Droste weitere Mitglieder der Familie von Wintgen erwähnt. Zu **Rosine von Wintgen**, einer weiteren Schwester, und deren Nichte **Anna** bestand offenbar kein allzu nahes Verhältnis. Es ist nicht auszuschließen, daß die Droste mit beiden ebenfalls schon früh bekannt wurde, zumal die Familie von Wintgen in Münster über eine Stadtwohnung verfügte. **Rosine von Wintgen** wird im Tagebuch **Jenny Drostes** erstmals am 5. Juli 1805 anläßlich eines Besuches in Hülshoff erwähnt, dann erst wieder am 2. August 1811, als sie vermutlich Stiftsdame in Borghorst war.
Über **Anna** und **Rosine von Wintgen** wird in den Droste-Briefen der übliche Familienklatsch kolportiert. Im Falle **Anna Wintgens** geht es fast ausschließlich um eine mögliche Heirat mit **Johannes von Droste-Stapel**, einem Vetter der Droste. Den Erwähnungen zufolge dürften wenig persönliche Berührungspunkte bestanden haben.
Zu einer mehrtägigen Begegnung der Droste mit **Rosine von Wintgen** und deren Nichte **Anna** kam es im Sommer 1842, als die Wintgens im Anschluß an eine längere Reise auf der Meersburg Station machten. Auf Wunsch ihrer Mutter trat die Droste gemeinsam mit den Fräulein von Wintgen die Heimreise (bis Mainz) an. Im nachhinein empfand die Droste ihre Begleiterinnen als *recht bequeme freundliche Reisegefährten.*
In den Briefen der Droste ist außerdem mehrfach von einer vierten Schwester, von **Bernhardine von Wintgen**, die Rede, einer ehemaligen Stiftsdame in Borghorst. Auch sie war gelegentlich im Rüschhaus zu Besuch. In Münster unterhielt sie in den 30er Jahren einen literarischen Zirkel. Auf einer Liste mit Decknamen führt die Droste **Bernhardine** und **Rosine von Wintgen** als *die Bewährte und ihre Schwester, der Rittersmann* auf. Aus dem Jahr 1846 ist schließlich noch überliefert, daß die Droste den flehentlichen Bitten der inzwischen kranken und *ganz schwachsinnigen* Bernhardine von Wintgen nachkam und sie in Münster besuchte.

➤ Haus Ermelinghof liegt etwa drei Kilometer nördlich von Hamm in Bockum-Hövel nahe der Bundesstraße 63 nach Drensteinfurt.

ERWITTE

Auch von einer weiteren westfälischen „Hauptstraße" (neben den Strecken Münster-Wesel und Münster-Paderborn) lernte die Autorin ein Teilstück kennen. Gemeint ist die Köln-Berliner Straße, deren Verlauf über Schwelm, Hagen, Unna, Werl, Soest, Erwitte, Geseke, Salzkotten, Paderborn, Bad Driburg und Höxter bis an die braunschweigische Grenze führte. Die Strecke war 1815 von Hamm bis Unna und 1824 bis Geseke fertiggestellt.
Im Jahre 1837 reiste die Droste erstmals auf dieser Route in Paderbornische. Die Abreise erfolgte am 29. März. Über die Reiseplanung berichtet **Therese von Droste-Hülshoff** in einem Brief an ihre Tochter **Jenny** vom 19. März 1837: „So ist beschlossen, daß Nette und ich ihm (Onkel Fritz) am Osterdienstag folgen, wir fahren mit Werner seinen Pferden bis Heeßen, bleiben dort bis Montag, wo uns die Böselager bis Erwitte bringen. Hier werden wir Fritz

seinen Kutscher finden, auf diese Weise werden wir sehr bequem und wohlfeil den 4. April Abends in der lieben Appenburg ankommen."
Der Zeitplan der Mutter scheint in etwa eingehalten worden zu sein. Gegen den 4. April reiste die Droste in Begleitung ihres Onkels **Friedrich von Haxthausen** von Heessen, wo der Aufenthalt mit manchen Anstrengungen verbunden war (→ Heessen), nach Abbenburg weiter. Nach einer Zwischenstation in Erwitte traf man am 6. April dort ein. Die Strecke führte über Erpernburg, den Wohnsitz der verwandten Familie **von Brenken**, wo man einen Besuch abstattete.
Die Abbenburgreise der Droste im Jahre 1838 (Ende März bis Ende September/Anfang Oktober) führte erneut – wiederum in Begleitung **Friedrich von Haxthausens** – über Heessen, Hamm und Erwitte. Auch im Juli 1839 reiste die Droste mit der Haxthausenschen Kutsche über Erwitte ins Paderborner Land.
Die Stadt Erwitte fand auch Eingang in eins ihrer literarischen Werke. Gemeint ist ihr mehrfach erwähntes Epos *Die Schlacht im Loener Bruch*, in dem eine in Erwitte spielende Episode des Dreißigjährigen Krieges Erwähnung findet. Sie bezieht sich auf eine Niederlage, die **Christian von Braunschweig** 1822 in Wittich – gemeint ist Erwitte – durch den Obersten der Liga, **Dietrich Otmar von Erwitte**, beigebracht wurde. Die Autorin selbst schreibt in einer Anmerkung zu ihrem Epos: *Erwitte hatte das Glück dem Christian* ⟨von Braunschweig⟩ *beim Flecken Wittich eine kleine Schlappe anzuhängen, und erinnerte sich dessen zuweilen wohl etwas zu übermüthig.* Allerdings hat die Droste weder Wittich als Erwitte identifizieren können, noch war sie sich über die geographische Lage des Ortes im klaren, denn sie nahm an, daß Wittich im Halberstädtischen liege (Droste-HKA).

Heiß ward gekämpft an diesem Tag;
In beiden Heeren Keiner war,
Der weichen mochte um ein Haar.
Und nicht am weißen Berge mag
So wilder Strauß gefochten seyn,
Wo es um eine Krone galt.
Mit den Centauren Weimar brach
Die Linie ohne Widerhalt;
Wohl Mancher stürzte wie ein Stein;
O schwerer Tod! zerbrochen seyn,
Zerschmettert von des Panzers Last!
Was übrig blieb drang frisch voran,
Und auch vom Regimente Spar,
Da kein Pardon zu hoffen war,
Da Aechter jeder einzle Mann.
Die Landsknecht thaten Wunder fast,
An Wittich dachten sie mit Wuth;
Bei'm Himmel! sie bezahlten gut.

(*Die Schlacht am Loener Bruch*, 2. Gesang).

FRECKENHORST

Auf ihren Fahrten ins Paderborner Land passierte die Droste mehrfach Freckenhorst. Der Ort lag an einer der größeren Poststraßen, die von Münster über Telgte, Warendorf, Beelen, Clarholz, Rheda, Wiedenbrück zum Verkehrsknotenpunkt Paderborn führte (die heutige Bundesstraße 64).
Bei den frühen Fahrten mit der Familienkutsche wurde in Freckenhorst jeweils eine eintägige Rast eingelegt, um **Felicitas** (Felitz) **von Boeselager-Eggermühlen** zu besuchen. Diese war eine Freundin der Mutter der Droste, die selbst bis zu ihrer Heirat für acht Jahre im Freckenhorster Stift gelebt und dort eine Präbende innegehabt hatte.
Das gegen 860 gegründete Kanonissenstift war seit 1495 ein freiweltliches Damenstift, das im 18. Jahrhundert stark katholisch geprägt war und Töchter des westfälischen Landadels aufnahm. Noch kurz vor Aufhebung des Stifts im Jahre 1812 war für **Jenny von Droste-Hülshoff** eine Präbende eingekauft worden. Eine Auflösung des Stifts hatte man bereits im Zuge der Säkularisierung erwartet. Am 26. August 1802 äußerte Jenny Droste in ihrem Tagebuch die Befürchtung, daß ihre im Freckenhorster Stift lebende Tante **Dorothea von Haxthausen**, spätere verheiratete **von Wolff-Metternich** (*Tante Dorly*), aus dem Stift „fortgejagt" werde. 1808 trat mit **Franziska von Haxthausen**, später verheiratete **von Bocholtz-Asseburg**, eine weitere Tante der Droste in das Freckenhorster Stift ein.
Felicitas von Boeselager blieb nach Aufhebung des Freckenhorster Stifts noch bis 1832 in Freckenhorst wohnen, bevor sie nach Münster umzog, wo sie häufig von der Droste besucht wurde. Für Felicitas von Boeselager entstand im März 1805 das Kindergedicht der Droste *Felitz die war die Gute…* Im Briefwechsel der Droste wird sie bis 1840 erwähnt. Auch in den Entwürfen zur Fortsetzung von *Ledwina* und zum *Bei uns zu Lande* kommt ihr Name vor: *dann das Stift, – die Aebtissin / von Freckenhorst / die Pröbstin / von Hohenholte / Die Küsterin / Frenzchen Huber / die Triest, Dobrane Crevelt / Frau Ketler / Ellberg Therese Bornheim / Mortorillant / Maillon, Engmann, / Felitz* – ⟨*Ledwina*, Entwurf einer Fortsetzung⟩; *Besuch des Großonkels bey der Grostante im Stifte, sie spielt grade Violoncell, Rhababera-Kaffe, Cremor tartari Wasser, Felitz und Thurn kommen,*– ⟨*Bei uns zu Lande*, Plan der 1. Abteilung⟩.
Zahlreiche Briefe der Droste an Felicitas von Boeselager sind zu vermuten, jedoch nicht überliefert.
In den Plänen zur Fortsetzung von *Ledwina* wird auch die Äbtissin von Freckenhorst, **Anna Franziska von Kettler-Harkotten**, erwähnt.

Ende Oktober 1804 kam sie zu einem Besuch nach Hülshoff. Ein weiterer Besuch der Äbtissin in Hülshoff ist für Juni 1817 belegt.
Kontakte der Familie von Droste-Hülshoff bestanden auch zu einer weiteren Freckenhorster Stiftsdame und Bekannten **Therese von Droste-Hülshoffs**, zu der aus der Schweiz stammenden **Auguste von Thurn-Valsassina**. Im August 1804 war sie erstmals in Hülshoff zu Gast. Die Droste lernte die **Familie von Thurn-Valsassina** bei ihrem Aufenthalt in Eppishausen (1835/36) näher kennen, die das Eppishausen benachbarte Schloß Berg bewohnte. In der Folgezeit wird am häufigsten **Emma von Thurn-Valsassina** in den Briefen der Droste erwähnt, die den **Freiherrn Carl von Gaugreben** heiratete und später mit ihm das Gut → Bruchhausen im Sauerland bewohnte. Auf Bitten von **Johann Theodor von Thurn-Valsassina** verfaßte die Droste 1835 das Gedicht *Schloß Berg*, in dem in Vers 19 auch Auguste von Thurn-Valsassina genannt wird.
Das Freckenhorster Stift wurde nicht nur auf den Hin- und Rückreisen ins Paderbornische besucht, es war mehrfach auch ein eigenes Reiseziel. Insgesamt lassen sich zwei Aufenthalte der Droste für das Jahr 1804, drei Aufenthalte für 1805, zwei Aufenthalte für 1807 und ein Besuch im Jahre 1813 nachweisen.
In Freckenhorst spielt ein Werk, das zwar nicht aus der Feder der Droste stammt, an dem sie aber mitgearbeitet hat. Gemeint ist **Levin Schückings** Roman „Das Stifts-Fräulein". Ein erster Abdruck aus diesem Werk erschien unter dem Titel „Der Jagdstreit" vom 16. bis 18. Februar 1842 im Cottaschen „Morgenblatt für gebildete Leser". Erstmals vollständig gelangte „Das Stifts-Fräulein" Anfang 1843 innerhalb der von **August Lewald** herausgegebenen „Dombausteine" zur Publikation. Ab der zweiten Auflage 1846 trug das Werk den Titel „Eine dunkle That".
In seinen „Lebenserinnerungen" (1886) schreibt Schücking: „und als ich alsdann einen Roman zu schreiben unternahm, der unter dem Titel ‚Eine dunkle That' (Leipzig 1846) erschienen ist, fügte sie ⟨die Droste⟩ ihm die reizende Schilderung eines Stiftsfräuleins in ihrem alten Curiengebäude ein, die etwa von Seite 63 bis 100 dieses Buches reicht." Der Droste-Freundin **Adele Schopenhauer** lag offensichlich ein entsprechender Wink Schückings vor. Sie schrieb ihm am 24. Juli 1847 über die vermeintlichen Droste-Passagen: „Wären die Onkels und Ebenbürtigen schuld an ihrem ⟨der Droste⟩ Verstummen es wäre hart! Kaum glaube ichs. Gestern Nacht las ich mit unglaublichem Neid in der dunklen That die Seiten 63 bis 103, das ist höchst reizend."
Schückings Arbeit an dem Roman fällt in die Zeit seines gemeinsamen Aufenthaltes mit der

Das Damenstift in Freckenhorst. Stich von Klauber

Droste auf der Meersburg im Winter 1841/42. Die Droste verfolgte die weitere Entstehung des Romans mit Interesse, sparte aber nicht mit Kritik. Am 27. Dezember 1842 schrieb sie Schücking: *Ihr Stiftsfräulein leidet auch etwas an dem Fehler, hundert Federn in Gang zu setzen, und sich dann davon zu machen, ehe die Maschine ihre gehörige Wirkung hat thun können.*
Nachdem das Werk in den „Dombausteinen" erschienen war, schrieb Schücking der Droste am 2. November 1843: „Will mein Mütterchen die Dombausteine lesen, so schicke ich sie ihr leihentlich – (sie kosten viel). Ich habe sie nicht beigelegt weil Manches darin, was sie unangenehm berühren könnte." Unangenehm mochte der Droste gewesen sein, daß Schücking

Die Stiftskirche in Freckenhorst

das Stiftsfräulein „verweltlicht" hatte und auch sonst manchen koketten und schlüpfrigen Ton in den Roman einbrachte.

Die Droste beschaffte sich das Buch wohl auf eigene Faust. Am 14. Dezember 1843 schrieb sie Schücking: *Jetzt eben lese ich in den neu angekommenen Dombausteinen Ihr Stiftsfräulein – Sie haben Recht, es macht sich gedruckt sehr gut und bezeichnet, neben das Spätere gehalten, genau Ihren Uebergang aus einer Schreibart in die andre, aus dem wildesten westphälischen Wuchs in die anmuthige Form der heutigen Litteratur. – Sie haben einerseits bedeutend gewonnen, an Geist, Styl, klarer Form, und Harmonie des Ganzen, – das Stiftsfräulein hat noch viel Zerstückeltes, viel wenn nicht den Schüler doch den angehenden Doctor legens Verrathendes, aber auch große Originalität, – es steht noch der Hauch der Haide, mit ihren abgeschlossenen Charakteren, ihren bald barocken bald träumerischen Wolkenbildern darüber, – hüten Sie Sich ihn ganz zu verlieren, – das Eine behalten und das Andre nicht lassen! – er ist Ihr eigenstes Eigenthum, mit dem ersten Hauche eingesogen, und kein Fremder machts Ihnen nach.*

Der Anteil der Droste ist – wie bei ihrer Mitarbeit an **Schückings** „Das Malerische und romantische Westphalen" – nicht mehr eindeutig zu bestimmen. Als sicher gilt, daß sie die Vorlagen für jene Passagen lieferte, die sich auf das Äußere des Stiftes beziehen. Im Zuge der Weiterarbeit griff Schücking sicherlich stark in den Text ein und gab ihm „seine" Handschrift.

Dem Roman liegt eine recht verworrene Fabel zugrunde. Sie handelt von dem durch die Haushälterin Margreth Fahrstein entführten und als eigenen Sohn ausgegebenen adligen Bernhard von Schemmey, der über Umwege von seiner Identität erfährt. Neben diesen beiden Figuren steht das Stiftsfräulein Katharina von Plassenstein, die beste Freundin Schemmeys, im Mittelpunkt der Handlung.

Die von der Droste beigesteuerten Ausführungen über das Stift decken sich bis ins Detail mit baugeschichtlichen Werken. So heißt es etwa: „Bernhard hatte die Immunitas sancti Cyriaci oder die Abteifreiheit betreten, wie eine am Wege stehende Steinsäule zeigte; nun kam ein langer hölzerner Steg, der wie eine Brükke über sumpfige Wiesengründe führte. Die ganze Fläche unten war blau von Vergißmeinnicht; an den tieferen Stellen standen kleine Wasserflächen, in denen gelbe Nymphäen sich auf ihrem breiten glänzenden Blatte schaukelten, wie ein Orange auf ihrem Fruchtteller. Geißblatt und weiße Lilien überrankten das Weidengebüsch, das sich hier und dort an den Steg drängte, und wie müde Arme seine Aeste auf das Geländer gelegt hatte: es war ein Spaziergang, wie ein Stiftsfräulein mit Trillers Gedichten in der Hand ihn nur wünschen konnte. Der Steg endete an dem Gehölze, das unmittelbar die Abtei umgab; ein recht gut gehaltener Forst, in dem sich an vielen Bäumen saubere Täfelchen mit Nummern zeigten, als Beweis, daß die Aebtissin ihren Förster hielt, der ein sehr ordentlicher Mann war, und unter tausend unnützen Umständlichkeiten – Kapuziner-Arbeit nennt man's bei uns – seinen Mangel an eigentlicher Arbeit zu verbergen suchte. Hier und dort waren Alleen angelegt und Points de vue ausgeschlagen; in allen Bäumen am Wege waren Namenszüge und brennende Herzen eingeschnitten, auch Verse an Phyllis oder Chimene in Ueberfluß, wo sich irgend eine glatte Rinde zeigte. Auf einer Rasenbank in einer der Alleen saß eine Stiftsdame, ein Buch, in dem der Wind blätterte, in der Hand. Sie stand auf und entfloh bei der Annäherung des jungen Mannes in das Gebüsch wie eine scheue Hinde; doch sah Bernhard bald nachher, wie sie in einem Seitenwege, der parallel mit dem seinen lief, gleichen Schritt mit ihm hielt und zuweilen durch die Lücken des Unterholzes verstohlene Seitenblicke nach ihm aussandte. Wo die Wege zusammen trafen, war sie verschwunden.

Vor dem Thore begegneten ihm drei Zofen, die Arme um einander schlagend, wie drei Grazien, mit feinen Drahthäubchen und glänzend weißen Schürzen, deren Bruststück nonnenhaft bis an die Schultern hinaufging, daß sich das gekrönte Herzchen von Gold-Filigran mit den blutrothen Tiroler Granaten in der Mitte desto glänzender abhub. Bernhard zog artig sein Käppchen vor ihnen; sie gingen knicksend und mit niedergeschlagenen Augen an ihm vorüber, aber drei Schritte weit hinter seinem Rücken hörte er sie lebhaft flüstern und kichern.

Der Hof war groß und von den Häusern der Stiftsdamen umschlossen, von denen immer eines von dem andern durch den Garten, der es umgab, getrennt war. Die Kurien waren ansehnlich, jede mit einer hohen Treppe und ihrem Wappen über der Eingangsthüre. Nur die Abtei hatte auch einen Balkon und bekam dadurch den vornehmern Karakter; auch stand eine ausgespannte schwerfällige Karosse davor und ein Knecht war beschäftigt, das Leder einer Sänfte abzuseifen. Hinter ihr sah man die drei spitzen Thürme und die Giebel der Abteikirche sich emporheben. Das Ganze bot ein stilles Bild: das Klappern von Flachsbrechen, das aus den Oekonomie-Gebäuden scholl, und einige Pfauen, die auf dem Hofe gellend das Wetter anschrien, machten den einzigen Lärm darin, wenn man die Kanarienvögel nicht rechnet, denn an jedem Fenster hing mindestens ein Käfig mit einem dieser gelben Musikanten.

Bernhard öffnete ein Gitterthor vor einer der

Kurien, die rechts nahe bei der Abtei lag und schritt über den gelben Sand des Blumengartens, an verblühten Aurikelbeeten her, durch zwei lange Reihen von Blumenscherben mit herrlichen farbenglühenden Nelken, bis er auf der obersten Treppenstufe stand …
Bernhard begleitete sie dahin ⟨zum Chore⟩, durch einen etwas feuchten und modrig duftenden Kreuzgang, der das enge, immer im Schatten begrabene Quadrum neben der Abteikirche mit seinen gothischen Arkaden umschloß. Am Ende desselben führte eine hohe Stein-Treppe durch eine kleine Spitzbogen-Thür auf das Chor, das wie eine Emporkirche die hintere Hälfte des Münsters einnahm und eine Art zweiten Stockwerks darin bildete, von nach dem Altar hin mit einem niedern Geländer geschlossen, aus dessen Mitte ein großes steinernes Cruzifix hervorragte. Die anderen Fräulein saßen zumeist schon in geschnitzten Chorstühlen … An der linken Seite des Chors, etwas in die Kirche hinausragend, war der Erker, in dem die Frau Aebtissin steckte …
Als die Vesper beendet, waren Katharina und Bernhard fast die Letzten, welche das Chor verließen. Sie gingen eine Zeitlang in dem schmalen und düstern Kreuzgang auf und ab. Bernhard besah die vielen Epitaphen, die an den Wänden eingemauert waren, die meisten in dem schlechten Jesuitenstyl des sechzehnten und siebzehnten Jahrhunderts, einige aber weit älter, deren Unterschrift kaum mehr leserlich und auf denen der Donatar noch im Ringelpanzer und der Halsberge kniete, einen Helm von der Form des eilften Jahrhunderts neben sich; ihm gegenüber sein wohlverhülltes steinernes Ehgemahl und hinter ihr eine ganze Reihe kleiner Burgfräulein, wie Orgelpfeifen nach ihrer Größe geordnet; Katharina wußte von den Meisten irgendeine seltsame Geschichte: ‚das hier ist ein Miles von Schwalenberg‘ sagte sie; ‚Sie sehen ihn allein, ohne Gespons: Er hatte in seiner frühesten Jugend …‘“
Spätestens an dieser Stelle floß biographische „Insiderinformation“ in den Text ein – bekanntlich war auch die Droste eine „berüchtigte“ Erzählerin zum Teil haarsträubender Gruselgeschichten. Aber auch andere Stellen entschlüsselten sich für den Eingeweihten sofort und ließen sich auf die Beziehung Droste-Schücking zurückführen, etwa der Hinweis, daß Bernhard „zweimal in jeder Woche“ von „seiner Gönnerin“ empfangen worden sei – ebensooft wie Schücking von der Droste im Rüschhaus. Es wird ferner erwähnt, daß eine alte Dame für sein leibliches Wohl gesorgt habe – ebenso wie die frühere Amme der Droste, Anna Catharina Plettendorf, bei Schückings Besuchen im Rüschhaus.
Auffällig sind auch Parallelen bei der Be-

Die ehemalige Stiftskirche St. Bonifatius mit Klostergebäude in Freckenhorst

schreibung des Äußeren der Droste und der des Stiftsfräuleins. Die Ausführungen stimmen zum Teil bis ins Detail mit anderen Quellen überein, zum Beispiel mit der stark autobiographisch gefärbten Beschreibung des *Fräulein Sophie* im *Bei uns zu Lande* (→ Hülshoff). Im „Stifts-Fräulein“ heißt es: „Sobald Anne-Marie aus der Thür war, stand die Dame wieder auf, ergriff mit ihren spottkleinen weißen Händen die beiden Bernhard's und sagte: ‚wie geht's meinem Jungen?‘ mit einem viel weicheren Tone, als ihre erste Begrüßungsformel trug. Bernhard sah sie mit einer schweigenden Innigkeit an und es konnte nun nur ein innerliches Seelenergötzen verursachen, ein Paar dieser blauen treuen Augen so in das andere blinken zu sehen, als ob es darin die Seele wiedersuche, die aus dem eigenen hinüberschlüpfe …
Ich muß Euch die Stiftsdame beschreiben … Das Gesicht war ein regelmäßiges Oval, die Stirne hoch und schön geschwungen, das große blaue Auge hatte etwas Bohrendes; wenn sie die langen Lider schloß, konnte man deutlich darunter die Bewegungen sehen, welche der Apfel machte. Die Nase war lang und fein geschnitten, und der Mund klein; die ganze Partie umher hatte einen weichen kindlichen Karakter behalten, während auf dem übrigen Gesichte sich das Gepräge von völliger Lebensreife ausgebildet hatte. So nannte Jeder das Fräulein von Plassenstein schön; freilich, man hätte Manches gegen die unbeschränkte Anwendung dieses Beiwortes auf ihre Züge einwerfen können: zum Beispiel, daß die Röthe

der Gesundheit nicht auf ihre Wangen sich beschränkte, ferner, daß die Nase, ganz scharf betrachtet, eine geringe Abweichung von der geraden Linie zeige, wie das gewöhnlich bei klugen Leuten der Fall ist. Aber, wer hätte das bei einem Gesichte, wie das Ihrige, bemerkt? Es verschwand unter dem Eindrucke, den das Ganze machte, und diesen Eindruck brachten allein die Gedanken hervor, die man darauf wohnen sah; sie waren alt und jung zu gleicher Zeit, spielende Kinder und Greise, die viel, viel gesehen und durchlebt haben, und nicht froh über ihre Erfahrungen sind, aber heiter und ruhig dabei ... Uebrigens hatte Katharina von Plassenstein mehrere Gesichter; am Auffallendsten war das, wenn sie auf dem Klavier phantasirte: es war nicht das schönste, denn sah man auch in ihren emporgeschlagenen Augen dann eine innere, Zeit und Erde überflügelnde Erhebung; so war doch damit der Ausdruck eines Stolzes verbunden, der sie unschön machte. Sie fühlte sich alsdann zu sehr als Kaiserin über ein Gebiet von Tönen und Gefühlen, über eine ganze, ihr gehörende Welt: dieß nahm ihren Zügen an gewinnendem Reiz, was es ihnen an imponirender Hoheit zurückgab. Sie sah dabei aus, wie eine Prätendenten-Majestät. Schöner war ihr Gesicht bei'm Nachsinnen, wobei leicht ihre Wimper naß wurde. Sie bekam dann etwas Velleda-Artiges, das die ernste Ordenstracht nur noch mehr hervorhob; auch dann, wenn sie erzählte, was meist höchst seltsame Geschichten waren, die man besser bei Tage, als an dunklen stürmischen Abenden hört."

Analogien ergeben sich auch hinsichtlich des Zeitvertreibs, dem sich das Stiftsfräulein/die Droste hingab: „Jedenfalls stand sie mit ihren Liebhabereien und geistigen Beschäftigungen, welche eben so wohl bei den römischen Dichtern verweilten, als bei den spanischen und französischen, und nur die deutschen ausschlossen,– die damals in der That langweilig waren,– außerhalb der Kreise ihrer Umgebung. Bernhard war ihr eine desto willkommenere Erscheinung."

Schließlich und endlich erfährt auch die nahe Beziehung zwischen der Droste und Schücking eine Charakterisierung. Der Text wird damit geradezu zu einem „Schlüsselroman". Das Stiftsfräulein hatte, wie es heißt, „immer größere Theilnahme für ihn ⟨Bernhard⟩ bekommen und sich endlich immer fester verpflichtet gefühlt, für den jungen unerfahrenen Menschen, der gar nicht in die Welt paßte und sich schicken konnte, der wie eine exotische Pflanze war, der nie aus dem mütterlichen Treibhaus in die rauhe Luft gestellt werden darf, Sorge zu tragen. Wer sollte es auch anders? Seine Mutter war ja eine wunderliche Frau. Dazu haftete ein Flecken auf seiner Geburt. Er war nur um so schlimmer daran. Und sie war unabhängig; eine Heirath hatte sie längst aus dem Sinne geschlagen; wozu hätte eine einzelstehende Dame einige Tage ihres Lebens besser anwenden können, als die geistige Entwicklung und die äußere Wohlfahrt eines jungen Mannes befördern zu helfen, der es verdiente? Sie hatte ihm gesagt, weil er nun einmal eine so wunderliche Mutter habe, wollte sie sein Täntchen seyn ... Als Bernhard das nächste Mal zu ihr kam, wurde er in ihr Wohnzimmer im zweiten Stock geführt; sie war nicht darin, aber ihre Stimme, die hinter einem grünen Vorhange her erscholl, rief ihn in das Allerheiligste ihres Gedankentempels ... ‚Ich will wie eine Mutter für Sie sorgen; ich Sie wie einen Bruder lieb haben; ich will Jemand haben, für den ich sorgen kann wie ein Weib; an dem ich eine geistige Stütze habe, denn meine Umgebung reicht nicht für mich aus; meine Gedanken gehen darüber hinaus und bewegen sich in einem Felde, das nur Sie auch betreten; aber wenn ich auch so gedankenarm wäre wie meine Köchin – es wär' doch dasselbe, ich will Jemand haben, der mein ist und dem ich wie einem geduldigen Kameele Alles aufpacken kann, was an Liebe und Wärme, an Drang zu pflegen und zu hegen, zu beschützen und zu leiten, in mir ist und übersprudelt!' – Sie fuhr bei diesen Worten heftig in seine Lokken und küßte ihn auf die Stirne. – ‚Aber wenn Sie Kameel deßhalb glauben oder jemals sich einbilden, ich wäre verliebt in Sie, ich wäre eine Thörin und würfe mich Ihnen an den Hals, so sind Sie nicht nur ein eitler Geck, sondern Sie sind etwas Schlimmeres; ein verdorbener Mensch, der von einem reinen und edlen Verhältniß keinen Begriff hab. Sie wissen, was ich von der Liebe halte; ich mag freilich zu strenge darüber urtheilen, denn ich kenne sie nicht und fühle auch kein Organ dafür in mir, so daß ich sie nie kennen lernen kann; aber das weiß ich, daß sie keinen Werth hat, weil keine Dauer; keine ächte Tiefe, weil keine Ruhe, daß sie nicht glücklich macht, weil ihr Beides fehlt und daß sie endlich viel zu sehr mit allerlei physischen Dingen in Rapport steht, als daß ich sie je achten könnte. Dafür halte ich alle Bande des Blutes für das Höchste im Leben; sie machen ein Verhältniß, daß innig, tief und ewig ist, und dessen Pflichten die heiligsten auf der Welt sind. Ich könnte mich nie als Braut, recht wohl aber als Frau denken. Und Ihnen, ja wahrhaftig, Ihnen müßte auch wunderlich zu Muthe seyn – es müßte Ihnen lächerlich stehen, wenn Sie den Liebhaber spielen sollten!'"

Im Zusammenhang mit Schückings Arbeit am „Malerischen und romantischen Westphalen" läßt sich ein weiterer Bezug der Droste zu Freckenhorst erschließen. Im Januar 1841 hatte sie Schücking vorgeschlagen, den Sagenstoff

der ‚Jungfer Eli' in einer Ballade zu thematisieren. Über die böse, geizige und gottlose Haushälterin im Stift Freckenhorst mit Namen Jungfer Eli wird berichtet, daß der in ihrer Sterbestunde herbeigerufene Pfarrer sie mit grünem Hut mit weißen Federn auf dem Apfelbaum habe sitzen sehen, als er aber ins Haus kam, habe er sie in ihrem Bett liegend gefunden, äußerst erbost über die Anwesenheit des Pfarrers. Bald nach ihrem Tod habe sie in den Stiftsgebäuden zu spuken begonnen, bis sie von einigen Geistlichen in das Waldgebiet der Davert verbannt worden sei. Von dort aus komme Jungfer Eli einmal im Jahr nach Freckenhorst und fahre, einige Trümmer hinterlassend, durch das Stift.
Schücking lehnte den Vorschlag der Droste, eine Ballade zu diesem Sagenstoff zu schreiben, jedoch ab, da er ‚Jungfer Eli' „schon in Kürze erwähnt" habe. Die betreffende Stelle in der siebten Lieferung des „Malerischen und romantischen Westphalen" lautet: „In der Dawert ... spucken Kobolde und Jungfer Eli aus Frekenhorst, der Aebtissin ungetreue Haushälterin, die in ihrem grünen Hütchen mit weissen Federn auf dem Aepfelbaum sass, als der Pfarrer kam, um ihr die Sterbesakramente zu bringen; alle Jahre einmal fährt sie mit schrecklichem Gebrause von der Dawert aus, wohin sie exorcirt ist, über die Abtei zu Freckenhorst und alle Vierhochzeiten kommt sie ihr um einen Hahnenschritt wieder näher."

➤ Der Ort Freckenhorst liegt 4 km südlich von Warendorf; die ehemaligen Stiftsgebäude befinden sich im Ortskern.

HAUS HAMEREN → BILLERBECK

HAMM
→ HAUS ERMELINGHOF
→ SCHLOSS HEESSEN

HAVIXBECK
→ HOHENHOLTE
→ HAUS HÜLSHOFF
→ HAUS STAPEL

HAUS HAVIXBECK

Das Gras ist hier überall so grün, wie mitten im Sommer, und vorgestern hat Werner ein Vergißmeinicht gebracht, und gestern, da er nach Havixbeck gieng ein völlig blühendes Veilchen gefunden, was wir aber nicht gesehn haben, da er es der Frau von Twickel geschenkt hat ... (an die Großmutter, Dezember 1821).
Uebrigens ist Frau von Twickel von der rosenfarbensten Laune, und Victorine, trotz Alles dessen, dito – Herr von Twickel ist auch gewöhnlich jetzt sehr heiter ... (an die Schwester Jenny, Mai 1827).
„wir fuhren nämlich mit Annette und Jenny und Toni Galliéris und der Mutter Droste von Haus Hülshoff öfters nach einem entfernt liegenden Gute Habichtsbeck ⟨gemeint ist die Familie von Twickel auf Haus Havixbeck⟩, wo wir großes Gaudium über den dortigen Sandberg, mit Wald bedeckt, hatten, des Tores an der Brücke mit vielen daran genagelten Raubvögeln und Eulen ..." (Friedrich von Thielmann an Schlüter, Mai 1818).
Diese letztgenannte Erinnerung stammt aus der Feder **Friedrich von Thielmanns**, eines Sohnes der **Wilhelmine von Thielmann** (→ Münster). Am 15. April 1827 berichtete

Haus Havixbeck. Lithographie von Ph. Herle, 1830/1840. Nach Süden geöffnete dreiflügelige Wasseranlage mit Ober- und Unterburg

Haus Havixbeck. Nordseite

die Mutter der Droste in einem Familienbrief: „Nette ist schon seit 10 Tagen in Havixbeck, ich hoffe nur Frau von Twickel läßt sie heute gehn, wer reitet uns sonst morgen den Braunen vor?“ Zwei weitere Besuche der Droste in Haus Havixbeck bei der **Familie von Twickel** sind allein für das Jahr 1827 belegt. Mit gewohnt spitzer Feder schrieb die Droste am 28. Mai 1827 ihrer Schwester Jenny nach Bökendorf: *Hier, in Havixbeck, ist Alles wie immer, – Clemens war die vorigen Tage, hier, und vollkommen unausstehlich, aus übler Laune über manche kleine Fehler, die jetzt bey der Arbeit zur Ausstattung vorfallen, – denn du mußt denken, daß Victorine Alles dirigirt – die Matratzen sind, über einen Fuß, zu lang, die Bettstellen passen nicht an einander, die Nachtjacken sind verschnitten, und so beschaffen, daß wenn Clemens den Ellenbogen biegt, die Näthe platzen, – kurz, da ist Elend über Elend, – nimm dich aber hiermit in Acht, daß du es nicht in Gegenwart von Einer der Wehrenschen etwa erzählst …*

In einem späteren Brief aus dem Jahre 1840 deutete die Droste an, daß der Familie möglicherweise unliebsame Veränderungen ins Haus stünden: *In Havixbeck wird der Verlust Viktorinen's auch nur sehr langsam verschmerzt; besonders der Vater kömmt gar nicht aus seiner trüben Stimmung heraus; ich glaube der alte Herr ist jetzt in seinem neunzigsten Jahre, und seine Kinder leben eigentlich in täglicher Angst ihn zu verlieren. Es ist einerseits ein großes Glück seine Eltern so lange zu behalten, aber andererseits finde ich, daß man sie in reiferen Jahren weit härter verliert als in der Jugend, wo Einem der Himmel noch voller Geigen hängt und man die Fähigkeit besitzt, sich überall zu attachiren. Ich fürchte, wenn die beiden Alten Twickel mal sterben, wird eine furchtbare Melancholie und Spleen über die ganze Familie kommen.*

➤ Haus Havixbeck liegt etwa 1 km südwestlich von Havixbeck.

HEESSEN (Hamm)

Schloß Heessen bei Hamm war Wohnsitz der **Familie von Boeselager**. Anfang der 20er Jahre scheint das Schloß für die Familie von Droste-Hülshoff als Besuchsziel an Bedeutung gewonnen zu haben, Besuche sind für den Sommer 1821 und Frühjahr 1823 belegt. Auch während der Sauerlandreise der Droste im Jahre 1824 wurde vermutlich in Hamm und Heessen eine Zwischenstation eingelegt. Für die Rückreise ließ man sich die Hülshoffer Pferde bis Hamm entgegenkommen.

Während die frühen Fahrten der Droste ins Paderborner Land ausschließlich über die Poststraße Telgte-Warendorf-Paderborn-Bad Driburg verliefen, entschied man sich seit 1837 häufiger für die Route Münster-Hamm-Erwitte (→ Erwitte). In bezug auf die Reise im Frühjahr 1837 heißt es in einem Brief an **Christoph Bernhard Schlüter** über den Zwischenaufenthalt in Heessen: *Nur zwey Worte, in gröster Eil, mein theurer Freund … wie es mir* ⟨hier in Heessen⟩ *geht? – wie Jemanden, dem man kaum so viel Zeit läst zu fühlen, daß ihm unwohl ist,– ich bin zwischen lauter Verwandten und sehr nahen Bekannten, und bin mit Einigen Derselben lange nicht zusammen gewesen,– man hat mich gestern Abend fast bis zur Ohnmacht singen und reden lassen,– die übergroße Aufregung ließ mich nachher nicht schlafen.*

Auch auf ihrer Rückreise von Abbenburg im Jahr 1843 machte die Droste Ende August

Schloß Heessen. Zeitgenössische Farblithographie

einige Tage in Heessen Station. Von dieser Etappe, die man nach einer verregneten, *langweiligen Fahrt* von → Erpernburg erreichte, berichtete sie **Maria von Brenken**: *So schwammen wir nach Heesen, und wurden in unsrer Freude erlöst zu seyn nur durch* ⟨den Hund⟩ *Mohr übertroffen, der vor Entzücken heulte als er festen Grund unter sich fühlte. Zum Glücke waren weder er noch Marie seekrank geworden, das wäre sonst eine schöne Bescheerung gewesen! – Es war noch hell, als wir ankamen, und Karl* ⟨von Boeselager⟩ *empfing uns unterm Regenschirme. – Adolphine war sehr freundlich, und ist viel wohler und heitrer wie sonst in gleichen Umständen, – die Schwägerinnen werden nächstens dort erwartet, – sie bringen jetzt ihre beyden Adoptivtöchter nach Brüssel ins Institut, geben die Bonner Wirthschaft vorläufig auf, und bleiben den Winter in Heesen.*
Daß sich die Droste in Heessen insgesamt wohl fühlte, macht eine Erwähnung im Brief an **Sophie von Haxthausen** vom 24. April 1845

Schloß Heessen. Herrenhaus auf dreieckiger Insel; heute Landschulheim

deutlich. Auf der bevorstehenden gemeinsamen Reise nach Abbenburg hatte **Therese von Droste-Hülshoff** *eine weitläufige tour* vor, die u. a. nach Heessen, Ostwig, Schellenstein und Westheim führen sollte. Die Droste selber zog es aber vor *direct* zu reisen, *da ich, außer in Heesen, nirgends heimisch wäre, und mich überall géniren und Alles mitmachen müßte.*

➤ Schloß Heessen liegt am südlichen Rand des Ortsteils Hamm-Heessen an der Lippe; man erreicht es am besten über die B 61, die von Hamm nach Beckum führt.

HOHENHOLTE (Havixbeck)

Besonders nahen Kontakt pflegte die Familie von Droste-Hülshoff zum Damenstift in Hohenholte, das 6 Kilometer von Hülshoff entfernt liegt. Im Jahre 1800 wurde die damals fünfjährige **Jenny von Droste-Hülshoff** in das Stift aufgenommen, blieb aber in Hülshoff wohnen. Von März 1811 an lebte sie dann für ein Dreivierteljahr in Hohenholte und wurde in dieser Zeit besonders häufig von ihren Eltern und Geschwistern dort besucht.
Aus dem Tagebuch **Jenny Drostes** ist ersichtlich, daß zur Kinderzeit der Droste – im Sommer sogar mehrmals im Monat – die Äbtissin von Hohenholte, **Maria Johanna von der Dekken**, meist in Begleitung einiger Stiftsfräulein, zu Besuch nach Hülshoff kam. Die Äbtissin wird in den Entwürfen der Droste zu ihrem Westfalen-Roman *Bei uns zu Lande* erwähnt.
Im Dezember 1806 wohnte die Droste im Hohenholter Stift dem Eintrittszeremoniell **Cornelie von Wintgens** (→ Ermelinghof) bei, die von ihrem Vater und dem **Domherrn von Merode** vorgenommen wurde.

Die ehemalige Stiftskirche St. Georg in Hohenholte

Seit Januar 1809 erhielt die Droste vom Hohenholter Organisten Kettler Klavierunterricht. Im Frühjahr/Sommer 1809 und Sommer 1810 kamen Hohenholter Stiftsfräulein wöchentlich nach Hülshoff, um dort am Zeichenunterricht teilzunehmen. Die Droste freundete sich damals besonders mit **Lotte von der Decken** an, in deren Album sie im Juni 1816 mehrere eigene Gedichte eintrug, so das folgende Freundschaftsgedicht.

An einen Freund.

Umsäuselt von des Frühdufts süßen Lüften,
Schau ich an meines Fensters Rand gelehnt,
Vergeblich spähend durch die grünen Triften,
Und oft vom Schein getäuscht mein Auge wähnt,
Es hebe fern sich in den Morgendüften
Der Thürme Heer das Münster stolz umkrönt,
Und flüsternd hallt zu dir durchs Taugeflimmer
Mein leiser Laut, nahst du, o Freund, denn nimmer?

Schon ist ein Mond entschwunden seit vergebens
Die Freundinn dein mit stiller Sehnsucht harrt.
Sie fühlt nur halb den Lenz voll jungen Strebens,
Und halb noch scheint ihr die Natur erstarrt.
Dem Leben fehlt der schönre Theil des Lebens,
Des Freundes heitre holde Gegenwart;
Dem duftet nie der Freude schönste Blüthe
Der sie verschließt im einsamen Gemüthe.

Ein Chaos liegt die Welt vor seinem Blicken
In graue Dämmrung eingehüllt, er schaut,
Das Nächste nur, wohl kann es ihm beglücken,
Und wohl erreicht sein Ohr der nahe Laut.
Doch nimmer wird das Ganze ihm entzücken;
Nie wird ihm seine Harmonie vertraut;
Durch Blüthen wandelt er und grüne Weiden,
Und achtlos tritt sein Fuß die kleinen Freuden.

Doch wenn der Freundschaft Morgensonne glühend
Mit hellem Strahl das Dämmerthal durchbebt,
Dann ist's als wenn ein düstrer Dämon fliehend
Von seinem Busen Felsenlasten hebt.
Er sieht das Thal mit tausend Pflänzchen blühend
In jedem Blättchen eine Freude lebt.
Was er für todte Masse nur gehalten,
Sieht er mit tausend Reitzen sich gestalten.

O nahe dich! daß freundlich mir und golden
Belebe sich die blühende Natur;
Es füllen Blumen rings und helle Dolden
Mit süßen Wohlgeruch die Lüfte nur;
Der Aether schallt vom Festgesang der holden
Gefiederten Bewohner dieser Flur,
Seit Monden schon entfloh des Winters Trauern
Was weilst du, Theurer, in den öden Mauern.

Im Winter 1809/1810 trat die Droste im Hohenholter Damenstift in einer Theateraufführung auf. Ihre schauspielerische Leistung fiel dabei so sehr auf, daß sie in Münster zum Stadtgespräch wurde. Angeblich habe **Therese von Droste-Hülshoff** erst nach längerer Bedenkzeit die Erlaubnis zu diesem Auftritt gegeben. Am 25. März 1810 schrieb **Friedrich Leopold von Stolberg** an **Therese von Droste-Hülshoff**: „Ich habe gehört, daß Fräulein Nette in gesellschaftlichen Kreisen Komödie spiele. Für Männer und Frauen ist, meiner innigsten Überzeugung nach, diese Übung wenigstens gefährlich; für Jünglinge noch mehr; für junge Mädchen noch weit mehr, und eben für Fräulein Nette mehr noch als für andere. Ich habe lange und mehr als mir lieb war, in der großen Welt gelebt, wo eben diese Übung eingeführt worden. Ich habe keinen und noch weniger eine gesehen, welche nicht merklichen Schaden dadurch gelitten hätte … wiewohl ich es wiederholen muß, daß ich solche Komödien nicht kenne – so ist doch das bloße Vorstellen jeden Menschen, mehr als Männern den Frauen, mehr als diesen den Mädchen und vor allem solchen nicht nur gefährlich, sondern gewiß schädlich, welche gereizte Nerven und einen phantastischen Schwung des Geistes haben“.

Zum Namenstag der Äbtissin fanden jeweils besondere Festlichkeiten statt. Im Jahre 1812 hielt man sich zu einem solchen Anlaß für zwei Tage im Stift auf. Es wurde **August von Kotzebues** Komödie *Der Wildfang* aufgeführt. Die Droste spielte, wie auch sonst gelegentlich, in der Abtei Klavier.

Im Hohenholter Stift fanden auch regelmäßig Tanzveranstaltungen statt. Hierauf bezieht sich eine weitere Hohenholter Episode, von der wir durch das Tagebuch **Jenny Drostes** wissen. Bei einer Tanzveranstaltung im Oktober 1812 habe sich der **Elsässische Kommissar Schüler** für die Droste interessiert, die jedem anderen Tänze abgesagt habe. Im Tagebuch heißt es: „Schüler beschäftigte sich einzig mit Nette ein

Betragen das den Hohenholter Damen sehr mißfiel.“

Nach der Aufhebung des Stifts scheint Hohenholte nicht mehr oder nur noch selten von Hülshoff aus besucht worden zu sein. Der Kontakt zur Hohenholter Äbtissin riß jedoch nicht ganz ab, sie wurde fortan in Münster besucht.

In Hohenholte wohnten darüber hinaus weitere Bekannte der Familie. **Franzisca von Huber zur Mauer** war eine Jugendfreundin **Therese von Droste-Hülshoffs**. Ihre Kontakte zur Familie Droste-Hülshoff dauerten, wie auch die Briefe der Droste zeigen, bis zu ihrem Lebensende an. Sie wird ebenfalls in den Entwürfen zur Fortsetzung von *Ledwina* erwähnt.

Eine zweite Bekannte war **Lisette Krampe**. Sie wird häufiger im Briefwechsel der Droste und auch in den Entwürfen zur Fortsetzung des *Bei uns zu Lande* erwähnt. Auch mit dem Hohenholter Arzt **Dr. Halsband** und dessen ebenfalls aus Hohenholte stammenden Bruder **Karl Franz Halsband**, Pfarrer an der Überwasserkirche in Münster, war die Droste näher bekannt. Seinen Tod im Jahr 1840 erwähnt sie in mehreren Briefen.

➤ Hohenholte liegt etwa 4km nordöstlich von Havixbeck; von den ehemaligen Stiftsgebäuden ist lediglich die Stiftskirche erhalten geblieben.

HAUS HÜLSHOFF (Havixbeck)

... wir leben übrigens so still und angenehm für uns hin wie immer, Jenny mahlt recht viel, und macht die übrige Zeit feine Handarbeiten .... Ich selbst, habe diesen Winter nur sehr wenig thun dürfen, und habe deshalb auch bisweilen an der Langeweile laborirt, besonders, da wir es in diesem Winter mit der Lesebibliothek so unglücklich getroffen haben, ich hätte zwar auf keinen Fall in meiner jetzigen Lage selbst lesen dürfen, aber in den verflossenen Wintern, laß Mama doch jeden Abend ein paar Stunden vor (an Dorothea von Wolff-Metternich, 1819).

Außerdem wird jetzt fleißig hier im Hause gearbeitet, Jenny spielt und singt mit großem Eifer ... Tony ⟨de Galliéris⟩ *und Elise* ⟨von Dücker (→ Rödinghausen)⟩ *malen den ganzen Tag auf Sammet, Tony weiße und gelbe Narzissen und Elise ein Rosenbouquett, wir sehen uns fast den ganzen Tag nicht, so sehr sind wir sämmtlich beschäftigt* (an Dorothea von Wolff-Metternich, 1821).

Die Wasserburg Hülshoff, das Geburtshaus Annette von Droste-Hülshoffs, ist heute teilweise als Droste-Museum eingerichtet. Im damals anspruchlosesten Raum des Schlosses, ausgestattet mit Feldbett, Kanonenofen und gekalkten Wänden, soll die Autorin – einer der vielen, unbestätigten „Legenden“ folgend – 1797 zur Welt gekommen sein.

Die Burg liegt etwa 10 Kilometer nordwestlich von Münster. Der 4,5 Kilometer lange Fußweg zum Rüschhaus wurde wiederholt von der Autorin zu Fuß zurückgelegt (→ Rüschhaus). Die Entfernung über die Landstraße beträgt 6 Kilometer.

In ihrem Romanfragment *Bei uns zu Lande auf dem Lande* gewährt die Droste einen nahezu unverstellten Einblick in ihr Elternhaus, das sie bis zum Tod ihres Vaters 1826 bewohnte. Das auf dem Stammsitz der Familie

Haus Hülshoff. Sepiazeichnung Annette von Droste-Hülshoffs

spielende Kapitel (*Der Herr und seine Familie*) bietet lebensechte Porträts ihrer Eltern und der „herrschaftlichen Hausordnung". *Ich habe mein Buch über Westphalen (was den Titel „Bey Uns zu Lande auf dem Lande" führen soll) bereits angefangen, und ein ziemliches Stück hinein geschrieben,* bemerkt die Droste im Sommer 1841 ihrem Onkel **August von Haxthausen** gegenüber, *es schien mir gut, und doch verlor ich auf einmahl den Muth, da ich meine lieben Eltern so deutlich darin erkannte, daß man mit Fingern darauf zeigen konnte,– das war eigentlich nicht meine Absicht, ich wollte nur einzelne Züge entlehnen, und übrigens mich an die allgemeinen Charakterzüge des Landes halten,– nun, fürchte ich, wird es Jedermann gradezu für Portrait nehmen.*

Clemens August II. von Droste-Hülshoff (1760–1826), Vater der Droste. Gemälde, um 1830

Über den Gutsherrn, der deutliche Wesensmerkmale ihres Vaters **Clemens August von Droste-Hülshoff** trägt, heißt es: *Denkt Euch einen großen stattlichen Mann, gegen dessen breite Schultern und Brust fast weibliche Hände und der kleinste Fuß seltsam abstechen, ferner eine sehr hohe, freie Stirn, überaus lichte Augen, eine starke Adlernase und darunter Mund und Kinn eines Kindes, die weißeste Haut, die je ein Männergesicht entstellte und der ganze Kopf voll Kinderlöckchen, aber grauen, und das Ganze von einem Strome von Milde und gutem Glauben überwallt, daß es schon einen Viertelschelm reizen müßte ihn zu betrügen und doch einem doppelten es fast unmöglich macht; gar adlig sieht der Herr dabei aus, gnädig und lehnsherrlich, trotz seines grauen Landrocks, von dem er sich selten trennt und hat Muth für drei … Von Räubern und Mordbrennern träumt er gern und wenn die Hofhunde Nachts ungewöhnlich anschlagen und gegen irgend einen dunkeln Winkel vor und rückwärts fahren, hat man ihn wohl schon unbegleitet im Schlafrock mit blankem Degen in das verdächtige Verließ dringen sehen mit wahrhaft acharnirter Wuth den Schelm zu packen und einzuspunden, den er dann freilich am andern Morgen hätte laufen lassen. Den Verstand des Herrn habe ich anfangs für zu gering angeschlagen, er hat sein reichliches Antheil an der stillnährenden Poesie dieses Landes, der den Mangel an eigentlichem Geiste fast ersetzt, dabei ein klares Judicium und jenes haarfeine Ahnen des Verdächtigen, was aus eigner Reinheit entspringt: sein erstes Urtheil ist immer überraschend richtig, sein zweites schon bedeutend vom Mantel der christlichen Liebe verdunkelt und wer ihn heute als erklärter Filou anschauert ist morgen vielleicht ein gewandter Mann, den man schon etwas weniger schlau wünschen möchte. Der Herr liest viel, täglich mehrere Stunden und immer Belehrendes, Sprachliches, Geschichtliches, zur Abwechslung Reisebeschreibungen, wo seine naive Phantasie immer den Autor überflügelt und er heimlich auf jedem Blatte ein neues Eldorado oder die Entdeckung des Paradiesgartens erwartet – überhaupt kommt mir diese Familie vor wie die Scholastiker des Mittelalters mit ihrem rastlosen, gründlichen Fleiße und bodenlosen Dämmerungen – Alles bildet an sich und lernt zu bis in die grauen Haare hinein und Alles glaubt an Hexen, Gespenster und den ewigen Juden – ich habe schon gesagt, wie stark die Musik hier getrieben wird … Sonst hat der Herr noch viele Liebhabereien alle von der kindlichsten Originalität, zuerst eine lebende Ornithologie (denn der Herr greift Alles wissenschaftlich an) … Dann ist der Herr ein gründlicher Botanikus und hat manche schöne Tulpe und Schwertlilie in seinem Garten; das ist ihm aber nicht genug, seine reiche, innere Poesie verlangt nach dem Wunderbaren, Unerhörten – er möchte gern eine Art unschuldigen Hexenmeister spielen und ist auf die seltsamsten Einfälle gerathen … Nichts zeigt die reiche, kindlich frische Phantasie des Herrn deutlicher als sein schon oft genanntes Liber mirabilis, eine mühsam zusammen getragene Sammlung alter prophetischer Träume und Gesichte, von denen dieses Land wie mit einem Flor überzogen ist: fast der zehnte Mann ist hier ein Prophet – ein Vorkieker (Vorschauer* *wie man es nennt) wie ich fürchte Einer oder der Andre dem Herrn zu Lieb –*

Züge der Mutter, **Therese von Droste-Hülshoff geb. von Haxthausen**, begegnen in der Figur der *gnädigen Frau: eine kluge, rasche, tüchtige Hausregentin, die dem Kühnsten wohl zu imponiren versteht und was ihr zur Ehre gereicht eine so warme, bis zur Begeisterung anerkennende Freundin des Mannes, der eigentlich keinen Willen hat als den ihrigen, daß alle Frauen, die Hosen tragen sich wohl daran spiegeln möchten,– es ist höchst angenehm dieses Verhältniß zu beobachten; ohne Frage steht diese Frau geistig höher, als ihr Mann, aber selten ist das Gemüth so vom Verstande hochgeachtet worden; sie verbirgt ihre Obergewalt nicht wie schlaue Frauen wohl thun, sondern sie ehrt den Herrn wirklich aus Herzensgrunde, weiß jede klare Seite seines Verstandes, jede festere seines Charakters mit dem Scharfsinn der Liebe aufzufassen und hält die Zügel nur, weil der Herr eben zu gut sei, um mit der schlimmen Welt auszukommen … die gnädige Frau hat Blut wie ihre Reben, sie ist heftig, ich habe sie sogar schon sehr heftig gesehen, wenn sie bösen Willen voraussetzt, aber sie faßt sich schnell und trägt nie nach. Sehr stattlich und vornehm sieht sie aus, muß sehr schön gewesen sein und wäre dies vielleicht noch, wenn ihre bewegten Gefühle sie etwas mehr embonpoint ansetzen ließen, denn das innere Feuer verzehrt alles sonst Ueberfließende, so sieht sie aus wie ein edles, arabisches Pferd.*

Die Droste hat sich zeitlebens dem Willen ihrer strengen Mutter unterworfen, selbst in literarischer Hinsicht; so erbat sie sich 1838 bei ihr die Erlaubnis für den Druck ihrer ersten Gedichtausgabe. Bis an ihr Lebensende unterschrieb die Droste ihre Briefe an die Mutter mit *Deine gehorsame Tochter Nette.*

In der Figur der *Fräulein Sophie* schuf die Autorin im *Bei uns zu Lande* auch ein halbes Selbstporträt: *Fräulein Sophie gleicht ihrem Bruder auf's Haar, ist aber mit ihren achtzehn Jahren bedeutend ausgebildeter und könnte interessant sein, wenn sie den Entschluß dazu faßte – ob ich sie hübsch nenne? sie ist es zwanzig Mal im Tage und eben so oft wieder fast das Gegentheil, ihre schlanke, immer etwas gebückte Gestalt gleicht einer überschossenen Pflanze, die im Winde schwankt, ihre nicht regelmäßigen aber scharf geschnittenen Züge haben allerdings etwas höchst Adliges und können sich, wenn sie meinen Erzählungen von blauen Wundern lauscht bis zum Ausdruck einer Seherin steigern, aber das geht vorüber und dann bleibt nur etwas Gutmüthiges und fast peinlich Sittsames zurück; einen eignen Reiz und gelegentlichen Nichtreiz giebt ihr die Art ihres Teints, was für gewöhnlich bleich bis zur Entfärbung der Lippen, ganz vergessen macht, daß man ein junges Mädchen vor sich hat – aber bei der kleinsten Erregung geistiger, sowie körperlicher, fliegt eine leichte Röthe über ihr ganzes Gesicht, die unglaublich schnell kömmt, geht und wiederkehrt wie das Aufzucken eines Nordlichts über den Winterhimmel; dies ist vorzüglich der Fall, wenn sie singt, was jeden Nachmittag während des Verdauungspfeifchens zur Ergötzung des Papas*

Therese von Droste-Hülshoff geb. von Haxthausen (1772–1853), Mutter der Droste. Gemälde, um 1830

Annette von Droste-Hülshoff. Gemälde von Carl Oppermann (?)

geschieht … es liegt etwas Außernatürliches in diesem Ton, sonderlich im Verhältniß zu dem zarten Körper – ich bin kein Arzt, aber wäre ich ihr Vetter, ich ließe das Fräulein nicht singen; unter jeder Pause stößt ein leiser Husten sie an und ihre Farbe wechselt, bis sie sich in rothen, kleinen Fleckchen festsetzt, die bis an die Halskrause laufen – mir wird todtangst dabei und ich suche dem Gesange oft vorzubeugen.

Auch in vielen ihrer Gedichte finden sich Bezüge zur Burg Hülshoff. Eine poetische Spiegelung ihres Geburtshauses begegnet in der vierten Strophe des Gedichts *Grüße* (1844):

Du Vaterhaus mit deinen Türmen,
Vom stillen Weiher eingewiegt,
Wo ich in meines Lebens Stürmen
So oft erlegen und gesiegt, –
Ihr breiten laubgewölbten Hallen,
Die jung und fröhlich mich gesehn,
Wo ewig meine Seufzer wallen
Und meines Fußes Spuren stehn!

Auch zu Beginn der Ballade *Der Schloßelf* findet sich eine Schilderung von Haus Hülshoff:

In monderhellten Weihers Glanz
Liegt brütend wie ein Wasserdrach'
Das Schloß mit seinem Zackenkranz,
Mit Zinnenmoos und Schuppendach.
Die alten Eichen stehn von fern,
Respektvoll flüsternd mit den Wellen,
Wie eine graue Garde gern
Sich mag um graue Herrscher stellen.

Am Thore schwenkt, ein Steinkoloß,
Der Pannerherr die Kreuzesfahn,
Und courbettirend schnaubt sein Roß
Jahrhunderte schon himmelan;

Haus Hülshoff. Außenrelief am Gärtnerturm

Und neben ihm, ein Tantalus,
Lechzt seit Jahrhunderten sein Docke
Gesenkten Halses nach dem Fluß,
Im dürren Schlunde Mooses Flocke.

Die Ballade *Der Schloßelf* bildet mit *Das Fräulein von Rodenschild* und *Vorgeschichte (Second Sight)* eine thematische Einheit: Neben Sittengeschichtlichem wird hier Sagenhaftes und Gespenstisches aus dem Leben in westfälischen Schlössern gestaltet. In der zitierten zweiten Strophe des Gedichts wird das Außenrelief an der Mauer des Turms von Burg Hülshoff beschrieben. Es zeigt **Heinrich I. von Droste-Hülshoff**, der 1546 den Turm erbauen ließ.
Auch *Das erste Gedicht*, das die Droste 1845 im Rüschhaus schrieb, beginnt mit einer Reminszenz an ihr Elternhaus:

Auf meiner Heimath Grunde
Da steht ein Zinnenbau,
Schaut finster in die Runde
Aus Wimpern schwer und grau,
An seiner Fenster Gittern
Wimmert des Kauzes Schrei,
Und drüber siehst du wittern
Den sonnentrunknen Weih.

Im weiteren Verlauf des Gedichts wird geschildert, wie ein Kind heimlich die Wendelstiege erklimmt, um hinter dem *Hahnenbalken … ein heimlich Ding*, nämlich sein erstes Gedicht, zu verstecken:

Das sollten Enkel finden
Wenn einst der Thurm zerbrach,
Es sollte Etwas künden
Das mir am Herzen lag.

Man möchte auch diese letzten Verse autobiographisch deuten. Die Dichterin hatte mit ihrer schriftstellerischen Begabung zeitlebens einen schweren Stand in ihrer Familie und hätte manchen Vers am liebsten geheimgehalten. Dieser Eindruck verstärkt sich, wenn man eine nicht im Erstdruck veröffentlichte weitere Strophe des Gedichts, die in einer Vorfassung vorliegt, hinzuzieht:

Mit einmal will mir's tagen!
Es war – ich irre nicht, –
In Goldpapier geschlagen
Mein allererst Gedicht;
Mein Lied vom Hühnchen, was ich
So still gemacht, bey Seit',
Mich so geschämt, und das ich
Der Ewigkeit geweiht.

Die Strophe bezieht sich auf das früheste überlieferte Gedicht der Droste, ihre Kinderverse *Kom liebes Hähnchen kom heran …* aus dem Jahr 1804.
Wenig beachtet worden ist bisher ihr dramati-

Haus Hülshoff. Fotografie von Friedrich Hundt, um 1860

scher Jugendscherz *Scenen aus Hülshoff*. In amüsanter Weise hören wir darin, daß mit der jungen Droste ('Nette') manchmal nicht zu spaßen war:

Werner (lachend): Mäßige doch deine Zunge, – Zwar sie läßt sich vieles sagen, Aber dieß darfst du nicht wagen, Nenn' sie Hexe und Kokette, Aber nur nicht kleine Nette!

Nach ihrem Umzug ins Rüschhaus im Jahre 1826 hat sich die Droste in ihrem Elternhaus nicht mehr sehr zuhause gefühlt. Lediglich zwei- bis dreimal jährlich – meist anläßlich der hohen kirchlichen Feiertage, wenn im Rüschhaus keine Messe gehalten werden durfte – kam sie zur Burg herüber. Ein Grund für die Seltenheit der Besuche war auch, daß ihr dort die Ruhe zur literarischen Arbeit fehlte: *Zu Hülshoff ist man des Abends müde wie ein Drescher und hat doch ganz und gar nichts zuwege gebracht, denn wenn ich auch auf meinem Zimmer bin, kann ich höchstens lesen oder etwas zeichnen, so dringt der Lärm durchs ganze Haus, und obgleich ich mich immer abschließe, hören die Kinder doch nicht auf vor meiner Tür zu bollern, da sie vor Langeweile nicht wissen, wie sie den Tag hinbringen sollen, und zuweilen mache ich mich auch auf, weil sie immer unten ihr Leid klagen, daß Tante Nette sie nicht haben will.*
An anderer Stelle: *ich sitze hier* ⟨in Rüschhaus⟩ *seit 14 Tagen ganz ganz still, daß man es ja nicht in Münster merkt, denn nur unter dieser Bedingung hat Mama mir erlaubt hier zu bleiben, sie fürchtete sonst Unkosten und Klatscherey, ich weiß nicht was am meisten. So meint Jedermann ich sey, wenigstens für gewöhnlich, in Hülshoff, wo ich es aber, die Wahrheit zu sagen, nur wenige Tage aushalten konnte,– der Lärm, nein ich sage zu wenig, das Geheul, das Gebrüll, der Kinder könnte den stärksten Menschen verrückt machen!.*
Diese Briefstellen sollen andererseits nicht besagen, daß die Autorin nicht mit ganzem Herzen an ihren Neffen und Nichten hing. Dies bringt sie an verschiedenen anderen Stellen zum Ausdruck, in denen sie sich zum Beispiel fürsorglich über die zeitweilig schwer erkrankten Kinder äußert. Daß sie die strapaziösen Seiten eines Hülshoff-Besuches auch mit Humor ertragen konnte, geht aus ihrem poetischen Gruß an **Christoph Bernhard Schlüter** aus dem November 1837 hervor:

Wie es mir hier geht? schon gut genug,
Ich stricke, schreibe, lese ein Buch,
Und jeden Abend muß ich erzählen,
Sollen die kleinen Rangen nicht todt mich quälen,
Sieben sind Ihrer an der Zahl,
Noch klein und wirrig allzumahl,
Doch da Jedes meines Blutes Zweig,
Muß ich contre coeur lieben das grüne Zeug,
Die Geschichten, bey Gott, sind ein langes Seil,
Gemacht zu tödten durch Langeweil',
Und ist dies meine gröste Pein,
Daß ich muß mein eigner Zuhörer seyn,
Das ist eine Buße für viele Jahr ...

Wenn sich die Autorin zu einem Besuch in Hülshoff aufmachte, erwartete sie dort nicht immer ein erfreulicher Anblick: *In Hülshoff lebt Alles seinen alten Steigbügel voran, die Ungesunden (Kinder) nehmen fleißig Medizin, und geben den Gesunden Gelegenheit sich zu freuen daß sie mit etwas Zahnweh zuweilen abkommen – es ist und bleibt dort, für Den der selten hinkömmt, eine klägliche Lazarethwirthschaft, die aber immer dort sind, haben*

Haus Hülshoff. 1349 erstmals erwähnte Wasserburg mit großem rechteckigen Herrenhaus. Heutige Ansicht

sich daran gewöhnt, und sind guten Muthes, sogar die Kranken ...
Auch mögliche wirtschaftliche Probleme ihres Bruders Werner beschäftigten die Droste, die finanziell von ihrer – durch den Bruder zu zahlenden – Leibrente von jährlich 300 Reichstalern abhängig war. Im Jahr 1837 äußert sich die Droste skeptisch über den Versuch ihres Bruders, in Hülshoff einen großangelegten Landwirtschaftsbetrieb aufzubauen: *Werner fängt Oeconomie an, und läst dazu lauter Leute aus dem Lippischen kommen – Werner, der dazu taugt, wie der Esel zum Lautenschlagen! – und, ich sehe es schon voraus, das wird Alles ins Große gehn, Schafzucht, Brennerey, wenigstens späterhin, – denn ich kenne Werner, je mehr Schaden, je weiter wird er Speculiren um ihn zu ersetzen. ich kenne ja seine alten Redensarten „man darf es auf einige tausend Thaler nicht ansehn!" „kleine Unternehmungen rentiren sich niemahls!" und was mir sonst Alles schon vor Jahren ellenlang zum Halse heraus hing, – dieses ist mir ein harter Schlag! – so wie Werner bis jetzt lebte, konnte es ihm wohl knapp werden, aber im Ganzen war er doch gesichert, jetzt aber wird mir angst und bange, nicht sowohl Mama's und meinetwegen, die wir doch auch jeden Heller von ihm bekommen müssen, sondern hauptsächlich der vielen Kinder wegen, die Alle nicht aussehn als ob sie es weit in der Welt bringen würden ...*
Ihre glücklichen Jugendjahre waren der Autorin fest ins Gedächtnis geschrieben. Ihrer Tante Sophie von Haxthausen schrieb sie 1839: *Möglich daß du noch nichts vom Tode des alten Professors Werneking weiß, obwohl das schon 2 Monate her ist. Gott hat ihn plötzlich fortgenommen, aber doch in einem schönen Augenblick ... Wenn ich denke, wie manches Mal ich ihn, mit dem seligen Papa und dem seligen Onkel Johannes habe bei den Blumen stehn sehn, dann ist es mir doch ganz wehmüthig, daß diese Reliquie aus der guten alten Zeit nun auch fort ist. Alles geht fort, Eins nach dem Andern, besonders in den letzten Jahren ... Es kommt mir vor, als wenn von dem alten Hülshoff so ein Stück nach dem andern einfiele; auch die Hausväter unter den Bauern, mit denen Papa verkehrte, sind jetzt wie Lampen, die jeden Augenblick verlöschen können, und sterben auch wie die Fliegen – es ist mir zuweilen so betrübt, daß ich gar nicht daran denken darf.* Auf eine Erinnerung **Joseph von Stolbergs** bezieht sich die Droste in einem Brief an **Elise Rüdiger** aus dem Jahre 1843. **Joseph** und **Leopold von Stolberg** hätten, *als sie sich zum letzten Mahle gesehn, beyde gesagt, daß wenn man sie frage wo El Dorado liege, sie schnurstracks auf die Hülshofer Backöfen losfahren würden.*
Aus den genannten Gründen – zuviel Ablenkung und Verpflichtungen – entstand in Hülshoff fast nur das Frühwerk der Droste. Aufgrund der biographischen Bezüge und der emanzipatorischen Anklänge seien hier das Jugenddrama *Bertha* (1813/1814), das Erzählfragment *Ledwina* (1820–1825) sowie die Gedichte *Der Dichter* (1814/1815) und *Unruhe* (1816) besonders hervorgehoben. In *Bertha* heißt es:

Zu männlich ist dein Geist strebt viel zu hoch
Hinauf wo dir kein Weiberauge folgt
Das ists was ängstlich dir den Busen engt
Und dir die jugentliche Wange bleicht
Wenn Weiber über ihre Sphäre steigen
Entfliehn sie ihrem eignen bessern ⟨Selb⟩st
Sie möchten aufwärts sich zur Sonne
schwingen

Und mit dem Aar durch duftge Wolken dringen
Und stehn allein im nebelichten Thal
Wenn Weiber wollen sich mit Männern messen
So sind sie Zwitter und nicht Weiber mehr
Zwar bist du Bertha klüger viel wie ich
Denkst tiefer viel bist älter auch an Jahren
Doch glaube diesesmahl nur meinen Worten
Das gute Weib ist Weiblich aller Orten.

Das Gedicht *Der Dichter* stellt einen Schlüsseltext für das frühe literarische Selbstverständnis der Autorin dar. Hier kommt – wie in den späteren „Dichtergedichten" der Autorin – ihre Anschauung von der eigenen literarischen Berufung zum Ausdruck – das Dichtertum als eine Profession, die Freuden, aber auch Qualen und Entbehrungen mit sich bringt:

Der Dichter

Das All der Welten unendlich umkreißt,
Im schwebenden Fluge mein unsteter Geist,
Wo führst du mich hin? du gewaltige Macht,
Durch Räume voll Dunkel durch Weiten voll Nacht.

Ich führe dich hin, daß du schauest das Licht
Wohl ahndets dein Busen, doch kennt er es nicht,
Ich führe dich hin, durch die Räume voll Nacht
Daß du schauest die Klarheit in leuchtender Pracht.

Von leuchtendem Glanz ist ihr Trohn rings umhellt,
Doch fern nur ein Schimmer erreichet die Welt,
Dran labt sich das kleinliche Menschengeschlecht,
Es heißt die Vernunft ihm, es heißt ihm das Recht.

Drob freut es sich gnüglich, nicht ahndend daß hell
Dem Tropfen auch sprudle ein strahlender Quell,
Ein engendes Band hüllt die Sinnen ihm ein,
Und Sonnenlicht wähnt es den kärglichen Schein.

Doch regt sich zuweilen lichtdürstend ein Geist,
Die engende Bande der Sinne zerreißt
Er mächtig, durchdringet im Fluge die Nacht,
Es schwindet der Nebel, er schauet die Pracht.

Begierig dann schlürft er den Strahlenquell ein,
Und reget die Schwingen, und senkt sich hinein,
Berauscht sich in Gluthen, und badet voll Lust
Im Meere voll Lichtes die glühende Brust.

Doch darf er nicht weilen, die Erde, sie zieht
Ihn mächtig zurück in ihr kleinich Gebiet
Und kehrt er nun wieder, im Busen so warm,
Wie scheint ihm dann alles so kärglich, so arm.

Ihm träufelt das Licht von den Fittgen, ihm glüht
Das Feuer vom Auge, verachtend er sieht
Wie stolz sich das Volk bläht beym ärmlichen Schein,
Und hüllt in errungene Klarheit sich ein.

Die Erde, sie hat ihn verlohren, er lebt
In süßter Erinn'rung die hold ihn umschwebt,
Das Außen verwirrt und befremdet er schaut,
Doch drinnen da ist er so innig vertraut.

Drum nennet ihn seltsam und thöricht die Welt
Und sieht nicht den Glanz der ihn freudig umhellt,
Er höret es lächelnd, kein Tadel ihn drückt,
Er ist ja im Innern so glühend beglückt.

Dem Tode schaut froh er ins blasse Gesicht,
Er ist ihm ein Bothe, er führt ihn zum Licht,
Sein Geist schwingt sich frey in die Welten hinaus
Sie grüßt er bekannt wie sein heimisches Haus.

Das Gedichte *Unruhe* sandte die Droste im Februar 1816 mit der Erklärung an **Anton Mathias Sprickmann** nach Breslau, daß es ihren damaligen, häufig überreizten Gemütszustand widerspiegele:

Unruhe

Laß uns hier ein wenig ruhn am Strande
Foibos Stralen spielen auf dem Meere
Siehst du dort der Wimpel weiße Heere
Reisge Schiffe ziehn zum fernen Lande.

Ach! wie ists erhebend sich zu freuen
An des Ozeans Unendlichkeit
Kein Gedanke mehr an Maaß und Räume
Ist, ein Ziel, gesteckt für unsre Träume
Ihn zu wähnen dürfen wir nicht scheuen
Unermeßlich wie die Ewigkeit.

Wer hat ergründet
Des Meeres Gränzen
Wie fern die schäumende Woge es treibt
Wie seine Tiefe
Wenn muthlos kehret
Des Senkbley's Schwere
Im wilden Meere
Des Ankers Rettung vergeblich bleibt.

Möchtest du nicht mit den wagenden Seglern
Kreisen auf dem unendlichen Plan?
O! ich möchte wie ein Vogel fliehen
Mit den hellen Wimpeln möcht ich ziehen
Weit, o weit wo noch kein Fußtritt schallte
Keines Menschen Stimme wiederhallte
Noch kein Schiff durchschnitt die flüchtge Bahn.

Und noch weiter, endlos ewig neu
Mich durch fremde Schöpfungen, voll Lust
Hinzuschwingen fessellos und frey
O! das pocht das glüht in meiner Brust

Rastlos treibts mich um im engen Leben
Und zu Boden drücken Raum und Zeit
Freyheit heißt der Seele banges Streben
Und im Busen tönts Unendlichkeit!

Stille, stille, mein thörichtes Herz
Willst du denn ewig vergebens dich sehnen?
Mit der Unmöglichkeit hadernde Trähnen
Ewig vergießen in fruchtlosem Schmerz?

So manche Lust kann ja die Erde geben
So liebe Freuden jeder Augenblick
Dort stille Herz dein glühendheißes Beben
Es giebt des Holden ja so viel Leben
So süße Lust und, ach! so seltnes Glück!

Denn selten nur genießt der Mensch die Freuden
Die ihn umblühn sie schwinden ungefühlt
Sey ruhig, Herz, und lerne dich bescheiden
Giebt Foibos heller Strahl dir keine Freuden
Der freundlich schimmernd auf der Welle spielt?

Laß uns heim vom feuchten Strande kehren
Hier zu weilen, Freund, es thut nicht wohl,
Meine Träume drücken schwer mich nieder
Aus der Ferne klingts wie Heymathslieder
Und die alte Unruh' kehret wieder
Laß uns heim vom feuchten Strande kehren
Wandrer auf den Wogen, fahret wohl!

Fesseln will man uns am eignen Heerde!
Unsre Sehnsucht nennt man Wahn und Traum
Und das Herz, dies kleine Klümpchen Erde
Hat doch für die ganze Schöpfung Raum!

Die Wasserburg Hülshoff bildete damals den Mittelpunkt eines regen geselligen Lebens. Es bestanden zahlreiche Kontakte der Familie von Droste-Hülshoff zu anderen westfälischen Adelsfamilien. Sehr häufig waren nahe Verwandte auf der Burg zu Gast. Der Komponist **Maximilian von Droste-Hülshoff** (*Onkel Max*), Bruder des Vaters, führte hier die Besuchsstatistik an. Oft blieb er mehrere Tage. Mehrfach wurde er von seiner Frau **Bernhardine geb. Engelen** oder seinen Kindern **Joseph** und **Clemens** (dem späteren Bonner Professor für Kirchenrecht) begleitet. Oft kamen auch Mitglieder der Familie von Haxthausen zu Besuch, zur Kinderzeit der Droste besonders **Werner von Haxthausen**, der in Münster unter der Obhut des Grafen **Friedrich Leopold von Stolberg** studierte. Später kam auch **August von Haxthausen** häufiger. Die der Droste etwa gleichaltrigen Tanten **Ludowine**, **Caroline** und **Sophie von Haxthausen** verbrachten manchmal mehrmonatige Aufenthalte auf der Burg.
Zu den häufigeren Besuchern zählten auch Angehörige der benachbarten **Familie von Droste-Stapel**, die durchschnittlich ein- bis zweimal monatlich kamen. Eine weitere Familie, zu der fortwährender Kontakt bestand, war die des Freiherrn **Clemens August von Twickel** aus Havixbeck. Zu den gelegentlichen Besuchern zählten Mitglieder der Familien **von Amelunxen**, **von Boeselager**, **von Bothmer**, **von Droste-Vischering**, **von Fürstenberg**, **von Merveld**, **von Kerckerinck**, **von Korff-Schmiesing**, **von Oer**, **von Schonebeck**, **von Spiegel** und **von Wintgen**.
Eine weitere Gruppe von Gästen setzte sich aus Angehörigen des geistlichen Standes zusammen. Die bekanntesten Namen waren hier die des Theologen und Dozenten **Theodor Katerkamp** und des geistlichen Pädagogen **Bernard Overberg**. **Pastor Jürgens** aus Roxel, den die Droste oft in ihren Briefen erwähnt, kam mehrmals im Monat. Weniger häufig waren Besuche des Nienberger **Pfarrers Heilmann** und des Nienberger **Kaplans Münning**. Auch Geistliche aus der Umgebung und Angehörige der benachbarten Damenstifte Hohenholte, Nottuln und Freckenhorst kehrten häufig in Hülshoff ein. Weitere Bekannte ihres Vaters waren die Münsterer Professoren **Franz Werneking** und **Johann Bernhard König** sowie der Apotheker **Carl Ludwig Murdfield** aus Rheine. Von diesen Personen lassen sich einige wenige Besuche auf Hülshoff nachweisen. Nähere Kontakte der Familie bestanden auch zu den Bauernfamilien aus der unmittelbaren Umgebung. Im Sommer war die Zahl der Gäste wesentlich höher als an Wintertagen. Zu den Festtagen und Namensfesten der Eltern (Clemenstag, Theresientag) erschienen bis zu 15 Personen.
Womit vertrieb man sich in Hülshoff die Zeit? Das Tagebuch **Jenny von Droste-Hülshoffs** erwähnt neben der Hausmusik und dem Zeichenunterricht, daß man häufig ausreite, schlittenfahre und auf der Gräfte schlittschuhlaufe. Abends standen Vorlesestunden aus Werken der Weltliteratur auf dem Programm. Die Auswahl der Lektüre wurde von der Mutter der Droste bevorzugt nach moralisch-erbaulichen Gesichtspunkten getroffen. In den Jahren 1812 bis 1815 wurde u. a. **Kosegarten**, **Shakespeare**, **Schiller**, **Iffland**, **E.T.A. Hoffmann** und *gewöhnlich sonntags* aus **Klopstocks** *Messias* gelesen. Vorlesungen aus dem *Messias* lassen sich bis 1826 nachweisen.
Jahrelang war die Familie in der Münsterischen **Theissingschen** Leihbibliothek eingeschrieben, mit deren Angebot man jedoch nicht immer zufrieden war. Oft wurden Werke halbgelesen zurückgesandt: *Ich selbst, habe diesen Winter nur sehr wenig thun dürfen, und habe deshalb auch bisweilen an der Langeweile laborirt, besonders, da wir es in diesem Winter mit der Lesebibliothek so unglücklich getroffen haben, ich hätte zwar* ⟨wegen einer Augenentzündung⟩ *auf keinen Fall in meiner jetzigen Lage selbst lesen dürfen, aber in den verflossenen Wintern, laß Mama doch jeden*

Abend ein paar Stunden vor, aber grade diesen Winter, wo mir dieses Goldwerth gewesen wäre, da ich den ganzen Tag nichts thun, nicht einmahl denken durfte, und die Uebrigen viel zu beschäftigt waren, um sich mit mir abzugeben, grade diesen Winter hatte Mama bald etwas zu thun, bald Kopfweh, bald waren Fremde hier, kurzum es ist gewiß keine zehnmal vorgelesen worden, obschon wir den ganzen Winter hindurch eingeschrieben waren und zudem haben wir immer so dummes Zeug geschickt erhalten, daß wir meistentheils mitten im Buche aufgehört haben, dies ist nun freylich eigentlich unsre Schuld, da wir die Bücher selbst aufschreiben, die wir verlangen, aber wir haben uns schon so lange in den münstrischen Leihbibliotheken herum getrieben, und sie schaffen sich so wenig Neues an, daß wir das Beste schon herausgelesen haben, und es nun mit dem ganz Unbekannten versuchen müssen … (an Dorothea von Wolff-Metternich, 1819).

Die Familie besaß daneben eine eigene umfangreiche, jedoch nicht „schöngeistig" ausgerichtete Bibliothek. Noch Jahre später erinnerte sich die Droste an jene Vorlesestunden. 1839 schrieb sie aus Abbenburg an **Christoph Bernhard Schlüter**: *ich lese auch zuweilen, oder durchblättere vielmehr, und was? – die alten Romane von Walter Scott – freylich ists verlorne Zeit – aber sie haben für mich einen individuellen Reiz, fünfzehn Jahre sind es nun hin, als diese Bücher, zwey Winter nach einander, in unserm, nun so gesprengtem, Familienkreise täglich Abends vorgelesen wurden, und seitdem habe ich sie nicht wieder angesehn …*

Die Droste war in ihrer Jugendzeit regelrecht lesewütig und las alles, was ihr in die Hände fiel. Die Folge war, daß sie häufig an Augenentzündungen litt. **Ferdinandine von Heereman-Zuydtwyck** teilte **Wilhelm Grimm** 1818 mit: „Nette ist wegen ihrer Augen in strenger Cour, sie darf nicht denken, schreiben noch lesen". Im März des folgenden Jahres berichtete Ludowine von Haxthausen in einem Familienbrief über ihren Aufenthalt in Hülshoff: „Nette … sagt alles was sie denkt; spielt uns zu gefalen oft den ganzen Tag am Flügel, läuft einen Tag in Wind und Wetter Spazieren und liegt dafür den ganzen Tag krum zu Bett; schreibt und liest sich einen Tag Blind; und darf dann wieder 3 Wochen kein Buch ansehen …".

Zur Linderung ihrer Augenbeschwerden wurde der Droste strenges Leseverbot verordnet. Ende Februar 1816 schreibt sie **Anton Mathias Sprickmann**: *Daß ich ihren, mir so theuren Brief, nicht eher beantwortet habe, mein lieber einziger Sprickmann, daran ist gewiß mein für sie so warmes Herz nicht schuld, sondern nur mein schwacher miserabler Körper, der mir bis jezt sogar die kleine angenehme Anstrengung eines freundlichen Briefwechsels untersagte, ich würde indessen schon weit eher wieder hergestellt seyn, wenn ich die Kur des vollkommnen Müßiggangs recht regelmäßig durchgehalten hätte, aber dies ist im Winter und auf dem Lande, wo man die Zeit weder mit Spatzierengehn noch freundschaftlichen Besuchen (lesen durfte ich auch nicht recht) ausfüllen kann ganz unerträglich, und Langeweile ist ausgemacht die schmerzlichste Art von Anstrengung, und gewiß auch die schädlichste, ich weiß also nicht, was meine Genesung mehr verzögert hat, die oft zu genaue Befolgung oder die oft zu zügellose Uebertretung des ärztlichen Befehls …*

Am Zeitvertreib und den belletristischen Neigungen der Familie – die Droste besaß ein besonderes Faible für das triviale Spektrum, insbesondere für Schauerromane – änderte sich auch nach dem Umzug ins Rüschhaus nichts. Ein diesbezügliches Stimmungsbild liefert ein Familienbrief aus dem Jahre 1826: „jetzt, wo das Wetter so sehr unfreundlich ist, sind die Wege auch gleich recht schlecht, und sie gehen hier ungern aus und mir ist das auch so recht lieb; es wird alle Tage recht viel Musik gemacht. Nette spielt und singt fleissig und Ferdinand singt und spielt die Guitarre, wo wir alle des Abends mitsingen; seit einigen Tagen wird des Abends vorgelesen, da wir recht viel aus Münster haben können ⟨Bücher aus der Theissingschen Leihbibliothek⟩; an Besuchen fehlte es uns bis jetzt auch nicht, Bekannte aus Münster und hier aus der Nähe …"

Von Hülshoff aus unternahm die Familie zur Kinder- und Jugendzeit der Autorin zahlreiche Ausflüge, die im Tagebuch **Jenny Drostes** aufgeführt sind (→ Telgte; → Freckenhorst, → Hohenholte, → Nottuln u. a.). Zum Gottesdienst besuchte man regelmäßig die Pfarrkirche in → Roxel.

In den Sommermonaten wurden manchmal täglich die benachbarten Adelssitze besucht, aber auch Bauernfamilien, die ihre Anwesen bei der Familie Droste-Hülshoff gepachtet hatten. Hier begegnen wir jene Nebenpersonen, über die in den Familienbriefen ständig verhandelt wird (u. a. die **Familien Degener**, **Wittover**, **Hüerländer** und **Bücker**). Die Droste war auch später noch, als sie im Rüschhaus lebte, über das Befinden dieser Personen stets gut informiert. So wenig für die Autorin konfessionelle Schranken von Bedeutung waren – ihre nächsten Freunde und Bekannten waren bürgerlicher Herkunft und oft auch protestantischen Glaubens –, so wenig zählten für sie Standesunterschiede. Sie selbst bekannte, daß sie eine *starke Baurenader* in sich fühle (an Schlüter, 28.4.1840).

Es darf als sicher gelten, daß die Droste bei ihren Streifzügen rund um Hülshoff einen be-

Die ehemalige Stiftskirche St. Cornelius und Cyprian in Metelen

stimmten Weg mehrfach zurücklegte. Gemeint ist der Weg von Beckfelds Mühle zur Krummen Becke. Wie wir aus dem Tagebuch **Jenny Drostes** wissen, war die Mühle schon zur Kinderzeit der Droste ein beliebtes Ausflugsziel. „Beckfelds Mühle gegenüber liegt heute wie damals der alte Hof Hölscher, von dessen Bewohnern uns noch Briefe aus der Rüschhauser Zeit berichten. Die alte Wassermühle an der Aa (seit 1500 bezeugt) war seit je ein Anziehungspunkt für die Kinder des Hauses Hülshoff ... Die Mühle brannte 1957 ab. Hinter dem Mühlengelände führt ein Weg durch die Randzone eines Wäldchens mit gutem Laubwaldbestand. Danach gelangen wir sehr bald auf einen schmalen Weg, der wie ein Tunnel durch dichtes Gebüsch führt ... Sobald wir den idyllischen Heckentunnel verlassen haben, führt uns der Weg auf eine kleine hölzerne Fußgängerbrücke über die Krumme Becke. An ihr links weiter hochzugehen, lohnt heute wie ehemals. Bald macht der kleine Fluß seinem Namen Ehre und mäanderiert eigenwillig zwischen alten Kopfweiden, wie man das früher bei den Flüssen des Münsterlandes gewohnt war. Was die Aa einbüßen mußte, hier kann man es noch für eine kurze Strecke erleben. So darf man sich einen Fluß vorstellen, an dessen Ufern Annette-Ledwina wanderte“ (Anneliese Raub 1990).

➤ Haus Hülshoff liegt etwa 2 km nordwestlich des Ortes Münster-Roxel an der Landstraße nach Havixbeck. Von verschiedenen Veranstaltern werden spezielle Exkursionen angeboten (s. Anhang).

METELEN

„Mama ist mit mich und mit Annette nach Metelen gewesen, die Tante Abdissin, hat uns recht viel geschenkt“, heißt es in einem Brief **Jenny von Droste-Hülshoffs** an ihre Bökendorfer Stiefgroßmutter **Maria Anna von Haxthausen** vom 25. März 1804. Im Juli 1805 hören wir von einem weiteren Besuch der Hülshoffer Kinder im Metelener Stift. Dieses war im Jahre 889 innerhalb der befestigten Siedlung Metelen als Frauenkloster gegründet worden. Bis zu ihrem Tode 1805 stand ihm eine Tante der Droste, ihre Taufpatin **Elisabeth von Droste-Hülshoff**, vor.

Die Droste erwähnt das *adeliche Frauenstift auf dem Wege von Steinfurt nach Ahaus* mehrfach in ihrem Epos *Die Schlacht im Loener Bruch.* In ihrem Werk befinden sich die Stiftsdamen in banger Erwartung der drohenden Gefahren, die ein Durchzug der braunschweigischen Truppen mit sich bringen würde:

Noch hat die Flur kein Feind betreten,
Noch zittert nur die fromme Luft
Vom Klang der Glocke, welche ruft
Die Klosterfrauen zu Gebeten,
Wo dort aus dichter Buchen Kranz
Sich Meteln hebt im Abendglanz.
(aus dem 1. Gesang)

➤ Metelen liegt etwa 6 km westlich von Burgsteinfurt an der Bundesstraße 70. Die ehemaligen Stiftsgebäude befinden sich im Ortskern.

MÜNSTER
→ ALBACHTEN
→ RÜSCHHAUS/NIENBERGE
→ ROXEL
→ WILKINGHEGE

… so müssen sie wissen daß Münster wohl noch nie so glänzend gewesen ist wie jetzt, da alle mögliche Civil und Militairbureaus der neuen Provinzen, und also auch die Familien der Beamten derselben, nebst einem Theil des paderbörnischen, sauerländischen und köllnischen Adels sich dort aufhält … (an Sprickmann, Februar 1816).

Die Stadt Münster war im 18. und 19. Jahrhundert nicht nur ein bedeutendes administratives, sondern auch ein herausragendes musikalisches Zentrum. In literarischer Hinsicht blieb die Stadt jedoch noch lange rückständig – ein Umstand, unter dem nicht nur die Droste, sondern auch andere Literaten litten.

In der preußischen Provinzialhauptstadt versammelte sich – besonders in den Wintermonaten – alles, was vom westfälischen Adel Rang und Namen hatte. Hier besaßen die begüterten Familien ihre Adelshöfe, hier traf man sich in adligen Clubs oder zu Konzertbesuchen. An diesen „Traditionen" änderten vorerst auch die wechselnden politischen Machtverhältnisse nichts – Übergang an Preußen (1802), an Frankreich (1806) und wiederum an Preußen (1815 erfolgte die Gründung der preußischen Provinz Westfalen). Erst die Verhaftung des Kölner Erzbischofs **Clemens August von Droste-Vischering** durch die Preußen im Jahre 1837 sorgte für Unruhe im ansonsten ruhigen Staatsgetriebe. Droste-Vischering war im November 1837 wegen seiner oppositionellen Haltung gegenüber den Preußen verhaftet und nach Minden abgeführt worden. Der Vorfall löste bei der katholischen Bevölkerung Münsters eine Welle der Empörung aus. Aus Protest gegenüber den Preußen boykottierte der Adel vorübergehend das gesellschaftliche Leben der Stadt und verblieb auf dem Lande. Die Droste kommentierte lakonisch: *der Damenclub ist geschlossen, ein Zeichen vom jüngsten Tage.*

Die Familie von Droste-Hülshoff nahm anscheinend nur wenig am gesellschaftlichen Leben Anteil, besaß aber in Münster ein eigenes Stadthaus, das der Vater der Droste am 5. April 1798 geerbt hatte. Es lag am Krummen Timpen 59, Ecke Bäckergasse, im ehemaligen Gravenhorster Hof. Im Jahre 1818 verkaufte **Clemens August von Droste-Hülshoff** das Haus. Die Familie verfügte fortan in Münster nur noch über eine Mietwohnung. Die erste Stadtwohnung der Familie befand sich auf dem Alten Steinweg Nr. 16 im Hause des Postmeisters **Hermann Joseph von Hamm**, mit dessen Töchtern die Droste gut bekannt war. Später wurde das Haus zum „Gräflich von

Ansichten von Münster, um 1840

Stadthaus der Droste-Hülshoffs in Münster, „Krummer Timpen", Ecke „Bäckergasse", im zweiten Weltkrieg zerstört

Fürstenberg-Herdringenschen Hof". In diesem Haus (bei der Gräfin **Sophie von Fürstenberg**) wohnt die Droste bei ihren Besuchen in Münster bis in die 1830er Jahre. Seit 1837 benutzt sie eine Winterwohnung bei dem Schneider **Engelbert Ahlers** auf der Salzstraße Nr. 57. Das seit Juni 1804 geführte Tagebuch **Jenny Drostes** berichtet von Anfang an über Besuche in Münster. In der Regel einmal monatlich kam es zu solchen, dann meistens zwei- bis dreitägigen Aufenthalten. Anlaß der Ausflüge waren zum Beispiel Einkäufe beim **Kaufmann Jansinck** (die in dessen Geschäftsbüchern verzeichnet sind) oder Besuche bei befreundeten oder verwandten Adelsfamilien. Es standen auch Vergnügungen auf dem Programm, wie die Teilnahme an Stadtfeierlichkeiten oder regelmäßig der Besuch beim Münsterischen Send, eines Jahrmarktes. Ihrem religiösen Lebenswandel entsprechend hielt sich die Familie häufig in der Karwoche in Münster auf, um am Gang des Kreuzweges teilzunehmen – ein Brauch, den die Droste später beibehielt.

Mit wachsendem Alter wurden die Kinder zu Theater- und Konzertbesuchen mitgenommen. Solche Besuche sind seit dem Winter/Frühjahr 1810 belegt. Zwei Jahre später, die Droste war inzwischen 15jährig, wurde das Gymnasium Paulinum und dessen Bibliothek – die den Grundstock für die heutige Münsterer Universitätsbibliothek bildet – besichtigt. Im folgenden Jahr wurde die Droste von ihrer Mutter in mehrere große Gesellschaften eingeführt.

In einem späteren Brief an **Levin Schücking** aus dem Jahre 1842 spricht die Droste davon, daß sie eine *Legion kleiner Theaterpieçen* aus **August von Kotzebues** Feder kenne, was darauf hindeutet, daß sie zahlreiche seiner Stücke am Münsterer Theater gesehen oder sich über die Münsterer **Theissingsche** Leihbibliothek besorgt hatte. Der erste Besuch einer **Kotzbueschen** Komödie ist für Frühjahr 1815 belegt („Die Rückkehr der Freywilligen"); außerdem sah man **Theodor Körners** „Tony oder die Schreckensnacht auf St. Domingo". An weiteren Aufführungen sind neben kleineren Konzerten bis 1818 belegt: Besuch von **Shakespeares** „Hamlet", von Darbietungen der berühmten Schauspielerin **Henriette Hendel-Schütz**, die unter anderem in der Rolle der Thekla aus „Wallenstein" auftrat, von **Lessings** „Emilia Galotti" mit Henriette Hendel-Schütz in der Hauptrolle, der Oper „Cendrillon" („Aschenbrödel", von **N. Isouard**) sowie eines großen Vokal- und Instrumentalkonzerts im Münsterischen Theater.

Seit der Spielzeit 1818/19 existierte unter der Leitung des Theaterdirektors **August Pichler** wieder ein festes Ensemble am Münsterer Theater. Nach der Auflösung des Theaters 1825 gab die Pichlersche Truppe bis 1841 gelegentlich Gastspiele in Münster. Es ist davon auszugehen, daß die Droste einige der Aufführungen besuchte. Gespielt wurden zum Beispiel in den Monaten Januar bis März 1919 mehrere Stücke von **Schiller** („Don Carlos", „Wilhelm Tell", „Die Jungfrau von Orleans"), Lustspiele von **C.A. Best** („Donna-Diana", Bearbeitung aus dem Spanischen), **Weissenthurm** („Die große Theegesellschaft") und **Bretzner** („Das Räuschchen"), ein Trauerspiel von **Heinrich Zschokke** („Julius von Sassen"), ein Schauspiel von **August Wilhelm Iffland** („Das Vaterland") sowie mehrere Opern, u. a. „Don Giovanni" und „Die Zauberflöte".

Im Jahre 1822 sah die Droste **Franz Joseph Haydns** Oratorium „Die Schöpfung" und nahm an einer Probe von „Don Giovanni" teil. Im Oktober teilte **Jenny von Droste-Hülshoff** ihrer Tante **Ludowine von Haxthausen** mit: „... so neigt sich schon alles zum Winter, der doch auch der Opern wegen viel Gutes hat, ich freue mich mehr darauf als klug und billig ist, heute wird schon Don Juan gegeben von Fries ... Nette war in großer Versuchung, Werner ist auch dabey, ich werde gewiß bald hinn müssen, das weiß ich, ich kann gewiß nicht widerstehn." 1823 besuchte die Droste sogar mehrfach die Opern *Der Freischütz* und *Don Giovanni*. In einem Familienbrief aus diesem Jahr heißt es: *Nette ist schon seit 8 Tagen in Münster, es ist die berühmte Sängerinn Nina Corega dort.*

In den 1820er Jahren stellte die Droste ihre literarischen Interessen zurück und wandte sich hauptsächlich der Musik zu, besonders dem Gesang. Einer Erinnerung **Jenny von Droste-Hülshoffs** zufolge habe sie in dieser Zeit bei einem alten **Herrn Steinmann** und der erwähnten italienischen Sängerin **Madame Corega** Gesangsstunden genommen, wodurch ihre Stimme sehr gewonnen habe.

Bekanntlich arbeitete die Droste in den 20er Jahren an eigenen Opernprojekten (*Babylon*). Die Grundlage für ihr kompositorisches Schaf-

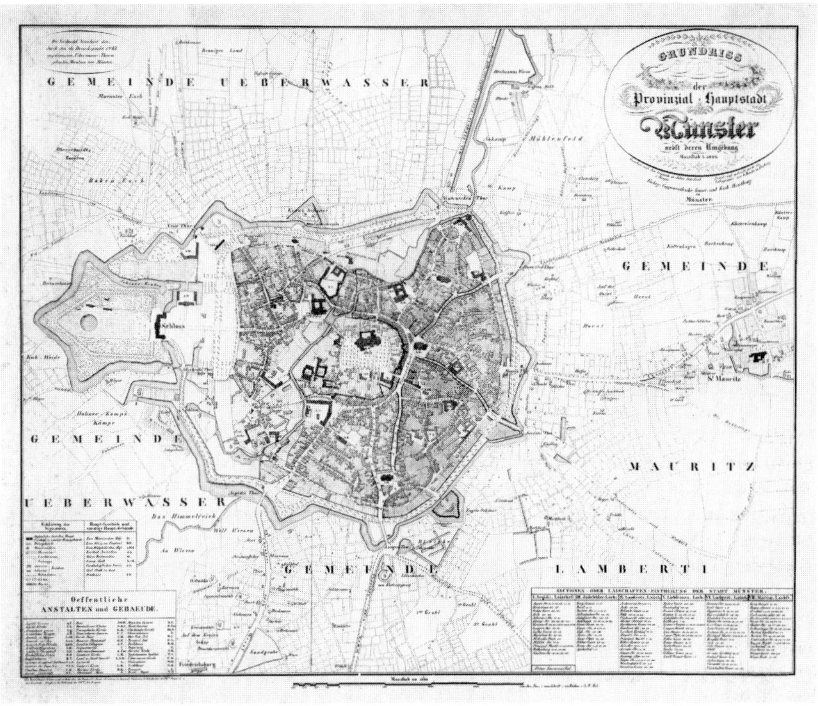

Plan der Stadt Münster. Lithographie nach v. Manger, 1839

fen war dabei ein von ihrem in Münster lebenden Onkel, dem Komponisten **Maximilian von Droste-Hülshoff** verfaßtes handschriftliches Buch „Eine Erklärung über den General-Baß und die Tonsetzkunst überhaupt – in der Kürze Zusammengefaßt …“ Sie hatte das Buch im Herbst 1821 von ihrem Onkel zum Geschenk erhalten und so genau studiert, daß sie es fast auswendig konnte.

Gesundheitliche Gründe ließen jedoch weitergehende musikalische Ambitionen nicht zu. Aus einer weiteren Aufzeichnung **Jenny von Drostes** wissen wir, daß die Droste infolge eines Brustleidens ihre „schöne Stimme“ verloren habe. Es habe die Droste sehr traurig gestimmt, daß sie „uns ihre gewöhnlichen alten Lieder aus eigenen Kompositionen nicht mehr vortragen konnte und durfte, dadurch verlor sie ihre Lust zur Musik und wandte sich der Dichtkunst zu“. Es ist möglich, daß sich die zeitlich nicht präzisierte Beschreibung auf eine schwere Krankheit der Droste im Herbst 1827 bezieht.

Bei solchen – im Leben der Droste häufigen – akuten Krankheitsfällen hielt sich die Autorin mehrfach in Münster auf, um in der Nähe eines Arztes zu sein. **Jenny von Droste-Hülshoff** berichtet **Therese von Droste-Hülshoff** am 12. August 1829: „wirklich kannst du auch wegen Nette ganz ruhig seyn, nach der Versicherung des Dr. Busch bestand ihr Uebel nur in Nervenreiz und Krampf, was durch allerley Ideen und Apprehensionen noch vermehrt wurde, sie ist seit einigen Tagen sehr viel besser, so daß ich hoffe wir werden das Glück haben gegen Mitte der anderen Woche nach Rüschhaus zurückgehen zu können … In drey bis vier Wochen meint Nette sich doch unmöglich aus der Nähe ihres Arztes entfernen zu können, und dann wird es doch auch zu spät, und bey so bewandten Umständen wage ich es nicht Nette dazu zu bereden, weil ich erfahren habe welch ein Elend es ist mit einer apprehensiven Kranken auf dem Lande ohne Arzt zu seyn, mir kommt es zwar jetzt wohl vor als wenn die Zerstreuung Nette ganz gesund machen würde, aber wie gesagt bereden mag ich sie nicht, da sie sich selbst noch für krank hält …“

Im September 1829, nach einer erneuten Gesundheitsverschlechterung, wurde sie, als keiner ihrer Ärzte mehr Rat wußte, in einem „schwindsuchtartigen Zustand“ an den Münsterer homöopathischen Arzt **Clemens Maria von Bönninghausen** überwiesen. Sie war die erste Patientin von Bönninghausens, der über keine medizinische Ausbildung verfügte, allerdings ein versierter Botaniker war. Den Behandlungsverlauf hielt von Bönninghausen in seinen Krankentagebüchern fest. Darin heißt es u. a.: „Fräulein Nettchen von Droste-Hülshoff. Einige 30 Jahr alt, blond und sehr aufgeregten Gemüthes, mit ungewöhnlichem Verstande und ausgezeichneten Talenten für

Poesie und Musik, litt seit längerer Zeit an Engbrüstigkeit, und hatte sich fest in den Kopf gesetzt, daß sie durch die Pflege ihres im letzten Frühjahre an der Schwindsucht verstorbenen Bruders ebenfalls von dieser Krankheit angesteckt sei. Auch ihr Arzt … erklärte sie für schwindsüchtig, und stellte ihr eine sehr ungünstige Prognose". Die Droste habe die Idee einer homöopathischen Behandlung mit „gewohnter Lebhaftigkeit" aufgenommen. In einem ersten Krankheitsbild führt von Bönninghausen als Symptome u. a. an: „große Niedergeschlagenheit und Hofnungslosigkeit hinsichtlich der Genesung". Auf die erste Behandlung trat allmähliche Besserung ein. Die Droste blieb der Homöopathie und dem befreundeten Arzt zeitlebens treu.

Um von ihrem vielbeschäftigten „Leibarzt" behandelt zu werden, mußte sie ihn meistens in Münster aufsuchen. Bönninghausens Praxis hatte enormen Zulauf und wurde auch von Mitgliedern der **Familie von Haxthausen** frequentiert. Im Jahre 1830 schreibt die Droste ihrer Tante **Sophie von Haxthausen**: *Docktor Büninghusen ist fortwährend verreist gewesen, und ich habe ihn erst vorgestern auf einige Minuten, durch die Bückersche, können arrettiren, und zur Durchlesung des dritten Briefs den ich seitdem geschrieben, zwingen lassen, er war erst seit zwey Tagen zurück, hatte diese Zeit über gar nicht zu Bette gehn können, so waren die Patienten über ihn her gefallen, und schon stand er wieder mit einem Fuße im Wagen, um abermahls auf zwey Wochen zu verreisen … der Zulauf zu Böninghausen wächst gewaltig an, er sieht schon ganz herunter gekommen davon aus, wie ich höre – der arme Schelm! … die Äerzte haben eine Menge ihrer einträglichsten Patienten verloren, da Böninghausen, wie sie spöttisch sagen, – ein Docktor für die vornehmen Leute und sonderlich für Damen ist, die sich zugleich gern über Litteratur und schöne Kunst unterhalten …*

Obwohl die Droste zeitlebens unter einer schwachen Gesundheit litt und manchmal fast das ganze Jahr über erkrankt war, übernahm sie selbst Krankendienste. So im Februar 1829, als sie in Münster ihre Schwägerin **Caroline von Droste-Hülshoff** pflegte, oder im Dezember 1842 bei der Pflege ihrer Stieftante **Ludowine von Haxthausen**.

Von 1799 bis 1801 studierte der sprachlich und literarisch hochbegabte Onkel der Droste, **Werner von Haxthausen**, in Münster und war in dieser Zeit häufig Gast in Hülshoff. Durch Vermittlung **Maria Anna von Haxthausens** wurde er seit 1800 in der Familie des hochangesehenen Grafen **Friedrich Leopold von Stolberg** gemeinsam mit dessen Söhnen erzogen. Der holsteinische Graf, bekannt geworden als klopstockbegeisterter Oden-, Hymnen-, Balladen- und Romanzendichter im Umkreis Goethes und des Göttinger Hain, war am Pfingstfest des Jahres 1800 in Münster zum Katholizismus konvertiert und stand fortan in nahem Kontakt zur „familia sacra" der Fürstin **Amalie von Gallitzin**. 1801 bezog er das nahe Münster gelegene Gut Lütkenbeck. Stolbergs „Geschichte der Religion Jesu Christi" ging auf eine Idee des aufgeklärten Ministers **Franz von Fürstenberg** zurück. 1818 lag die populäre Erbauungsschrift in 15 Bänden vor und wurde eine der bedeutendsten Konversionsschriften. Stolbergs Konversion hatte in ganz Deutschland für Aufsehen gesorgt. Für viele Westfalen war er damit zu einer Art Nationalheiliger geworden. Es ist zu vermuten, daß **Haxthausen** einen Kontakt zwischen den Familien von Stolberg und von Droste-Hülshoff anbahnte und zu dessen Intensivierung beitrug. Wie das Tagebuch **Jenny Drostes** ausweist, waren der Graf und seine Kinder mehrere Male in Hülshoff zu Gast. Dennoch entwickelte sich zwischen beiden Familien keine sehr nahe Beziehung. Insbesondere stand **Therese von Droste-Hülshoff** dem strengen Moralismus Stolbergs und seiner Frau reserviert gegenüber.

Über Stolberg kam **Haxthausen** auch mit der „familia sacra" in Berührung. Die **Fürstin Gallitzin**, als Hauptperson des Kreises, war 1779 nach Münster gekommen, um die Erziehung ihrer Kinder **Franz von Fürstenberg** anzuvertrauen. 1786 konvertierte sie zum Katholizismus. Die „familia sacra" wollte „das Christentum auf der Grundlage von Gefühlstiefe, Herzensfrömmigkeit und beständiger Selbstkontrolle in seiner Ursprünglichkeit neu beleben. Der aufgeklärte Rationalismus wurde entschieden abgelehnt, statt dessen die fraglose Annahme der katholischen Lehre postuliert, wobei Innerlichkeit und Moralismus die Grundpfeiler des Glaubens bilden sollten" (Droste-HKA).

Die Fürstin schrieb selbst Gelegenheitsgedichte und war literarisch interessiert. Sie stand mit dem von ihr verehrten **Johann Wolfgang von Goethe**, den sie in Weimar aufsuchte, und vielen weiteren Größen der Zeit in regem Briefwechsel. Der Gallitzin-Kreis prägte Ende des 18., Anfang des 19. Jahrhunderts maßgeblich das literarische Klima Münsters und seiner Umgebung. Urteile, u. a. von Goethe und **Johann Georg Hamann**, schreiben der Fürstin einen weiten Bildungshorizont und eine außergewöhnliche Ausstrahlung zu.

Am 1. Juli 1805 war die Fürstin in Begleitung des geistlichen Pädagogen („Lehrer der Lehrer") **Bernard Overberg** in Hülshoff zu Gast; drei Tage später statteten die Hülshoffer einen Gegenbesuch bei der Fürstin in Münster ab. Zum Zeitpunkt dieser Besuche hat die „familia sacra" ihre Blütezeit bereits überschritten.

Ansicht der Stadt Münster. Stich von J. Chr. Savin, 1815

Die Fürstin starb im folgenden Jahr. Dennoch riß der Kontakt zu ihrer Familie nicht ganz ab. Im Mai 1817 verzeichnet das Tagebuch Jenny Drostes einen Besuch bei der **Prinzessin Gallitzin** in Münster. Ein wertvolles Album der Fürstin befindet sich im Nachlaß der Dichterin. Die eher rational veranlagte Mutter der Droste stand der gefühlsbetont-schwärmerischen Glaubensauffassung des Gallitzin-Kreises distanziert gegenüber. In ihren eigenen Erziehungsmaximen folgte sie der lebenspraktisch orientierten Pädagogik **Overbergs**.

Werner von Haxthausen war es auch, der als erster auf das literarische Talent der jungen Droste aufmerksam wurde. Im Dezember 1804 teilte **Ferdinandine von Haxthausen** in einem Brief **Therese von Droste-Hülshoff** mit: „da ich ihn ⟨Werner von Haxthausen⟩ mit Annettens Dichter Genie bekannt machte, konnte er nicht aufhören von dem auserordentlichen kleinen Mädchen zu sprechen, und grade zu zu erklären, daß eine zweyte Sapho in dem Mädchen keimte, und daß man noch kein ähnliches Beispiel auch von den größten Dichtern hätte. Doch mißräth er die Erlernung der Musick ganz, er wird dir vermuthlich selbst mit seinen Gründen bekannt machen."

Im Winter/Frühjahr 1805 hielt sich **Werner von Haxthausen** erneut für längere Zeit in Münster auf und stattete auch in den folgenden Jahren regelmäßige Besuche in Hülshoff ab. Es darf als sicher gelten, daß Haxthausen, der innerhalb der Familie den Ruf einer literarischen Autorität genoß, am Schaffen der Droste Anteil nahm. Nach nicht mehr überprüfbarer Angabe soll er ihr Sprachunterricht gegeben und mit ihr verschiedene französische Autoren gelesen haben.

Daß frühreife Dichtertalent der Droste scheint in Münster stadtbekannt gewesen zu sein. Dies geht aus einer Anfrage des Zeitschriften- und Taschenbuchherausgebers **Friedrich Raßmann** vom 22. Februar 1809 hervor, der ihr die Mitarbeit an seinem Taschenbuch „Mimigardia" anbot, was die damals 12jährige angehende Autorin jedoch wegen familiärer Bedenken ablehnen mußte.

Der wichtigste von **Werner von Haxthausen** vermittelte Kontakt war der zu **Anton Mathias Sprickmann**, dem ersten literarischen Mentor der Droste. Der Historiker und Rechtsgelehrte, der an der Universität Münster dozierte, war in seinen Sturm-und-Drang-Jahren selbst nicht ohne Erfolg schriftstellerisch tätig gewesen. In den 1770er Jahren war er Herz und Kopf des damaligen literarischen Lebens in Münster. Seine ersten literarischen Gehversuche hatte er als ‚Hofdichter' des genannten Ministers und Generalvikars **Franz von Fürstenberg** unternommen. Gewissermaßen auf Bestellung lieferte er für das von diesem 1775 gegründete Theater epigonale Stücke, die Sprickmann – trotz ihrer geringen literarischen Qualität – über Münster hinaus bekannt machten. Als sein literarisches Schaffen jedoch durch einen Studienaufenthalt in Göttingen und die Freundschaft mit Dichtergrößen wie **Friedrich Gottlieb Klopstock**, **Johann Heinrich Voß** und **Heinrich Christian Boie** ambitioniertere Züge erlangte und Sprickmann sich gar der Sturm- und Drang-Bewegung anschloß, rief ihn Fürstenberg zur Ordnung. Daran änderten auch Sprickmanns

Anton Mathias Sprickmann (1749–1833). Gemälde von Johann Christoph Rincklake, um 1810

literarischen Erfolge nichts. Sein Drama „Eulalia" machte damals Sensation in der Lesewelt und wurde zu den besten Stücken des Jahres 1777 gezählt, sein Lustspiel „Der Schmuck" sogar 1779 in Wien preisgekrönt und später von **Goethe** in Weimar inszeniert.

In Münster aber wurde Sprickmann verspottet und selbst von seinem Gönner Fürstenberg als ‚Schönschreiber' denunziert. Sprickmann dichtete: „Doch hier, wo zärtliches Gefühl / Noch nicht in wilden Herzen wohnet / Wo Dummheit ungestört noch thronet, / Was hilft mir hier mein Saitenspiel?" Von hypochondrischen Anfällen geplagt, trug er sich sogar mit Auswanderungsplänen bis nach Tahiti. Fast zwangsläufig entsagte er der eigenen literarischen Produktion und entschied sich für die bürgerliche Laufbahn des Universitätsprofessors.

Um 1810 war Sprickmann Förderer hoffnungsreicher literarischer Talente, darunter **Franz von Sonnenberg** und **Catharina Busch** (→ Dülmen). Die Briefe der Droste an den *lieben, väterlichen Freund* legen Zeugnis ab von der uneingeschränkten Verehrung für ihr Idol. Viele ihrer Texte scheinen eigens für ihn verfaßt. 1814 verließ Sprickmann Münster und nahm einen Ruf der Universität Breslau an. Erst danach setzte der Briefwechsel der Dichterin mit dem fast 50 Jahre älteren Gelehrten ein, der von ihrer Seite viele aufschlußreiche Selbstbekenntnisse enthält.

Durch Sprickmann wurde die Droste zur Beschäftigung mit **Goethe**, vermutlich auch mit der Dichtung des Göttinger Hains und **Gottfried August Bürgers** angeregt. Vor allem wies Sprickmann sie, wie auch **Catharina Busch**, auf **Klopstock** hin. Im Nachlaß der Droste befinden sich durch Vermittlung Sprickmanns Abschriften von Briefen Klopstocks und aus dem Umkreis von Klopstock. Insgesamt ist der Einfluß Sprickmanns auf das literarische Schaffen der Droste jedoch nicht sehr bedeutend gewesen – er zeigt sich vor allem darin, daß er sie als Autorin ernst nahm und für ein ‚reines Dichtertum' begeisterte.

Der Verlauf der Beziehung läßt sich relativ genau rekonstruieren. Der erste Besuch der Droste in der Wohnung Sprickmanns auf dem Krummen Timpen, die dem Stadthaus der Familie von Droste-Hülshoff schräg gegenüberlag, fiel auf den 26. November 1812. In der Folgezeit besuchte man mehrfach gemeinsam die Münsterische Gartenwirtschaft **Lohmann** am Sandruper Baum vor der Stadt. Die Droste schreibt Sprickmann im Oktober 1818: *meine Augen fallen zu, und doch kann ich mich kaum von diesem Blatte trennen, ihr liebes Bild aber will ich mit mir nehmen, und einen freundlichen theuren Traum daraus bilden, wie wir wieder zusammen in Lohmanns Garten in der Laube sitzen, wo ich jetzt so oft vorbey fahre und sehe niemand darinn, was mir freylich noch zehnmal lieber ist, als wenn statt dessen aus der lieben grünen Hütte ganz unbekannte oder gleichgültige Gesichter herausguckten.*

Im 10. Januar 1813 kam die Droste zu einem dreitägigen Aufenthalt nach Münster und besuchte Sprickmann gemeinsam mit ihrer Mutter. Ein weiterer Besuch, wiederum in Begleitung der Mutter, fiel auf den 16. April 1813. Mindestens einmal, vom 18. bis zum 20. August 1813, war Sprickmann mit seiner Frau Gast in Hülshoff.

1817 wechselte Sprickmann an die Universität Berlin, 1829 kehrte er altersschwach nach Münster zurück. Die Droste hat ihn dort, wie wir aus einem Brief **Jenny von Droste-Hülshoffs** an ihre Mutter vom 12. August 1829 wissen, noch mehrfach aufgesucht: „ich bin diesen Morgen lange mit Nette in den Garten der guten F. v. Fürstenberg, wozu sie mir den Schlüssel gegeben hat, gewesen, hernach waren wir in dem Garten von der Schanze, die Bewegung und die Luft bekömmt jetzt Nette recht gut, wir waren schon einigemal beym alten Sprickmann und Tyrell, Besuche anderer Art macht Nette gar nicht, Langeweile und Anstrengung kann sie gar nicht vertragen, aber wenn sie sich amüsiert so klagt sie gar nicht ..."

Wie im Falle Sprickmanns, so fühlte sich die Droste auch bei der Generalsgattin **Wilhelmine von Thielmann**, die im Münsterer Schloß wohnte, zu einer sehr viel älteren Person hingezogen. Die Bekanntschaft fällt in das Jahr 1817. Schücking gegenüber betonte die Droste in einem Brief aus dem Jahre 1842, daß

Frau von Thielmanns *Erfahrungen, sowohl was Lebens- und Zeitverhältnisse als Beziehungen zu bedeutenden Menschen* betreffe, *höchst merkwürdig und ausgebreitet* gewesen seien und sie ihr *früher Vieles davon mitgetheilt* habe. In einem Brief an **Elise Rüdiger** vom 5. September 1843 berichtet die Droste, daß sie hinsichtlich ihrer *Geistesbildung* **Wilhelmine von Thielmann** *viel zu verdanken* habe. Nach Aufzeichnungen **Elise Rüdigers** seien die Droste und **Jenny von Droste-Hülshoff** oft von **Wilhelmine von Thielmann** in ihren Kreis, in dem sich die Elite der damaligen vornehmen Welt Münsters versammelt habe, eingeladen und dort besonders gefeiert worden. Frau von Thielmann und **Frau von Vincke** hätten „die Genialtiät" damals „so weit ⟨ge⟩trieben", daß man zeitweilig geglaubt habe, sich „im Irrenhause aufhalten zu müssen, was sie jedoch keineswegs hinderte, in den Intervallen sehr geistreich und leutselig zu sein". In einer späteren Erinnerung hielt **Elise Rüdiger** fest: „Aus ihren Jugendjahren – ⟨zwischen⟩ ⟨18⟩18 und ⟨18⟩22 – hat sie ⟨die Droste⟩ mir oft erzählt, namentlich, daß sie viel auf den Bällen des General v. Thielmann im Schlosse zu Münster getanzt habe, auch mit der Generalin geb. von Chapentier eng befreundet gewesen sei." Im Jahre 1820 zog **Wilhelmine von Thielmann** ins Rheinland. Die Droste hat sie später mehrfach in Koblenz und Bad Godesberg besucht.

Bei diesen Besuchen am Rhein, insbesondere in den Jahren 1825/26, 1828 und 1830/31, fand die Droste im Hause ihrer Freundin **Sibylle Mertens-Schaaffhausen** ein kulturell aufgeschlossenes Klima vor. In Münster fehlten ihr dagegen geeignete Ansprechpartner. In den 20er Jahren scheint sie – in literarischer Hinsicht – lediglich im Salon der **Bernhardine von Wintgen** (→ Ermelinghof) – literarisch Gleichgesinnte gefunden zu haben. In der nachfolgenden Briefstelle aus dem Jahre 1839 führt sie einige preußische Beamte auf, die damals im literarischen Leben Münsters eine Rolle spielten: *die Bewährte und ihre Schwester, der Rittersmann* ⟨Decknamen für die Wintgens⟩, *leben immer in dem alten Style fort, man hört nie daß sie krank, und sieht nie daß sie verdrießlich sind, sie altern auch nicht im Mindesten, haben immer die alte Marianne, die auch nicht älter wird, und sehen jeden Abend die steinalte, ebenfalls unveränderliche, Tante Sophie Schmising – ich weiß nicht wie diese Leute es machen … das bloße Theetrinken dort will die Thür nicht zu thun, denn ihr ganzer Abendcyrkel ist fast ausgestorben, sie allein sitzen wie ein paar Granitfiguren, und erzählen „eine Geschichte vergangener Zeiten" Ach! schöne! schöne! sonnige Zeiten! – Zeiten Putkammers! Neigebaurs! Gaylings! Catts! Kranens!*

Über den weiteren Umgang der Droste in den 1830er Jahren ist nur wenig bekannt. Ihre „Anlaufstellen" in Münster waren damals die erwähnte **Felicitas von Boeselager** (→ Frekkenhorst), die Freifrau **Sophie von Fürstenberg** und die Herzogin **Charlotte von Looz-Corswarem**. Bei jeder dieser Frauen schlug sie bei ihren Besuchen in Münster gelegentlich ihr Quartier auf. In einer Erinnerung **Christoph Bernhard Schlüters** heißt es: „Wenn das Fräulein ⟨die Droste⟩ nach Münster kam, so besuchte sie, nachdem sie bei uns eingesprochen … gewöhnlich zuerst die Herzogin von Looz, eine feine, sehr gebildete, für Musik und Literatur sich interessierende Frau von entschieden religiösem Sinn und ernsten sittlichen Grundsätzen …" Genaue Quellen über die Beziehung der Droste zur Herzogin, mit der sie sicherlich auch korrespondiert hat, liegen nicht vor.

Annette von Droste-Hülshoff. Porträt von Johannes Sprick, um 1841

1837 lernte die Droste den Maler **Johannes Sprick** kennen, von dem sie sich mehrfach porträtieren ließ. Sie gewährte ihm später finanzielle Unterstützung und versuchte, ihm Schüler zu vermitteln. Außerdem empfahl sie ihn an Personen weiter, die sich von ihm porträtieren ließen (u. a. **Elise Rüdiger**, **Werner von Haxthausen** und **Wilhelm Junkmann**). Bei ihren Besuchen in Münster suchte sie Sprick und seine Familie regelmäßig auf. Auch übernahm sie die Patenschaft für seine Tochter Marie.

Von größeren Gesellschaften hielt sich die

Droste weitgehend fern. Im Jahre 1839 spottete sie, daß vom gesellschaftlichen Leben Münsters nur noch *Trümmer* übrig geblieben seien, *Sendens, Aschebergs, Kerkerings, und was sonst noch an Wittwen, alten Chanoinessen und Domherrn sich zusammen krümmelt – es giebt ein Lustspiel von Kotzebue – „die respectable Gesellschaft" worin Keiner zugelassen wird unter sechzig Jahren, und, wo möglich, lauter ehrsame, einzeln stehende, Personen, – das fällt mir jedes mahl ein, wenn ich in Münster einen Kreis um den Theetisch sehe* ...
Bei anderer Gelegenheit lästerte sie über einen großen Ballabend in Münster: *die Feten in Münster sollen superb gewesen seyn,– doch sagte Julie, die gestern hier war, bey der Adelsfete sey es so voll gewesen, daß all die schönen Toiletten umsonst gewesen, und man eben so gut im Unterrocke hätte hingehn können, wenn man nur ein paar Federn auf dem Kopfe gehabt hätte.*
Der Kontakt zu **Christoph Bernhard Schlüter**, dem Betreuer der ersten Gedichtausgabe der Droste, kam erst auf Umwegen zustande. Der fast ganz erblindete Schlüter war Philosophiedozent an der Akademie Münster und versammelte einen hauptsächlich aus Theologiestudenten bestehenden literarisch-philosophischen Schülerkreis um sich. Er selbst trat neben seinen philosophischen Schriften mit formstrenger Lyrik auf. 1844 erschien seine Sonettensammlung „Welt und Glaube", 1886 postum sein Sonettenkranz „Schwert und Palme". Weiterhin verfaßte er zahlreiche Übersetzungen und Aufsätze, u. a. in der von ihm gegründeten Zeitschrift „Natur und Offenbarung".
Im April 1829 führte die Mutter der Droste bei einem in Münster stattfindenden Festessen ein längeres Gespräch mit Schlüter. Sie äußerte den Wunsch, daß sich Schlüter des literarischen Talents der Droste annehme, da sie sonst niemanden hierfür wisse. Als Werkprobe wurde Schlüter bald darauf das Epos *Walther* vorgestellt. Schlüter reagierte jedoch ablehnend. Er empfand das Werk „süßlich, leer, ja zum Teil affektiert" und sah eine zu deutliche Nachahmung Wielands. Einer Begegnung mit der Droste wollte er ausweichen.
Die vermutlich erste Begegnung der Droste mit Schlüter kam zufällig am 25. Februar 1834 bei einer Teegesellschaft zustande. Die Entwicklung der von nun an zusehends persönlicheren Beziehung läßt sich anhand von Schlüters Tagebuch, des Tagebuches seines Vaters **Clemens August Schlüter**, des nahezu vollständig überlieferten Briefwechsels Droste-Schlüter und späterer Erinnerungen Schlüters relativ genau rekonstruieren. Erstmals war die Droste am 1. März 1834 im Hause Schlüters zu Gast, wo sie Minne- und Volkslieder vortrug. Bei der nächsten Begegnung (9. April 1834) wurde über das Epos *Das Hospiz auf dem großen St. Bernhard* und *Des Arztes Vermächtniß* gesprochen, im Juni/Juli las sie bei Schlüter aus ihrem Gedichtzyklus *Die Elemente*. Der erste Besuch Schlüters im Rüschhaus – er wurde meist von seiner Schwester Therese oder seiner Mutter begleitet – fand am 14. Juli 1834 statt. Bis zu ihrer mehr als eineinhalbjährigen Reise nach Eppishausen und Bonn im Juli 1835 traf die Droste nachweislich noch im November 1834, Frühjahr 1835 und zweimal im Juni 1835 mit Schlüter zusammen. Schlüters zweiter Rüschhausbesuch fiel erst auf den 8. Juni 1835.
Der erste Droste-Brief an Schlüter liegt vom 17. Juli 1835 vor. Eine Antwort erfolgte erst fast 4 Monate später (13. November 1835), was einen Grund darin haben könnte, daß die Droste zwischenzeitlich eine mehrwöchige Hollandreise unternahm. Schon in seinem ersten Brief verfolgte Schlüter mit der Zusendung einer Übersetzung von Alan Cunninghams „Biographische und kritische Geschichte der englischen Literatur ..." (1834) die Absicht, mit der Droste in eine literaturtheoretische Diskussion einzutreten. Während die Droste zumindest von der ersten Buchzusendung profitierte – sie fertigte umfangreiche Exzerpte aus dem Buch an –, blieb das Ergebnis weiterer Zusendungen weitgehend fruchtlos. Die Antworten der Droste zeigen, daß sie wenig geneigt war, auf Schlüters christlich geprägte ästhetische Position umzuschwenken. Auch Schlüters frühe Versuche, die Droste zu Gedichten anzuregen, zeitigten ein nur mäßiges Ergebnis (*Nach dem Angelus Silesius*).
Nach ihrer Rückkehr von Eppishausen und Bonn im Februar 1837 hielt sich die Droste für 14 Tage in Münster auf und verkehrte fast täglich im Schlüterkreis. Seit etwa dieser Zeit war Schlüter als Betreuer und Herausgeber ihrer ersten Gedichtausgabe im Gespräch, die 1838 bei Aschendorff in Münster erschien. Der persönliche Verkehr kam jedoch nur zögerlich in Gang. Am 6. Februar 1838 schrieb die Droste Sophie von Haxthausen: *ich gehe aber nicht mehr zum Professor, sondern zu der Mutter und Schwester, mit denen ich dadurch jetzt sehr intim geworden bin, was ein wahrer Gewinn ist ... ich komme oft wenn der Professor Stunde hat, und sage auch zu andern Zeiten nie daß man ihn rufen soll, was auch bey Weitem nicht immer geschieht.*
Nach Erscheinen der Gedichtausgabe schlief die Korrespondenz nahezu ein. In der Folgezeit besuchte die Droste zwar noch wie gewohnt das Haus Schlüters Auf dem alten Fischmarkt, ihr Hauptinteresse aber galt nun den Zusammentreffen mit **Elise Rüdiger** und **Levin Schücking**. Im Zuge der näheren Zusammenarbeit mit Schücking am „Malerischen und ro-

Ansicht der Stadt Münster. Zeichnung von Anna Harke, 1853

mantischen Westphalen" seit November 1840 brach der Kontakt zum literarisch anders orientierten Schlüter-Kreis nahezu ganz ab. Zwar kam Schlüter bei der Abfassung des zweiten Teiles des *Geistlichen Jahres* 1839 noch maßgebliche Bedeutung zu, parallel beschäftigte sich die Droste jedoch schon mit der *Judenbuche.* 1840 entstand der Entwurf zum *Bei uns zu Lande*, eines „weltlichen" Stoffes, der nicht Schlüters Geschmack traf.

Nach Jahren, am 23. März 1846, nahm Schlüter den Kontakt zu der nun weitgehend vereinsamten Droste (Elise Rüdiger wohnt inzwischen in Minden, Levin Schücking mit seiner Familie in Köln) wieder auf. Unter welchen Vorzeichen das Wiederaufleben der Beziehung stand, geht aus einem Brief der Droste an **Elise Rüdiger** hervor: *Von Schlüterchen habe ich vorgestern einen sehr herzlich gemeinten, aber grausam hölzernen scherzhaften Brief in Versen bekommen, – es ist komisch-rührend, auf diesem Meere von Güte und wahrer Kindlichkeit den Philisterzopf so stattlich herum segeln zu sehn.* Schlüter versuchte erneut, die Droste zu einem Gedicht anzuregen. Unter großen Mühen entstand hieraus ein wichtiger literarischer Text der Droste, *An einem Tag wo feucht der Wind* … In dieser Zeit unternahm die schon schwer erkrankte Droste noch einmal einen Besuch bei Schlüter. Sie teilte ihm mit, daß sie in Meersburg das *Geistliche Jahr* vollenden wolle und beauftragte ihn mit der Herausgabe dieses Werkes nach ihrem Tod. Zu dieser Edition, an der mit Wilhelm Junkmann ein weiterer Bekannter der Droste beteiligt war, kam es 1851. 1877 gab Schlüter die an ihn gerichteten Briefe der Droste und ihre *Lieder mit Pianoforte-Begleitung* heraus.

Die Versuche der Droste, mit Schlüter in ein offenes persönliches Gespräch einzutreten, wurden von jenem lange Zeit mißverstanden. Aus einer Aufzeichnung in seinem Nachlaß geht hervor, daß ihm das „Grübeln der Droste", ihr „Verharren bei den Einzelheiten seltsam, ja komisch" erschienen sei, bis er sich überzeugt habe, daß diese „Eigentümlichkeiten zu ihrem Wesen" gehört hätten. Von einer ungezwungenen Freundschaft, wie sie zwischen der Droste und **Elise Rüdiger** oder der Droste und **Schücking** bestand, wird man nicht sprechen können, es blieb ein Rest an Distanz und Gezwungenheit. Schlüters spätere Einschätzung seiner Beziehung zur Droste fiel selbstkritisch aus. Der Droste-Biograph Wilhelm Kreiten überliefert seine Worte: „doch gestehe ich, daß ihr Inneres zum Teil bis auf den heutigen Tag mir ein nicht ganz begreifliches Rätsel geblieben ist, weil die Religion sie nicht innerlich ⟨völlig⟩ zu befreien und fröhlich zu machen schien …"

Der erwähnte **Wilhelm Junkmann** war nach dem Studium in Münster, Bonn und wiederum Münster Vorleser und Freund Christoph Bernhard Schlüters, mit dem er literarisch zusammenarbeitete. Nachdem Junkmann 1833 mit mäßigem Erfolg das Staatsexamen für das Lehramt an höheren Schulen abgelegt hatte – das Zeugnis reichte nicht für eine Anstellung als Oberlehrer aus –, entschloß er sich, zur Promotion nach Berlin zu gehen. Hier geriet er wegen Zugehörigkeit zu einer Burschenschaft während seiner Studienzeit in Bonn in

Ansicht der Stadt Münster. Lithographie von H. Auling, 1834

die Demagogenprozesse und wurde von Ende April bis Juli 1835 inhaftiert, aufgrund eines Gnadengesuches aber amnestiert. Im Sommer 1837 nahm er eine Hauslehrerstelle bei der Familie von Droste zu Senden in Münster an. Im Herbst 1837 absolvierte er ein Probejahr am Gymnasium Paulinum in Münster. Seit Mai 1839 war er Hilfslehrer in → Coesfeld. Nach einem Zerwürfnis mit dem Schulleiter kehrte er – ohne Aussicht auf eine Anstellung – nach Münster ins Haus seiner Eltern zurück. Im September 1844 ging er zu einem zweiten Studienaufenthalt nach Bonn, um sich auf die Promotion in Geschichte (1847) und seine Habilitation (1851) vorzubereiten. Er trat hier dem literarisch freigeistigen „Maikäferbund" **Gottfried Kinkels** bei, in dem seine versifizierte Idylle „Der Meyer" mit einem jährlich vergebenen Preis ausgezeichnet wurde. Zu dieser Zeit war sein Kontakt zur Droste, die Junkmann den *Demagogen verfallen* wähnte, bereits weitgehend abgebrochen. Verstärkt seit 1848 schlug Junkmann die politische Laufbahn ein. Seine literarischen Interessen gab er ganz auf. Seit 1855 war er Professor für Geschichte in Breslau, wo er 1886 starb.

Viele Stationen von Junkmanns verzweigtem Lebenslauf spiegeln sich in den Briefen der Droste wieder. Die Briefe bezeugen, daß von seiten Junkmanns ein nahes Vertrauensverhältnis zur Droste bestand. Die Bekanntschaft wurde 1833/34 im Schlüter-Kreis geschlossen. Seit 1837 besuchte Junkmann die Droste im Rüschhaus. Im folgenden Jahr war er an der Vorbereitung der ersten Gedichtausgabe der Droste beteiligt. Junkmann verfaßte epigonale, der Dichtung **Höltys** und **Klopstock** nahestehende Lyrik, die häufig westfälische Themen behandelte. Die Droste beschrieb Junkmann als schwierigen, widersprüchlichen Menschen mit einem Hang zur Schwermut. Seinen Gedichten bescheinigte sie *viel Talent* und eine eindringliche Sprache. Junkmann verfüge über eine *glänzende Phantasie* und *tiefe Wahrheit des Gefühls*, er könne jedoch eine gewisse *münsterische Steifheit* nicht ablegen. Immerhin erlebten Junkmanns „Elegische Gedichte" (1836) 1844 eine vermehrte Neuauflage. Die Droste widmete Junkmann ihr Gedicht *Gruß an****, das zunächst im Cottaschen „Morgenblatt" und dann in ihrer 1844er Gedichtausgabe erschien.

Daß ihre erste Gedichtausgabe 1838 bei einem Verleger in Münster erschien, war nicht unbedingt nach dem Willen der Autorin. Schon im Vorfeld der Veröffentlichung schrieb sie: *ich wünschte noch immer das Gedicht* ⟨Hospiz⟩ *a n d e r s w o heraus zu geben, denn ich möchte, daß sein Renommeé, g u t o d e r s c h l i m m bereits gemacht wäre, eh es in den Kreis meiner Bekannten käme, da ich nicht darauf rechne, daß es hier sehr gefallen wird, – für auswärts mache ich mir bessere Erwartungen, und möchte meiner lieben Mutter, die im Grunde, jedes öffentliche Auftreten scheut wie den Tod, und nur zu empfindlich ist für die Stimme des Publikums, gern zuerst die möglichst angenehmsten Eindrücke gönnen* ... Von der Ausgabe wurden nur 74 Exemplare verkauft. *Der Adel* ⟨...⟩ *ließt überhaubt niemals Gedichte*, kommentierte die Droste resignativ. Alle Bemühungen der Freunde der Droste, ihre ersten Gedichtausgabe mit lancierten Rezensionen ins Gespräch zu bringen, halfen wenig. Aus der Feder des späteren Sozialisten **Friedrich Engels** stammt die folgende Notiz: „Und dann die alten schönen Städte, vor Allen Münster mit seinen gothischen Kirchen, mit den Arkaden seines Marktes, mit Annette Elisabeth von Droste Hülshof und Levin Schücking. Der Letztere, den ich das Vergnügen hatte, dort kennen zu lernen, war so gütig, mich auf die Gedichte jener Dame aufmerksam zu machen".

Der Paderborner Verwandtenkreis der Droste reagierte besonders ungnädig (→ Bökendorf). Es sollten sich Schückings Worte bewahrheiten: „bei uns ⟨in Westfalen⟩ hält man es … für unanständig für eine Dame von Stande, wenn sie schriftstellert und mein gutes Dröstchen hat viele Kämpfe darum auszustehen gehabt".

In Münster wurde die Ausgabe von 1838 nach Aussage **Therese von Droste-Hülshoffs** überwiegend positiv aufgenommen. Sie berichtete **Jenny von Laßberg**: „Es kommen hierbei auch 2 Exemplare von Nettens Gedichten, sie scheinen mir schön zu sein, übrigens gefallen sie nicht überall. Alles, was zum Gelehrten Stande gehört, ist für sie eingenommen, auch in der gebildeten Bürgerwelt machen sie Glück, aber der Adel ist fast allgemein dagegen, sie behaupten, sie wären unverständlich. Ich finde nicht unverständlicher wie die Gedichte von Walter Scott, Die von Byron sind viel dunkler, aber ich glaube, es verdrießt sie, daß ein adliges Fräulein sich so der öffentlichen Meinungen aussetzt. Wären sie weit von hier und ohne ihren Namen herausgekommen, dann würden sie ihnen gewiß gefallen, denn sie sind wirklich hübsch." Die Droste selbst bemerkt über die Reaktion in Münster: *hier angekommen, fand ich das Blatt gewendet,– die Gedichte wurden hier zwar nur wenig gelesen, da die meisten sich scheuen an eine so endlose Zahl Verse zu gehn, aber die es gelesen hatten, erhoben es, ich muß selbst, nach meiner Ueberzeugung sagen, weit über den Werth.*

Einen weiteren Erfolg konnte die Droste Schücking im November 1842 vermelden: *die „Judenbuche" hat endlich auch hier das Eis gebrochen … so daß ich des Andrängens fast keinen Rath weiß, und meine Mama anfängt ganz stolz auf mich zu werden.* Im August 1844 – kurz vor Erscheinen ihrer zweiten Gedichtausgabe – resümierte sie dagegen: *Es ist seltsam wie man an Einem Orte (hier in Oberdeutschland, Sachsen, et cet) so gut angesehn und zugleich an einem andern (Westphalen) durchgängig schlimmer als übersehn seyn kann! – ich muß mich mehr als ich selber weiß der schwäbischen Schule zuneigen.*

Von **Levin Schücking** stammt der Satz: „es giebt unendlich viele Stellen in ihren ⟨der Droste⟩ Gedichten, die nur ich auslegen kann". Schücking kam als Anreger und Vermittler eine zentrale Stellung für das Werk der Droste zu. Auch hier war die persönliche Beziehung anfangs nicht unbelastet. Er sei *aufgeblasen und lapsig*, konstatierte die Droste 1839 über ihn, sie bedauere, *für einen Menschen, der im Grunde so vortreffliche Eigenschaften habe, und den alle seine Freunde so sehr liebten, durchaus kein eigentliches Wohlwollen fassen zu können, weil das Eitle und Zuversichtliche in seinem Wesen* sie *immer wieder zurück stoße.* Trotz dieser Schwächen sei sie jedoch entschlossen, den Sohn ihrer früheren Freundin **Catharina Busch** *nie im Stiche zu lassen*, sie sorgte für ihn gleichsam wie für einen Adoptivsohn.

Levin Schücking (1814–1883). Zeichnung von Ph. Schilgen, 1834

Levin Schücking wurde 1813 in Meppen geboren und verbrachte seine Jugend auf Schloß Clemenswerth, wo die Familie 1815 eine Dienstwohnung bezogen hatte. Seit 1829 besuchte er das Gymnasium Paulinum in Münster. Nach dem Tod seiner Mutter (1831) zog er nach Osnabrück, wo er 1833 den Gymnasialabschluß ablegte. Hieran schloß sich das Jurastudium in München, Heidelberg und Göttingen an. 1837 kehrte er nach Münster zurück. Aufgrund seiner hannoverischen Staatsangehörigkeit war es ihm nicht möglich, an einem preußischen Obergericht sein juristisches Examen abzulegen. Im Oktober 1837 schrieb die Droste ihrer Mutter: *es ist jetzt ein Sohn der Katharine Busch in Münster – du weist wohl, derselbe Levin, der früher bey Specht war, er ist in einer übeln Lage, sein Vater, der immer ein mauvais sujet war … ist … jetzt wirklich … auf dem Punkte nach Amerika zu gehn, Levin will ihn nicht begleiten, weil er, für das, was er gelernt hat, dort kein Brod finden würde, so sitzt er in Münster, wartet auf Gottes Barmherzigkeit,*

und giebt seine letzten Groschen aus, aber was soll er machen?
Schücking schlug sich damals als Privatlehrer und mit schriftstellerischer Arbeit (Mitarbeit u. a. an **Carl Gutzkows** *Telegraph für Deutschland* und am *Westphälischen Merkur*) notdürftig durch. Mehrere Versuche der Droste, ihm in den Jahren 1839 bis 1841 eine gesicherte Anstellung zu verschaffen, schlugen fehl. Durch Vermittlung der Droste wurde er einen Winter lang (1841/1842) Bibliothekar bei ihrem Schwager **Joseph von Laßberg** auf der Meersburg am Bodensee. **Ferdinand Freiligrath**, mit dem Schücking seit 1839 befreundet war und für den er 1841 das „Malerische und romantische Westphalen" zum Abschluß brachte, verhalf ihm im Frühjahr 1842 zu einer Hofmeisterstelle beim **Fürsten Wrede** in Ellingen (Bayern) und Mondsee bei Salzburg. Von Mondsee aus, wo Schücking unter Isolation und der für ihn ungeeigneten Stellung litt, verlobte er sich mit seiner späteren Frau, **Luise Schücking geb. von Gall**, ohne dieser zuvor begegnet zu sein, was zu einer Entfremdung zwischen ihm und der Droste führte. Vollends zum Bruch kam es nach der Veröffentlichung von Schückings Roman „Die Ritterbürtigen" im Jahre 1846, in dem Schücking Insiderkenntnisse über den westfälischen Adel, die ihm die Droste mitgeteilt hatte, literarisch verwertete. Die Droste damals: *Schücking hat an mir gehandelt wie mein grausamster Todfeind.*
Nach seiner Heirat 1843 war Schücking für zwei Jahre Redakteur bei der Cottaschen Augsburger „Allgemeinen Zeitung". Von 1845 bis 1852 leitete er das Feuilleton der „Kölnischen Zeitung", unterbrochen von journalistischen Tätigkeiten in Ostende, Paris, Rom und Neapel. 1852 wurde er entlassen. Er zog sich hierauf als freier Literat mit seiner Familie auf das von ihm erworbene Familiengut in Sassendorf bei Warendorf zurück. 1857 verlegte er, unter beständiger Finanznot und Vereinsamung (insbesondere nach dem Tod seiner Frau) leidend, seinen Wohnsitz vorübergehend nach Münster. 1864 wurde er in Gießen zum Dr. phil. h.c. promoviert. Seit 1874 verbrachte er die Wintermonate in Italien. Er starb am 31. August 1883 in Bad Pyrmont.
Schücking verfügte über weitreichende Kontakte zu Personen des Literaturbetriebs. Die Geschichte seines literarischen Aufstiegs „ist die Geschichte seiner Freundschaften" (M. Schier). Schücking hinterließ ein etwa 150teiliges, qualitativ ungleiches Werk, das alle Sparten der Literatur umfaßt (Romane, Erzählungen, Dramen, essayistische Arbeiten). In der zweiten Hälfte des 19. Jahrhunderts zählte er zu den meistgelesenen deutschen Erzählern.
In der *Hecken-Schriftsteller-Gesellschaft* **Elise Rüdigers** (s. u.) besaß Schücking – nach den Worten der Droste – *ohne Zweifel, das feinste Urtheil von unserm kleinen Klubb.* Andererseits: *es ist seltsam, wie Jemand so scharf und richtig urtheilen, und selbst so mittelmäßig schreiben kann.* Im Rüdiger-Zirkel wurde die Bekanntschaft zwischen der Droste und Schücking vertieft. Schücking begann, die Droste regelmäßig dienstags im Rüschhaus zu besuchen; es entspann sich ein intensiver Briefwechsel. Schücking beteiligte die Droste an seinen literarischen Projekten („Das malerische und romantische Westphalen", 1840/41), sie profitierte insbesondere bei ihren Gedichten des Meersburger Winters 1841/1842, die im Beisein Schückings entstanden, von seiner Rolle als Ansprechpartner und kritischer Förderer (*weiß der Henker was du für eine inspirierende Macht über mich hast ... wärst du noch hier, mein Buch wäre längst fertig, denn jedes Wort von dir ist mir wie ein Spornstich*). Trotz der späteren Entfremdung stellte die Droste Schücking wiederholt Texte für seine publizistischen Unternehmungen zur Verfügung.
Die Briefe der Droste an Schücking aus der ersten Nach-Meersburger Zeit sind voller Vertraulichkeiten. Als Beispiel ihr Brief vom 5. Mai 1842: *ich habe schon zwey Stunden wachend gelegen, und in einem fort an dich gedacht, ach, ich denke immer an dich – immer ... schreib mir nur oft – mein Talent steigt und stirbt mit deiner Liebe – was ich werde, werde ich durch dich und um deinetwillen, sonst wäre es mir viel lieber und bequemer mir innerlich allein etwas vorzudichten ... – Wir haben doch ein Götterleben hier geführt ...* Nur zu gern wurde aufgrund solcher Zeugnisse die Beziehung der Droste zu Schücking zu einer Liebesromanze verklärt. Die Wirklichkeit sah jedoch anders aus. Schücking schätzte die Droste als seine allerliebste Seelenfreundin; an eine darüberhinausgehende Beziehung war jedoch nicht zu denken. Seiner Braut schrieb er offen: „es gibt kein innigeres und wohltuenderes Verhältnis wie das zwischen ihr ⟨der Droste⟩ und mir, wie es kein angenehmeres Leben für mich gegeben, wenn ich bei ihr auf ihrem einsamen Waldschlößchen mich habe verwöhnen lassen ... Sie brauchen deshalb nicht eifersüchtig zu werden, meine teure Braut, wenn ich Ihnen dessen auch wert scheinen sollte. Die Droste wird stark in den Vierzigern sein, und sieht noch älter aus, weil sie kränklich ist: da kann man jemanden wohl sehr lieb haben, aber – eifersüchtig braucht man doch nicht darauf zu sein" (Brief vom 11.12.1842).
In der Person **Elise Rüdigers geb. von Hohenhausen** fand die Droste eine nahe Freundin und literarisch interessierte Gesprächspartnerin. Elise Rüdiger, die seit 1833 mit ihrem Mann, einem Regierungsrat, in Münster lebte,

war die Tochter der bekannten Byron- und Walter-Scott-Übersetzerin **Elise von Hohenhausen**. Die Familie lebte seit 1816 in Minden, wo Elises Vater, **Leopold von Hohenhausen**, das belletristische *Mindener Sonntagsblatt* herausgab. Von 1820 bis 1824 lebte die Familie in Berlin. **Elise von Hohenhausen** unterhielt dort einen literarischen Salon, in dem u. a. **Rahel Varnhagen von Ense, Henriette Herz, Adelbert von Chamisso, Friedrich de la Motte Fouqué, Heinrich Heine** und **Karl Varnhagen von Ense** verkehrten. 1831 heiratete **Elise von Hohenhausen** den Juristen **Karl Ferdinand Rüdiger**, mit dem sie in Minden lebte. Nach mehreren Ortswechseln (1833 Münster, 1845 Minden, 1854 Frankfurt/O.) zog sie nach dem Tod ihres Mannes endgültig nach Berlin. Nach dem Vorbild ihrer Mutter gründete sie während ihrer Zeit in Münster, Minden und Berlin eigene literarische Salons. Am bedeutendsten war ihr in Münster aufgebauter Kreis, die von Annette von Droste-Hülshoff so getaufte *Hecken-Schriftsteller-Gesellschaft*. Elise Rüdiger wurde damals zur vertrauten Freundin der Droste, wovon der Briefwechsel Zeugnis ablegt. Auf seiten der Droste sind etwa 30 Briefe überliefert. Gemeinsam verbrachten beide im Herbst 1843 einige Zeit auf der Meersburg. Elise Rüdiger debütierte literarisch in dem von ihrem Vater mitbegründeten „Mindener Sonntagsblatt". Ihr Hauptsujet war die feuilletonistische Literaturkritik. Später konzentrierte sie sich auf in Novellenform gekleidete biographische Episoden aus dem Leben bekannter Persönlichkeiten (u. a. verfaßte sie mehrere Artikel, die ihre Freundschaft mit der Droste behandelten). Ein von der Droste aufgeworfener Plan zur literarischen Zusammenarbeit (ein Band, der Erzählungen der Droste und literarische Porträts Elise Rüdigers enthalten und bei Cotta erscheinen sollte) gelangte nicht zur Ausführung. Nach dem Tod ihres Mannes veröffentlichte sie unter dem Geburtsnamen von Hohenhausen (vielleicht auch zum Gedenken an ihre 1857 verstorbene Mutter), wodurch es in der Literaturgeschichte zu vielen Verwechslungen bezüglich des Namens Elise von Hohenhausen gekommen ist. Sie starb am 31. Januar 1899.

Der Bekanntschaft der Droste mit Elise Rüdiger verdanken wir einen interessanten historischen Augenzeugenbericht. In einem Brief an ihre Mutter schildert die Droste, wie sie im Februar 1838 im Zusammenhang mit dem „Kölner Ereignis" in Münster einer Protestaktion gegen die Preußen beiwohnte. Darin heißt es einleitend: *ich war diesen Abend zum Thee bey einer Oberregierungsräthin Rüdiger … es war schon spät, und die Rüdiger sagte mehrere Mahl „hören sie doch, wie das auf den Straßen rennt!" ich sagte immer „das ist Nichts, irgendwo ein Peter oder dergleichen" mit einem Mahle hörten wir von Weitem (sie wohnt am Ende der Rothenburg nach Aegidy Straße zu) ein furchtbares Hurrahgeschrey, es kam vom Domhofe und Markte, wir sprangen ans Fenster und sahen die ganze Rothenburg und Aegidy Straße voll Militair, mit gezogenem Säbel, ich lief auf der Stelle unten ins Haus, um zu sehn ob ich Jemand fände der mich fortbrächte, der Sohn vom Hause war bereit, und ich zog in gröster Eil ab, trotz allem Bitten der Rüdiger, die zitterte wie ein Espenlaub, durch zahllose Umwege kam ich endlich bey Ahlers an, und brauchte fast eine halbe Stunde dazu, ich stellte mein Licht zurück, lehnte das Fenster nur an, und blieb nun auf, wie Jedermann in dieser Nacht,– der Anfang des ganzen Tumults war so,– die Gemüther waren schon, durch die Arestation des Erzbischofs aufs äußerste erbittert, nun kam dazu, daß, nachdem kürzlich eine Menagerie aus Münster abgezogen war, die Militairbehörden die Bude gekauft hatten, um darin bey schlechtem Wetter exerciren zu lassen, das Volk glaubte aber, es sey geschehn, um die Rekruten besser heimlich knuffeln zu können,– darüber waren schon allerley Kleinigkeiten vorgefallen, einige Plakate an den Bäumen und der Bude selbst, mit dem geistreichen Inhalt „weg mit der Bude!" oder „weg mit den Preußen!" et cet, da dies sie nicht wegblasen wollte, hatte man mehrmals Versuche gemacht, die Bude anzuzünden, überhaubt, die Wahrheit zu sagen, wurde den Preußen grad nicht viel guter Wille gezeigt, der Adel hatte sich, seit der Verhaftung des Erzbischofs gänzlich zurückgezogen, alle Lustbarkeiten waren*

Elise Rüdiger geb. von Hohenhausen (1812–1899). Gemälde von Johannes Sprick, um 1840.

eingestellt, weder Soirees noch Klubbälle, und wurden sie eingeladen, z.B. bey Vinke, so machten sie kein Geheimniß draus, daß die allgemeine Kirchentrauer ihnen nicht gestatte sie anzunehmen – die Gassenbuben waren sehr arg, sie schnitten den Soldaten Gesichter, sagten, wenn exercirt werde „wo Soldoten sind, mott auk kanoneert weeren" und rollten den Offizieren Steine an die Füße, und Clemens Hellweg wurde arretirt, weil er einem Unteroffizier auf der Straße zwey Ohrfeigen gegeben – den Preußen, besonders den friedlichen Civilisten war höllenangst, sie wagten kaum Abends aus dem Hause zu gehn, und es gab manche lächerliche Anekdote davon,– nun – an diesem Abend wurde wieder ein Junge attrappirt, der die Bude anstecken wollte, und heulend und mit Arm und Beinen sperrend zur Hauptwacht geführt, mehrere vorübergehende Bürger legten sich mit guten Worten drein, sagten „laßt ihn laufen, er ist ja ein Kind!" et cet. das hielt etwas auf, wer vorüber ging blieb stehn, und bald stand ein ziemlicher Trupp um die Wache und den heulenden Jungen, jetzt wurde den Soldaten bange, der Offizier trat vor, und befahl den Bürgern auseinander zu gehn, ein lautes Gelächter war die Antwort, die Soldaten rückten an (immer nur noch die Wache) die Bürger theilten sich, ließen sie durch, traten hinter ihnen wieder zusammen, und lachten, so ging es einige Mahl, immer stolzirte die Wache durch, und immer traten die Bürger wieder zusammen und lachten …

Bereits mehrfach erwähnt wurde ein von Elise Rüdiger Ende 1838/Anfang 1839 ins Leben gerufener literarischer Zirkel, den die Droste scherzhaft die *Hecken-Schriftsteller-Gesellschaft* titulierte. Treffpunkt war die Wohnung Elise Rüdigers an der Rothenburg 28/29 (heute Standort des Archäologiemuseums). Die Droste nahm an den sonntäglichen Sitzungen des Kreises nicht regelmäßig teil, sondern nur sporadisch, wenn sie sich gerade in Münster aufhielt.

Die Droste stellte den Kreis selbst im Brief an ihre Schwester Jenny vom 29. Januar 1839 vor: *in Münster hat sich bey der Räthin Rüdiger (einer sehr netten anspruchlosen Frau, und Tochter der bekannten Elise von Hohenhausen) ein kleiner Klubb von angehenden Schriftstellern gebildet, die jeden Sonntag Abends dort zusammen kommen, um zu deliberiren, und einander zu kritisiren,– er besteht aus einer Tante der Rüdiger, Henriette v. Hohenhausen (die ein Bändchen sehr hübscher Erzählungen geschrieben hat) der Bornstedt, Levin Schücking, Jungmann und meiner Wenigkeit, wenn ich mahl grade in Münster bin – der Bornstedt ihre Schreiberey bedeutet nicht viel, doch verdirbt sie keinen Stoff ganz, ist in alle Sättel gerecht, und liefert, wie die Verleger es verlangen, bald eine Erzählung, bald einen Operntext,– Gedichte, Heiligenlegenden,– aber immer anonym, und hat schon viel Geld damit verdient.– Du hast wahrscheinlich schon was von ihr gelesen ohne es zu wissen, denn sie paradirt fast in allen Taschenbüchern und Journalen – … dagegen gefällt mir die Tante Hohenhausen (nicht zu verwechseln mit Elise von Hohenhausen) ungemein,– sie ist schon alt, bucklich, und äußerst schwächlich, aber die Güte, Freundlichkeit, und vor Allem die Bescheidenheit selbst,– die Bornstedt verachtet sie, ihres etwas altfränkschen, und sehr einfachen Styles halber, und weil sie nichts als ein kleines Bändchen Erzählungen geschrieben, worin auch nicht ein einziger Knalleffeckt vorkömmt, ich aber weiß wohl, daß ich sehr froh seyn würde, wenn ich so gut erzählen könnte, und daß die Bornstedt in ihrem ganzen Leben nicht so gut schreiben wird, so halte ich der Bornstedt resolut die Stange, die zuweilen ihren Uebermuth gegen diese liebenswürdige sanfte Person gar nicht zurück halten kann, aber wenn sie schweigt, so thue ich es desto weniger, und bin auch nicht aufs Maul gefallen, – Levin Schücking must du kennen, da er schon früher, mit dem Vikarius Specht, in Rüschhaus war … er erinnert mich oft an Schlegel, ist sehr geistreich, und überaus gefällig, aber doch so eitel, aufgeblasen und lapsig, daß es mir schwer wird billig gegen ihn zu seyn – er soll sehr moralisch gut, und so gelehrt seyn wie nicht leicht Jemand seines Alters, denn er ist erst in den Zwanzigen …*

In der *Hecken-Schriftsteller-Gesellschaft* diskutierte man vorranging eigene Werke. Diesbezüglich protegierte man sich gegenseitig

Rothenburg Nr. 28/29 in Münster. Wohnung der Elise Rüdiger und Treffpunkt der „Heckenschriftsteller-Gesellschaft"

Alte Ansicht von Nottuln. Lithographie von A. Esselbrügge, 1842

durch Gefälligkeitsrezensionen, die Lancierung von Besprechungen bzw. durch die gegenseitige Erwähnung in eigenen Beiträgen, bis hin zu Widmungsgedichten. Daneben beschäftigte sich der Kreis, soweit nachweisbar, mit **Balzac**, **George Sand**, **Immermann**, **Ungern-Sternberg**, **Ida Hahn-Hahn**, **Freiligrath** und barocker Literatur. Das weiter abgesteckte Ziel war, der Literatur im „musenfeindlichen" Münster zu ihrem Recht zu verhelfen. Hierfür boten sich fast ausschließlich die kleinen privaten Zirkel an. Reminiszenzen an die *Hecken-Schriftsteller-Gesellschaft* gingen in vermittelter Form in Werke der Droste ein, vor allem in ihre dramatisierte Literatursatire *Perdu!* (entstanden 1840) und in ihre Gedichte *An die Schriftstellerinnen in Deutschland und Frankreich* und *Der Theetisch.*

NOTTULN

Im Damenstift zu Nottuln war die im Briefwechsel der Droste häufig genannte **Angelika** (*Engel*) **von Wrede** Stiftsdame. Auch dieses Stift war, wie wir aus dem Tagebuch **Jenny von Droste-Hülshoffs** wissen, gelegentliches Ziel von Ausflügen (1804, 1806, 1811). Am 24. Februar 1825 berichtete **Therese von Droste-Hülshoff** ihrer Schwester **Sophie von Haxthausen**, sie sei über das Befinden einer Verwandten in Nottuln sehr in Sorge. Die Droste werde **Caroline von Haxthausen**, die die Verwandte zur Zeit pflege, beim Krankendienst ablösen. Auf der Hollandreise der Droste 1834 war Schloß Arcen wohl nur deshalb Reiseziel, weil eine ehemalige Stiftsdame aus Nottuln, **Isabella von Wymar**, dort lebte.

Am 21. Juli 1807 waren mehrere Stiftsdamen

Ehemalige Kuriengebäude in Nottuln

Stadtansicht von Rheine

aus Nottuln in Hülshoff zu Gast. **Angelika von Wrede** brachte damals die etwa zweijährige **Antonetta de Galliéris** mit nach Hülshoff, die dort zur Pflege und Erziehung blieb und von der Familie von Droste-Hülshoff gleichsam adoptiert wurde. Im Jahre 1812 erteilte die Droste ihr Unterricht. Später nahm sie eine Anstellung als Gesellschafterin und Erzieherin in Schlesien an, kehrte aber für einige Zeit nach Hülshoff und ins Rüschhaus zurück. Sie war lange Zeit Korrespondenzpartnerin der Droste. Die Kontakte zur **Familie de Galliéris** machte sich die Familie Droste-Hülshoff vermutlich bei ihrer Hollandreise zunutze. In den tagebuchähnlichen Aufzeichnungen der Droste über die Reise werden Mitglieder der Familie erwähnt, **Antonetta de Galliéris** selbst scheint Mitglied der Reisegesellschaft gewesen zu sein.

➤ Der Ort Nottuln liegt etwa 15 km westlich von Münster an der Bundesstraße 67.

St. Pantaleon in Roxel, aus dem Skizzenbuch Jenny von Droste-Hülshoffs

RHEINE

In Rheine wohnte ein Freund des Vaters der Droste, der Apotheker **Carl Ludwig Murdfield. Clemens August von Droste-Hülshoff** und Murdfield verband eine intensive Liebe zur Botanik, insbesondere zur Orchideenzucht. Murdfield war gelegentlich – auch mit seiner Familie – in Hülshoff zu Gast, besonders häufig im Sommer/Herbst 1809. Damals begleitete er die Familie Droste bei Ausflügen nach Hohenholte und Haus Stapel.

Im Zusammenhang mit Murdfield ist eine Anekdote überliefert. Murdfield berichtete, daß er während eines Besuches in Hülshoff nachts ein verdächtiges Geräusch gehört habe und aufgestanden sei. Auf dem Flur des Schlosses habe er damals die jugendliche Droste beim Schlafwandeln beobachtet. Er habe hierauf Dienstboten herbeigerufen, mit deren Hilfe das Mädchen geweckt und wieder zu Bett gebracht worden sei.

ROXEL (Münster)

Am vorigen Mittwoch war ich bey Bürgermeisters, der Bürgermeister und Nittel waren nicht zu Hause,– ich trank thee, und wir Frauen … vertrieben uns die Zeit wirklich ganz behaglich. – am folgenden tag kamen sie wieder … ich gab mir alle Mühe sie aufzuthauen … es gelang mir endlich, und der Tag ging ziemlich angenehm vorüber … den Nachmittag wurde von Vorlesen geredet, und Jenny äußerte sich, es würde sie freuen, wenn vorgelesen würde, ich wollte Nittel dazu kriegen, aber er war zu blöde, und es blieb auf mir sitzen,– Jenny wünschte eine Kalendergeschichte … ich konnte nur zu einem höchst elenden Kalender gelangen, ich fing eine Geschichte an, die ich noch für erträglich hielt, aber je weiter ich kam, je mehr schämte ich mich des wenigen Guten, was ich davon gesagt hatte, ich hätte gern aufgehört, aber das Brautpaar hörte mit der größten Spannung zu, und war, als ich geendet hatte, entzückt von der herrlichen Dichtung.– Es war die elendeste Geistergeschichte, die mir seit lange zu Augen gekommen … (an Therese von Wolff-Metternich, August 1821).

Ein naher Kontakt zu dem Ort Roxel (heute Ortsteil von Münster) ergab sich schon dadurch, daß Hülshoff zur Kirchgemeinde Roxel gehörte. Die Familie von Droste-Hülshoff besaß durch ein adeliges Privileg zwar die Möglichkeit, in der Hülshoffer Kapelle die Messe zu hören – ausgenommen waren die hohen kirchlichen Festtage Ostern, Pfingsten, Mariä Himmelfahrt und Weihnachten –, dies hinderte sie jedoch nicht daran, regelmäßig die Roxeler Kirche zu besuchen. Ebensooft war der dortige Pastor Karl Benedikt Jürgens in Hülshoff zu Gast. Er soll das Vorbild für die Figur des Pfarrers in dem Zyklus *Des alten Pfarrers Woche* abgegeben haben.

Sonntag

Das ist nun so ein schlimmer Tag,
Wie der April ihn bringen mag
Mit Schlacken, Schnee und Regen.
Zum drittenmal in das Gebraus
Streckt Jungfer Anne von dem Haus
Ihr kupfern Blendlaternchen aus,
Und späht längs allen Wegen.

„Wo nur der Pfarrer bleiben kann?
Ach, sicher ist dem guten Mann
Was über'n Weg gefahren!
Ein Pfleger wohl, der Rechnung macht. –
Aus war der Gottesdienst um acht:
Soll man so streifen in der Nacht
Bei Gicht und grauen Haaren!"

Sie schließt die Thüre, schüttelt baß
Ihr Haupt und wischt am Brillenglas;
So gut dünkt ihr die Stube;
Im Ofen kracht's, der Lampenschein
Hellt über'm Tisch den Sonntagswein,
Und lockend lädt der Sessel ein
Mit seiner Kissengrube.

Pantoffeln, – Schlafrock, – alles recht!
Sie horcht auf's neu; doch hört sie schlecht,
Es schwirrt ihr vor den Ohren.
„Wie? hat's geklingelt? ei der Daus,
Zum Zweitenmale! schnell hinaus!"
Da tritt der Pfarrer schon in's Haus,
Ganz blau und steif gefroren.

Die Jungfrau blickt ein wenig quer,
Begütigend der Pfarrer her,
Wie's recht in diesem Orden.
Dann hustet er. „Nicht Mond noch Stern!
Der lahme Friedrich hört doch gern
Ein christlich Wort am Tag des Herrn,
Es ist mir spät geworden!"

Nun sinkt er in die Kissen fest,
Wirft ab die Kleider ganz durchnäßt,
Und schlürft der Traube Segen.
Ach Gott! nur wer jahraus, jahrein
In And'rer Dienst lebt allein,
Weiß was es heißt, bei'm Sonntagswein
Sich auch ein wenig pflegen.
…

Aus der Verflechtung von Landadel und Kirche erwuchsen der Familie von Droste-Hülshoff mannigfache karitative Verpflichtungen. So übernahm die damals erst siebenjährige Droste in Roxel die Patenschaft

Der Fiedler Knauf, der Heidemann und die Spinnlenor, Gestalten aus dem Gedicht „Der Knabe im Moor". Bronze-Skulptur auf dem Roxeler Kirchplatz von R. Breilmann, 1976

für das Kind einer Familie Beumer. Im selben Jahr ging die Droste erstmals in Roxel zur Beichte. 1813 soll sie dort beim abendlichen Gottesdienst den Organisten ersetzt haben. Im Jahre 1822 entwarf sie mit ihrer Schwester Jenny Muster, Farbe und Ausstattung eines Fahnentuchs für die Roxeler Schützenbruderschaft. Das Sticken selbst soll mehrere Monate in Anspruch genommen haben. Der nahe Kontakt der Familie zu Roxel zeigt sich auch daran, daß der Vater der Droste 1806 von den Franzosen zum Bürgermeister Roxels ernannt wurde, ein Amt, das er acht Jahre innehatte.
Die Briefe der Droste an ihre Schwester Jenny enthalten ausführliche Nachrichten über das Roxeler Alltagsleben. Die nachfolgende Briefstelle aus dem Jahre 1839 zeigt jedoch ebenso, daß – nach dem Umzug ins Rüschhaus – der Kontakt nach Roxel zusehends weitläufiger wurde: *Burgemeisters in Roxel geht es wohl, so wie Lisette Lösch, Phine dagegen ist blutarm, da Schwaters nur die Nutznießung des Vermögens seiner Frau hatte, bis zur Volljährigkeit der Kinder, Eigenes aber gar nicht, und schon lange auf eine sehr schmale Pension gesetzt ist,– sie sind so arm … Zwischen deinen Bekannten unter dem Bauernstande ist wenig Neues vorgefallen, Settchen Högemann ist verheurathet, in Bäumers Haus, … der alte Högemann … die Maßlingssche … es ist ungeheuer welchen Unterschied ein anderes Kirchspiel macht, als ob man gleich zehn Stunden weiter wär, die Leute in Roxel sterben, und sind halbe Jahre lang begraben, ohne daß wir hier etwas davon ahnden …*
➤ Roxel ist heute ein Ortsteil von Münster, etwa 5 km westlich gelegen.

Das alte Rüschhaus. Ausschnitt einer Karte von J.B.Fix, 1743

OTTENSTEIN (Ahaus)

„… Die Nacht ist schwül.“ – „Gertrude komm!
Du bist ein thöricht Ding, zu fromm.
Kam jede Kunde in mein Ohr,
Dem Ofen sagt' ich's lieber vor,
Könnt' ich nicht schweigen. Komm geschwind,
Schau, wie das Wetter treibt der Wind;
Wir haben weit bis Ottenstein,
Ich weiß, der Oheim wartet dein …“

(*Die Schlacht im Loener Bruch*, 1. Gesang)

Ottenstein, ein – so die Droste – *hübscher damals befestigter Flecken in einer anmuthigen Wiesengegend, etwa eine Meile von Stadtloen, und der holländischen Grenze nah* wird im Epos der Droste *Die Schlacht im Loener Bruch* erwähnt. Auch eine Anfang des 14. Jahrhunderts durch den Edlen Otto von Ahaus mit bischöflicher Genehmigung erbaute Burg, die 1408 nach einer Fehde vollständig in den Besitz des Bischofs überging und die südlich des Ortes lag, wird von der Droste angesprochen (2. Gesang, v. 1043), wobei die Autorin darauf hinwies, daß die Veste schon zu ihrer Zeit nicht mehr bestand. „Die Ortsbefestigung, die Wall und Graben sowie zwei Tore … mit Brükken umfaßte, wurde im 16. Jahrhundert angelegt … In der zweiten Hälfte des 16. Jahrhunderts wandten sich die meisten Ottensteiner der neuen religiösen Lehre zu. Die veränderte Gesinnung der Einwohnerschaft zeigte sich daran, daß diese sich im Jahre 1622 weigerte, Besatzungstruppen der Liga in den Ort aufzunehmen, was sie allerdings teuer zu stehen kam: Ottenstein verlor seine städtischen Privilegien … Nach der Darstellung der Droste hingegen verhielt sich Ottenstein wie eine vorbildliche Stiftsstadt, indem es dem fliehenden Herzog Christian die Tore verschloß“ (2. Gesang, v. 1113–1130) (Droste-HKA).

➤ Der Ort Ottenstein liegt etwa 3 km westlich von Ahaus an der Straße nach Vreden.

HAUS RÜSCHHAUS (Nienberge/Münster)

… mit der Haushaltung geht hier übrigens Alles recht gut – ich habe noch wenig darin ausgelegt,– Fleisch ist gar nicht gekauft – wir hatten noch junge Tauben – Hüerländers brachten junge Enten,– und vor Allem ist uns Ferdinand mit seiner Jagdbeute sehr hülfreich gewesen … (an die Mutter, September 1828).

„… wir leben winterlich, klösterlich still und sacht – man träumt fast, anstatt zu leben“, berichtete **Adele Schopenhauer**, die Schwester des Philosophen **Arthur Schopenhauer**, über einen Besuch im Rüschhaus im April/Mai 1840, und weiter: „Da ruhe ich denn aus, an der Seite des geistreichsten Wesens, das ich unter Frauen kenne". In einem späteren Brief an **Sibylle Mertens-Schaaffhausen** hielt sie fest: „ich liebte Rüschhaus! Mir war in dem Altarzimmer, in Annettens Stube, wo ich hinunter in die wunderliche Küche sah, wohl und sehr gemütlich! ... Und mir war so poetisch und ich war so zum Sterben krank und heiter! Ich denke mit großer Liebe an Rüschhaus, an seine Räume, und wie sehr an seine Waldgegend und Haide und Wasserblumen und seine tausend Insekten, Vögel, Katzen und Hunde und Hühner!"

Stimmungsbilder dieser Art sind auch in viele Briefe Annette von Droste-Hülshoffs eingeflossen:

Was soll ich Ihnen von meiner Lebensweise sagen? sie ist so einförmig wie Sie sie kennen, und sie mir grade zusagt,– Rüschhaus in seiner bekannten melancholischen Freundlichkeit ...

Mein Leben ist immer das gleiche, abgeschlossen, heimlich, ganz wie ich es mag ...

Von meinem hiesigen Leben kann ich Ihnen wenig sagen, – Sie sehen einen Tag, damit haben Sie Alle gesehn, – Ich schreibe, lese, was mir die Güte meiner Freunde zukommen läßt, stricke ein klein klein wenig (Abends) und bin zur Abwechslung mitunter unwohl ...

... denn überhaupt ⟨ist Rüschhaus⟩ *einer der unveränderlichsten Orte ..., wo man den Flug der Zeit am wenigsten gewahr wird ...*

Du glaubst nicht wie still ich hier lebe. Niemand weiß recht ob ich hier oder in Hülshoff bin, und so bleibe ich ganz ungestört, was mir sehr recht ist, denn wenn man krank ist, kann man sich nicht damit abracken die honneurs zu machen.

Ich lebe nach der alten Weise still vor mich hin, ... gehe täglich auf ärztlichen Befehl einige Stunden spazieren, amüsiere mich mit meinen Sammlungen, bekomme nun und dann durch meine münsterischen Freunde etwas neue Literatur zu Augen und schreibe mitunter ein paar Zeilen ...

Sie können sich die Tiefe meiner Verschollenheit gar nicht denken! – Kein Brief ... kein neues Buch, – keine Zeitung, – kein Besuch ...

... ich habe Dir ⟨Wilhelmine von Thielmann⟩ *unser Rüschhaus schon öfter beschrieben, du weißt, daß der Raum beschränkt, unsre ganze Lebensweise höchst einfach ist.*

Wie anspruchslos, ja geradezu armselig, die Dichterin ihre Zeit im Rüschhaus verbrachte, veranschaulichen auch die beiden folgenden Briefstellen: *ich lebe hier sehr still für mich, und das ist das Angenehme dran, es fällt den Leuten in Münster gar nicht ein, daß ich hier seyn könnte, sie denken auch nicht drüber nach, denn sie haben mich lange nicht gesehn, und „aus den Augen, aus dem Sinn!" bey Tage lese ich, schreibe ich, ordne meine Sammlungen, gehe spazieren und stricke Strümpfe ab, Abends zünde ich kein Licht an vor dem Essen, sondern sitze solange beym Feuerschein, mein Essen besteht Mittags aus Suppe wie die Leute sie essen, Pellkartoffeln und Leber, die ich den Sonntag warm, und die übrigen Tage kalt esse, – Abends Warmbier, und Butterbrot mit Käse, – es ist ein Glück daß ich immer dasselbe essen kann.* Und: *Ach, ich habe mich in den letzten vier Jahren, seit ich krank war, sehr verwöhnt, wenigstens in allerley Wunderlichkeiten zugelassen, – z.b. nur Eins zu erwähnen, frühstücke ich erst um halb Elf, kalte Milch mit kaltem Wasser vermischt, oder mit etwas kaltem Kaffee, esse zu Mittag Nichts wie Kartoffeln in der Schaale, mit etwas allemahl kaltem Fleisch, – welche Thorheit! und doch hat sich meine Natur so dran gewöhnt, daß warme Speisen mich, schon nach einigen Tagen krank machen, deshalb bin ich immer unwohl in Münster.*

Im Rüschhaus fand die Dichterin die rechte Schreibstimmung vor: ⟨*Ich*⟩ *habe ... mich in meine Winterpoesie gehüllt; es ist doch sonderbar, daß zum Dichten eigentlich schlechtes Wetter gehört ...* Sie konnte sich jedoch nicht nur der Muse hingeben: *In Rüschhaus habe ich, Tag für Tag, die Besuche empfangen, Berichte der Dienstboten angehört, und mich meiner Mutter sehr wiederholtem Anrufen persönlich gestellt, in der That, ich war dessen so gewohnt, daß ich nicht muckste in der Hälfte eines Verses abzubrechen, was mich manchen guten Gedanken, und manchen eben gefundenen Reim gekostet hat.* Dennoch entstanden im Rüschhaus einige der wichtigsten literarischen Texte der Droste, unter anderem Teile des *Geistlichen Jahres* und der *Judenbuche.* Erwähnt seien ferner die Rüschhauser Balladen des Winters 1840/41.

Die Droste bewohnte das Rüschhaus von 1826 bis 1846. Das Haus, eine Mischung aus einem Bauernhaus und einem gehobenem Bürgerpalais, liegt etwa sieben Kilometer nordwestlich der münsterischen Innenstadt und 4,5 Kilometer von Hülshoff entfernt in der Bauerschaft Nienberge. Zum Anwesen gehörten fünf Kotten und etwa 220 Morgen Landbesitz. Das Haus war ehemals Eigentum der Bischöfe von Münster. Seit dem 14. Jahrhundert vergaben sie es als Lehen. Im 16. Jahrhundert ging es in den Besitz der **Familie v.d. Wyck** über. Diese verkaufte es 1743 an den westfälischen Barockbaumeister **Johann Conrad Schlaun**, der es von 1745 bis 1749 zu seinem Sommersitz umbaute, ohne den bäuerlichen Charakter zurückzudrängen. „Bis auf die unruhigen Jahre des Siebenjährigen Krieges hat sich der große Architekt seines Landsitzes erfreuen können" (Karl E. Mummenhoff).

Nach Schlauns Tod im Jahre 1773 ging das Rüschhaus auf seinen Sohn über, der das An-

Haus Rüschhaus. Holzstich von August Schlüter o.J.

wesen 1809 an die befreundete **Familie von Schonebeck** verkaufte, die allerdings verschuldet war. Erst mit dem Ankauf durch **Clemens August von Droste-Hülshoff** am 18. September 1825 wurde das Haus schuldenfrei. Das Landgut sollte einmal als Versorgung und Witwensitz für seine Frau und seine beiden unverheirateten Töchter dienen. Man kannte das Haus durch frühere Familienausflüge, die im Tagebuch **Jenny Drostes** für 1813 und 1817 verzeichnet sind.

Der plötzliche Tod **Clemens August von Droste-Hülshoffs** am 25. Juli 1826 führte zu veränderten Verhältnissen. **Therese von Droste-Hülshoff** und ihre Töchter verzichteten auf ihr Erbteil, zogen ins Rüschhaus um und begnügten sich mit einer geringen Abfindung, während Werner von Droste-Hülshoff die Bewirtschaftung des Familienbesitzes in Hülshoff übernahm. Für kurze Zeit wohnte auch **Ferdinand von Droste-Hülshoff**, der zweite Bruder der Droste, im Rüschhaus, bevor er in anhaltische Forstdienste eintrat. Das Rüschhauser Personal bildeten die **Köchin Lisbeth**, der **Knecht Hermann**, das **Kammermädchen Trudchen Heegemann** und die **Magd Marie**. Hinzu kamen bis zum Herbst 1843 gelegentliche Aufenthalte der erwähnten **Antonetta de Galliéris** (→ Nottuln). Größere Verwandtenbesuche wie in Hülshoff waren im Rüschhaus nicht möglich, dafür waren die Verhältnisse zu beengt.

Der Umzug ins Rüschhaus fand bereits im September 1826 statt und ist durch einen Brief der Autorin dokumentiert. Von Hülshoff aus schreibt die Droste an ihre Schwester Jenny, die sich im Rüschhaus aufhielt: *Liebe Jenny, Onkel Moritz, nebst der Tante mit den Söhnen, sind gestern Abend, um sieben Uhr, angekommen. – es bleibt aber dennoch dabey daß ich Morgen früh komme. – Die Spiegel, und Mamas schönes Bild, erhälst Du durch Überbringer Dieses. – und heute Nachmittag kömmt noch zwey Mahle Gelegenheit. – erstlich, Clemens, der einen Hasen und ein Huhn bringt, und der zugleich deine kleine Uhr trägt – und endlich ein Wagen, der Alles Uebrige bringt, was noch hier ist … Nur viele Blumen bleiben, freylich, noch hier, – und mein Flügel, der, von Morgen an, hier ganz umsonst steht, und, im Gegentheil, sehr gut in Rüschhaus wär, – aber, wenn er gefahren würde, so machte er allein ein Fuder, und sie behabten Alle gar, er müsse getragen werden, – das will viel Anstalt geben, und ich weiß noch nicht, wie wir dazu kommen“* –

In den 1830er Jahren nahm man außerdem **Katharina Plettendorf** ins Rüschhaus auf. Die Droste war ihrer früheren Amme, der ein maßgeblicher Anteil an der Erhaltung ihres Lebens zugeschrieben wird – die Droste war ein äußerst schwächliches Siebenmonatskind –, besonders verbunden. Aus einer Erinnerung Schlüters wissen wir: „Früh morgens ging sie zu der Kammer ihrer sehr alten Amme mit der steten Furcht, sie nicht mehr am Leben zu finden. Sie zog ihr dann die Jacke an, denn die Amme behauptete, keiner könne das außer Fräulein Nette. Dann, nachdem sie sich ein Weilchen mit ihr unterhalten und für ihre nächsten Bedürfnisse gesorgt, begab sie sich wieder zu Bette. An den langen Winterabenden pflegte die Amme in des Fräuleins Zimmer zu kommen und sich am Ofen niederzulassen. Dann setzte sich das Fräulein auf einen Schemel neben sie, und beide unterhielten sich in plattdeutscher Sprache traulich und lange, während der Schein des Ofens zwischen sie fiel, und die Alte hatte ihr Ergötzen daran, wie das Fräulein endlos hin und wieder fragen und mancherlei possierlich erzählen konnte".

Elise Rüdiger erinnerte sich: „... seltsam und lieb schaute zwischen den vornehmen feinen Leuten ein einfaches Mütterchen in Bauerntracht hervor. Es war die Amme der Dichterin, die sie besonders wert hielt. Das brave Original, eine achtungswerte Ehefrau aus dem Dorfe (Altenberge), wurde von ihr mit kindlicher Liebe gepflegt bis zum Tode".

Zur Zeit der Droste wurde das Rüschhaus noch bewirtschaftet. Der Garten war vorwiegend ein Nutzgarten mit Gemüsebeeten und Obstbäumen. Kam die Autorin in ihren Briefen auch hierauf zu sprechen, tritt uns der Dichteralltag in seiner manchmal profansten Form vor Augen: *Hermann backt jetzt Pflaumen, wir haben Obst in Ueberfluß, auch Kartoffeln und Gemüse ist gut gerathen und das Korn gut zu Hause gekommen, wir haben auch ein Viertel von einem Rinde gekauft und eingesalzen, und das Schweinchen nimmt gut zu, kurz, es ist Alles wie es muß, in einer wohlgeordneten Haushaltung.*

Der Garten des Rüschhauses ist heute nach Schlaunschen Plänen restauriert. Er bietet damit ein Aussehen, das mit dem des Gartens, wie ihn die Droste kannte und in ihren Briefen beschrieb, keine Ähnlichkeit aufweist. In der jetzigen, barocken Form suggeriert er den Besuchern einen gehobenen Lebensstandard, während das Haus zur Zeit der Droste einen stark bäuerlichen Charakter aufwies: „Außer der Tenne vermittelt heute noch am besten die Küche diesen bäuerlichen Charakter. Entsprechend der Anlage des urwestfälischen Bauernhauses mit einem Raum liegt die Kochstelle direkt in der Flucht des äußeren und inneren Tenneortes. Die Haken und Zacken des „Karthoals" lassen die aus unserer Sicht mühsame

Maria Catharina Plettendorf (1765–1845), Amme der Droste. Ölgemälde von Johannes Sprick, 1840

Haus Rüschhaus von der Gartenseite. Foto, ca. 1930

Haus Rüschhaus. Vorderansicht. Foto um 1940

Zubereitung der Mahlzeiten am offenen Feuer ahnen. In den Ställen neben der Tenne haben Kühe und mindestens ein Pferd gestanden, der Schweinestall befand sich im östlichen Kavaliershäuschen. Auch gab es Katzen und einen Hofhund" (Winfried Woesler 1986).
Immer wieder mußten kleinere Reparaturarbeiten am Haus vorgenommen werden, wie die Droste z. B. in einem Brief an Sophie von Haxthausen vom 24. April 1845 augenzwinkernd schildert: *Wäsche, Arbeit in Feld und Garten, und nun findet sich zum Ueberfluß daß in meinem Zimmer ein Balken einstürzen will, und wir vor der Abreise uns noch mit Maurern und Zimmerleuten herumarbeiten müssen. Du wirst Dich wohl des immerwährenden Fleckens am Plafond, neben dem ersten Fenster erinnern, und hast gewiß manchen Tag einen hölzer-*

Das „Schneckenhauschen" der Droste, von ihr selbst gezeichnet

nen Napf darunter stehen sehen, es konnte zuweilen gießen wie eine Dachrinne. Am Dache aber war der Schaden durchaus nicht zu finden, und die Leute hier herum glauben an ein unsichtbares Loch, durch das unser Hausspuk (Du kennst ihn ja wohl, der mit der weißen Timpmütze) aus- und eingeht. Jetzt hat Werner ein großes Blech legen lassen, und damit den Regen, hoffentlich auch den Spuk, ausgesperrt, – aber als er neulich mit dem Stocke an meinen Balken stieß, fielen Stücke herunter, groß wie meine Hand, und vermufft wie Puffholz. In den nächsten Tagen soll nun der Plafond losgenommen werden und ich wage es wirklich nicht mehr, in der Sophaecke darunter zu sitzen, und muß jeden Augenblick aufsehn, ob die Pastete nicht herunter kömmt.

Die Droste hat sich im Rüschhaus tatsächlich wie in ein *Schneckenhäuschen* – so nannte sie ihr Wohnzimmer – zurückgezogen, sie hat dort in den Tag hineingelebt und dabei die Außenwelt fast ganz vergessen. Selbst den Umgang mit den nächsten Verwandten reduzierte sie auf ein Minimum. Ihre Schwester schreibt 1832 in einem Familienbrief: „ich kann ächt nicht begreifen wie Nette so fortleben kann ohne Briefe zu bekommen und zu schreiben, mir wäre es unmöglich, so wie sie mich Jahrelang von meinen Bekannten fast ganz loszusagen, und dann ⟨...⟩ mit Heftigkeit die alte Freundschaft fortzuführen, um sie bald darauf wieder zu vergessen."

Das selbstauferlegte Klausnerleben mochte der literarischen Arbeit dienlich sein, andererseits förderte es die Neigung der Droste zu psychischen Krisen. **Clemens Maria von Bönninghausen**, der Arzt der Droste, führte in einem in Rüschhaus erstellten Krankheitsbild aus dem November 1829 u. a. an: „Große Beängstigung, immerwährend ... Große Schwermuth, mit Furcht vor einer Gemüthskrankheit, Todesgedanken, Verzweiflung an der Genesung, und den Kopf voller Sterbescenen u.d.gl." Schlüter erinnerte sich: „In Rüschhaus wurden ihre ⟨der Droste⟩ Nerven durch Einsamkeit und Stille mitunter so reizbar, daß das Anschlagen einer Glocke am Hoftor sie schon zusammenfahren machte und ihr Herzklopfen erregte". **Adele Schopenhauer** notierte im Rückblick auf ihren Rüschhausbesuch 1840 in ihrem Tagebuch: „Annette leidet an Gewissensscrupeln und gänzlichem Schwanken des Glaubens u. Meinens". Und **Sibylle Mertens-Schaaffhausen** bemerkte gegenüber **Ottilie von Goethe**, sie habe die Droste im März 1843 bei einem Besuch im Rüschhaus in einem „höchst leidenden Zustand" angetroffen. Hieran habe sich während eines längeren Aufenthaltes kaum etwas geändert, da eine „gänzliche Lebensmutlosigkeit und Hypochondrie" die Heilung erschwere. Sie hoffe, daß die Droste bald nach Bonn komme, da sie sonst einer Krankheit erliegen könne, „für die man kaum einen rechten Namen" finden könne.

Auch in gesundheitlicher Hinsicht war das zurückgezogene Leben im Rüschhaus für die Droste nicht immer zuträglich und unterstützte ihren Hang zum Müßiggang. Ihre Mutter berichtete in einem Brief an **Joseph von Laßberg**: „Daß Nette mich nicht begleitet, wissen sie Lieber Laßberg! gewiß schon, da ich ihre Entschuldigung nicht allein übernehmen wollte, so schrieb sie am Tage meiner Abreise einen langen Brief an die liebe Jänny, wo sie ihr

Das „Schneckenhäuschen". Heutiger Zustand

alle ihre Gründe weitläufig auseinander setzte, ein großer Theil von dem was sie sagt ist wahr, andern Theils aber geht es der guten Nette wie vielen unverheyratheten Frauenzimmern, Gemächlichkeit ist ein Hauptzug ihres Karakters, und diesem Hange kann sie nirgends so ungestört folgen wie in Rüschhaus, wo sie – besonders jetzt – vollkommen souverain herrscht, eben so unumschränkt, wie Adam im Paradiese vor Erschaffung seiner lieben Hälfte."

Im Frühjar 1839 versuchte die Droste, ihr Übergewicht mit täglichen Spaziergängen zu verringern, da sie sonst eine gänzliche Gehunfähigkeit befürchte. Sie nahm sich damals vor, jeden Vor- und Nachmittag 12mal den Garten im Rüschhaus auf und ab zu gehen. Im April 1841 berichtete sie: *ich bin nun seit drey Wochen wieder hier, und habe tüchtig die Grippe gehabt, wobey mir das eine Knie ganz steif wurde und schwoll, so daß ich gar nicht gehn, ja mich sogar nur mit Mühe und Schmerzen im Bette umdrehn konnte – leider Gottes war es grade um Ostern sehr schlimm, so daß ich nicht zur Kirche konnte, seitdem hat sichs aber mit einem Mahle gebessert, und ich übe mich täglich im Gehn, so daß ich denke Morgen (Sonntag) den Weg nach Nienberge unternehmen zu können.* Zu einer solchen Bewegungstherapie mußte sie sich anscheinend regelrecht zwingen. Vor allem bei schlechtem Wetter war sie eine mißgelaunte Spaziergängerin, die *alle Fußreisen unter dem Regenschirm, als schädlich, höchst mühsam, und überaus unpoetisch, vollkommen* verabscheute.

Der Meersburgaufenthalt 1841/1842 brachte eine deutliche Gesundheitsbesserung. Eine Zeitlang war es der Autorin möglich, an einem Tag nach Münster und zurück zu gehen. Schon bald stellten sich jedoch, bedingt durch die klimatische Umstellung, neuerliche Gesundheitssorgen ein. **Von Bönninghausen** verordnetete ihr daraufhin tägliche morgendliche Spaziergänge zwischen 6 und 8 Uhr.

Selbst Besuche der Autorin in Haus Hülshoff waren, wie erwähnt, selten. Sie fielen meist auf die Zeit um die hohen kirchlichen Festtage, wenn im Rüschhaus keine Messe gehalten werden durfte, während ansonsten der Hülshoffer Hauskaplan Caspar Wilmsen zum Rüschhaus hinauswanderte, um dort – am aufklappbaren Hausaltar des „Gartensaals", der eine besondere Attraktion bei Führungen durch das Haus darstellt – die Messe zu lesen. Die Droste resümierte: *mein Rüschhauser Leben ist mir gar zu unvergleichlich viel angenehmer wie das Hülshoffer* ... Und an anderer Stelle: ... *mit der Verheimlichung meines Hierseyns ging es* ⟨1837 bei Abwesenheit Therese von Droste-Hülshoffs⟩ *ganz vortrefflich, die Leute bekümmerten sich gar nicht um mich, und ich lebte glücklich wie im Priester Johannes Land* ...

Auch Besuche in Münster waren nicht gerade an der Tagesordnung. Umso lieber empfing die Droste Besuche ihrer Münsterer Bekannten. **Levin Schücking** (→ Münster) hatte das Rüschhaus bereits 1831 als 16jähriger Gymnasiast auf Einladung der Droste kennengelernt. Damals erzählte er seiner in Ludmillenhof lebenden Mutter **Catharina Schücking** (→ Dülmen, Münster) von dieser Begegnung, was diese dazu veranlaßte, erneut mit der Droste brieflichen Kontakt aufzunehmen. Schücking: „Annette von Droste war etwa zweiunddreißig Jahre alt, als ich sie zum ersten Male sah. Es war im Frühjahr 1830 ⟨1831⟩. Aus den Haiden- und Sandsteppen des nördlichsten Westfalens, die wie eine schauerliche Wüste, die grüne Park-Oase meines Heimathhauses umgeben, war ich, mit fünfzehn Jahren, von meinen Eltern auf das Gymnasium der Landeshauptstadt gesandt und hier einem geistlichen Herrn in specielle Obhut anvertraut worden. Ein Brief meiner Mutter ... empfahl mich der ihr befreundeten Dichterin ... Mein Mentor ... ließ es sich nicht nehmen, mich zu dem ihm bekannten kunstsinnigen und an allerlei Sammlungen reichen Fräulein zu begleiten. So wanderten wir an einem schönen Frühlingsnachmittag zum Thore hinaus – in nordwestlicher Richtung – und vertieften uns zwischen die Wallhecken und Kämpe einer westfälischen Landschaft, in der ein Spaziergang immer seine angenehmen kleinen Abenteuer hat. Denn bald gilt es, durch acrobatische Tapferkeit irgend ein ‚Heck' oder einen Schlagbaum zu nehmen, bald einen drohend heranschreitenden jungen Stier, in dessen Gebiet wir eingedrungen sind, durch beschleunigten Rückzug seinen, durch unser Erscheinen gestörten Seelenfrieden zurückzugeben ... Durch ein Gehölz endlich führte der Weg, dann durch eine kurze Eichenallee, zuletzt an ein hözernes Gitterthor, das den Uebergang über einen schmalen Graben abschloß, welcher letztere den kleinen Edelsitz ‚Rüschhaus' umgab. Das Gebäude hatte etwas Eigenthümliches; es hatte wenig gemein mit andern adeligen Häusern, wie sie gewöhnlich in unserem Lande aussehen ...".

Im folgenden beschreibt Schücking in feuilletonistischer Manier das Äußere der Autorin: „Die auffallend breite, hohe und ausgebildete Stirn war umgeben mit einer ungewöhnlich reichen Fülle hellblonden Haares, das zu einer hohen Krone aufgewunden auf dem Scheitel befestigt war. Die Nase war lang, fein und scharf geschnitten. Auffallend schön war der zierliche, kleine Mund ...". Schücking sei dann, wie es weiter heißt, „höchstens ein oder das andere Mal in diese Abgeschiedenheit" zurückgekehrt. Im Herbst 1839 setzten Schückings regelmäßige Besuche im Rüschhaus ein. Er hatte damals,

wie die Droste ihrem Onkel August von Haxthausen schrieb, noch immer kaum ein Auskommen und müsse daher *gesund oder krank, auf Leben und Tod schriftstellern*; er komme *jede Woche … so in Schweiß gebadet und abgehetzt* ⟨nach Rüschhaus,⟩ *als ob er zehn Stunden gemacht* habe; es sei traurig, *ein gutes Talent und gute Gesundheit so … verkümmern zu sehn.*
Die Droste profitierte von der literarischen Umtriebigkeit ihres um 17 Jahre jüngeren „Adoptivsohns". Schücking führte sie an die Literatur der Zeit heran und spannte sie für eigene Projekte ein – so für den Landschaftsbildband *Das malerische und romantische Westphalen* (1841), wofür die Droste Landschaftsskizzen in Prosa und historische Balladen zur Verfügung stellte. In seinen „Lebenserinnerungen" berichtete Schücking über die Jahre 1840/1841: „Ein Mal in der Woche kam die alte Botenfrau und brachte einen Brief, ein Packet mit durchlesenen Büchern von Annette von Droste, worauf ich durch eine Sendung von neuen antwortete; ein Mal in jeder Woche auch, am Dienstage, wanderte ich nach Tisch zu ihr hinaus, über Ackerkämpe, kleine Haiden und durch ein Gehölz, an dessen Ende ich oft ihre zierliche kleine Gestalt wahrnahm, wie sie ihre blonden Locken ohne Kopfbedeckung dem Spiel des Windes überließ, auf einer alten Holzbank saß und mit ihrem Fernrohr nach dem Kommenden ausblickte. Ich wurde dann zunächst in ihrem Entresolzimmerchen mit dem klassischen westfälischen Kaffee gelabt, ein Teller mit Obst stand im Sommer und Herbst daneben – eine kleine Streiferei in der nächsten buschreichen Umgebung des Hauses wurde dann gemacht; zu dem ihrem Bruder gehörenden alten Hause Schenking ⟨Degening⟩ z. B., von wo der Pächterin ein frisches Gänseei requirirt wurde, das Annette mit einem verwegen starken Zusatz von Zucker zu einem vortrefflichen Crème verarbeitete und das verzehrt wurde im Schatten irgend einer alten Wallhekke oder Eichengruppe. Sie führte dabei zumeist ihren leichten Berghammer bei sich, und wir kehrten selten heim, ohne daß mir alle Taschen von allerlei Kieseln und Feuersteinen und anderen Raritäten gestarrt hätten … Wenn schlechtes Wetter oder gar Winterschnee diese Streifereien unmöglich machten, flossen die Stunden nicht minder darum mit Windeseile vorüber, verplaudert in dem stillen Stübchen, das Annette ihr ‚Schneckenhäuschen' nannte und das so bürgerlich schlicht eingerichtet war wie möglich … Annette von Droste erzählte sehr gern und erzählte vortrefflich, und wie es bei zwei Leuten, welche von der Natur mit einem bedeutenden Organ für das Wunderbare heimgesucht waren, natürlich, wandten sich diese Erzählungen nicht selten allerlei Geschichten aus dem Gebiet des Visionären und der Geisterwelt zu …".
In einem Brief Schückings an **Ferdinand Freiligrath** vom 14. Januar 1841 heißt es über die damalige, fast vollständig verlorene Korrespondenz: „mein Mütterchen … schreibt mir zweimal in der Woche einen ellenlangen Brief …", und über einen seiner Besuche im Rüschhaus schrieb Schücking dem Freund im Jahre 1840:

Haus Rüschhaus. Zeitgenössischer Holzstich

Haus Rüschhaus, von Johann Conrad Schlaun 1745–48 erbauter Gräftenhof, Gartenseite

„Bei der Droste habe ich den Nachmittag zugebracht; sie saß und lehnte sich auf den Rand der Sofalehne, ich davor und ließ mir die gräulichsten Gespenstergeschichten erzählen, die alle wahr sind, zum teil von ihr erlebt; es lief mir eiskalt über den Rücken, wir steckten schaudernd die Köpfe zusammen, daß Stirne an Stirne die Gespensteraugen in einander blitzten ...". Im Rüschhaus könne er, wie er in einem anderen Brief an Freiligrath schreibt, viel ungenierter mit der Droste umgehen als „auf dem Gute ihres Bruders ⟨Burg Hülshoff⟩, wohin ich vor und nach hinausreite; da ist sie aber natürlich nicht mein Mütterchen mehr, sondern das gnädige Reichsfräulein".

Die von Schücking in seinen „Lebenserinnerungen" beschriebene Szene – die Droste erwartet seinen Besuch und hält nach ihm Ausschau – kehrt in ihren Briefen an Schücking mehrfach wieder. Sie schreibt ihm am 25. Mai 1842: *dann bin ich wieder in Rüschhaus, und für die jetzigen Erinnerungen treten die alten ein, wo du mein Schulte warst,– denkst du noch an mein Kanapee mit den Harfen? meine Bank unter den Eichen? von der ich so schwer Abschied genommen habe, als ob es mich geahndet hätte, daß ich dir dort nie wieder mit meinem Fernrohr auflauern würde, wenn du durch den Schlagbaum trabtest, deinen Rock auf dem Stocke.– das Vergehen und nie s o Wiederkommen ist etwas Schreckliches! – wenn du wieder nach Rüschhaus kömmst bin ich ein altes Madämchen, und auch dir sind derweil hundert Dinge durch den Kopf gegangen, und meine dicke Milch und zusammen gespartes Obst werden dir nicht halb so gut mehr schmecken.*

Etwa dreieinhalb Monate später knüpfte sie hieran an: *obwohl ich alle Tage renne wie ein Postbothe, immer den Weg durch die Haide entlang, bis zu dem Schlagbaum, wo ich dich zuerst konnte kommen sehn, (ich denke doch auch j e d e s m a h l daran!)* ... *neulich war mir so ungewohnt wohl zu Muthe, ich wußte selbst nicht warum, endlich merkte ich, daß es Dienstag war, und ich dich erwartete.– Lieber Gott! wo sind die Zeiten hin!– ich konnte es denn doch nicht lassen mit meinem Fernrohr zu meiner Bank zu wandern, und das Herz klopfte mir ordentlich, als ich etwas durch den Schlagbaum kommen sah,– es war aber nur ein sehr schäbiger Bauer mit einem noch schäbigerem Hunde.– habe ich Dir nun thörichtes Zeug genug vorgeschwätzt?*

Die Reminiszenz ist auch in ein Gedicht der Droste eingeflossen, in *Die Bank*:

So sitz' ich Stunden wie gebannt,
Im Gestern halb und halb im Heute,
Mein gutes Fernrohr in der Hand
Und lass' es streifen durch die Weite.
Am Damme steht ein wilder Strauch,
O, schmählich hat mich der betrogen!
Rührt ihn der Wind, so mein' ich auch
Was Liebes komme hergezogen!

Hier werden – wie bei den brieflichen Stoßseufzern – liebgewordene Erinnerungen vor dem Vergessen bewahrt, wobei der Schreiberin gleichzeitig bewußt war, daß sie unwiderruflich der Vergangenheit angehörten. Spuren von Melancholie werden laut, ein Wort, das die Droste selbst aufgreift: *Rüschhaus in seiner bekannten melancholischen Freundlichkeit – im Garten die letzten Rosen, die mich immer rühren, wenn ich denke, wie ich sie Ihnen vor nun schon zwey Jahren beym Abschiede gab, als sie Ihr Schultenamt niederlegten … Lieber Levin, unser Zusammenleben in Rüschhaus war die poetischeste und das in Meersburg gewiß die heimischeste und herzlichste Zeit unseres beyderseitigen Lebens, und die Welt kömmt mir seitdem gewaltig nüchtern vor.* Und an anderer Stelle: *Könnte ich dich* ⟨Levin Schücking⟩ *nur einmal* e i n e *Stunde wieder hier haben, hinter dem Teller mit aufgesparten Birnen und Nüssen! es ist doch ein lieber, heimlicher Ort, das Rüschhaus! – zwar klein kam es mir nach dem großen Meersburger Schlosse vor – klein wie ein Mauseloch – aber doch sehr lieb.*

Immer wieder erinnert sich die Droste in ihren Briefen an Schücking an die unbeschwerten Rüschhauser Zeiten. 1842 ermutigte sie ihn: *Levin! wenn du kannst, wenn Du* i m m e r *kannst, bleib bey Deinem Plane in zwey Jahren nach Münster zu kommen – meine Gesundheit ist jetzt nicht so übel, ich werde dann noch wohl am Leben seyn … denke daß ich alle Tage zähle …*

Der erwähnte gemeinsame Aufenthalt auf der Meersburg im Winter 1841/1842 hatte einen Wendepunkt in der Beziehung beider bedeutet. Auf eine Phase der Harmonie und der gegenseitigen Inspiration folgte eine Phase der Entfremdung. Schücking ging fortan eigene Wege, die Droste unterstellte ihm Undankbarkeit; es wuchs auf ihrer Seite das Mißtrauen, ob sich Schücking wirklich für sie und ihr Schreiben interessiere oder sie nur aus Karrieregründen ausnutze. Die persönlichen Spannungen wuchsen, nachdem sich Schücking, entgegen ihrer Mahnung, mit der Schriftstellerin Luise von Gall verlobt und verheiratet hatte.

Die Besuche **Christoph Bernhard Schlüters** im Rüschaus waren weit seltener als die Schückings. Die Droste bemühte sich jeweils nach Kräften, den blinden Professor gut zu unterhalten, erläuterte ihm ihre Sammlungen, machte Geschenke oder las aus ihren Manuskripten. Eine besondere Freundschaftsgeste war, daß sie Schlüter immer die ersten Blüten des Rüschhauser Gewürzstrauches nach Münster sandte. Wiederholt versuchte die Droste, Schlüter die Besuche im Rüschhaus schmackhaft zu machen: *jetzt ist's hier so schön! Alle Syringen und Gewürzsträuche in voller Blüte, so daß der Duft sogar durch die geschlossenen Fenster dringt …*

Ein anderes Mal schreibt sie Schlüter: *Könnten Sie übrigens auf einige Zeit hier seyn, das überträfe Alles an Annehmlichkeit, zwar fehlen dem Jahre noch die Früchte, frisch vom Strauche gepflückt, die vollständige Belaubung, und der fast berauschende Duft, mit dem späterhin Rosen, Syringen, Gewürzstrauch und Reseda die Luft füllen werden, aber doch verbreitet das junge Laub einen höchst lieblichen Geruch,– ich war gestern Abend bis Zehn im Garten, Sie glauben nicht wie mild es war, wie duftig, dabey so sternenklar wie im Winter,– ich saß auf der Bank am Hause, ließ mir von den Nachtigallen vorsingen, von der Luft zuwehen, und war ganz und gar Sibaritisch gestimmt.– warum ist man wohl so ungeneigt zu poetischen Arbeiten, in so höchst poetischen Momenten?*

Derart verheißungsvolle Einladungen waren eine besondere Spezialität der Autorin. Im Sommer 1839 lud sie Luise von Bornstedt mit den Worten ein: *Blumen sollen Sie ge-*

Haus Rüschhaus. Küche

Haus Rüschhaus. Gartensaal mit Wandaltar

nug finden,– Stachelbeeren an allen Büschen und auf meinem braunen Tische (als Reserve, wenn die andern in der bataille sind, gegen Windbüchsen und Wasserkugeln) – mein altes Zimmer – mein altes Sopha – warum nicht auch das alte Behagen?

Und Carl von Haxthausen schrieb sie: *lieber Onkel, vergiß nicht nach Rüschhaus zu kommen, hörst Du? vergiß es nicht! – ich wollte, ich könnte Dir Rüschhaus auf den Arm punctiren, wie es die Wilden und Matrosen machen …*

Immer wieder wird von den Freunden und Bekannten das betriebsame Chaos erwähnt, mit dem sich die Droste umgab. Schlüter schreibt in seinem Tagebuch: „Wir begaben uns, nachdem wir früh zur Kirche gewesen, an diesem wundervollen Pfingstmorgen ⟨1835⟩, wo es noch kühl war, auf den Weg. Das Fräulein war überaus freundlich, gutherzig und überlebendig, sie war sichtbar froh, daß sie es endlich erreicht hatte, uns einmal auf Mittag und den ganzen Tag bei sich zu haben … Das Fräulein unterhielt uns vortrefflich, sie kam auf ihre älteren Gedichte und Schriften, ging, als der Kaffee aufgetragen war, ins Haus und kehrte mit einer Schürze voll Manuskripten, die in Päckchen zusammen gebunden waren, zurück, die sie auf die Bank neben uns ausschüttete. Als wir zu trinken begonnen, und ein und anderes Päckchen vom kreuzenden Faden befreit und gelesen werden sollte, kam der gute, alte Vikar Wilmsen, um sich zu uns zu setzen. Da er keinen Platz fand, so hieß das Fräulein ihn sich auf die Papiere setzen, denen es nicht schaden werde".

Auch **Elise Rüdiger** war wiederholt Gast des Rüschhauses. Von ihr stammt die folgende Schilderung: „… für Vertraute wurde das eigentliche Wohnzimmer der Dichterin geöffnet. Es war merkwürdig charakteristisch; sie nannte es selbst ihr Schneckenhäuschen; klein, schmal und niedrig, lag es im Entresol wie ein Versteck, an dem man auf der breiten Treppe, welche in die oberste Etage führte, ahnungslos vorüberging, wenn man nicht zu den Vertrauten gehörte. Vier kleine Fenster öffneten sich nach dem Waldrevier; es war die Westseite und die Dichterin liebte es besonders allabendlich den Sonnenuntergang durch die Bäume schimmern zu sehen. Die Schwalben nisteten an den Fenstern und flogen im Zimmer frei umher, als wäre es ein Theil ihres Nestes; sie schienen zu wissen, daß sie willkommene Gäste darin waren. Eine Reihe von Portraits, lauter Freundschaftsbilder, hing an den Wänden … Ein winziger Flügel, noch aus der Kindheit der Claviatur stammend, der wegen seines leisen Harfentons sich zur Begleitung des Gesanges vorzüglich eignete und darum von der Dichterin sehr geliebt wurde, war neben einem alten häßlichen großen Sopha, vor dem ein schlichter unpolierter Tisch stand, das einzige Ameublement des Zimmers. Glasmalereien, Wappenschilder und Heiligenbilder zierten jedoch die Fenster, und Gesimse in buntem Durcheinander. Auf dem braunen Tisch standen stets Porzellanschalen, gefüllt mit frischen Feldblumen und Haidekräuern; ein Schreibzeug hatte kümmerlich zwischen ihnen Raum; Briefcouverts und Papierschnitzel lagen daneben und wurden zu Concepten der herrlichen Gedichte benutzt; sie waren völlig unleserlich mit den kleinsten eigensinnigsten Buchstaben bekritzelt, eine Runenschrift, die von der Schreiberin selbst kaum entziffert werden konnte".

Haus Rüschhaus. Italienisches Zimmer

Elise Rüdiger war für die Droste – insbesondere nach dem Wegzug Levin Schückings – eine vertraute Gesprächspartnerin. Mit ihr hat die Droste auf ihrem berüchtigten schwarzen Rüschhauser Kanapee Stunden um Stunden verplaudert. **Adele Schopenhauer** hat die Droste nicht ohne Grund in Gesprächspose, im „Türkensitz" auf jenem Rüschhauskanapee gezeichnet. Auch das Selbstporträt der Droste zeigt sie auf diesem Sofa, das zugleich ihr literarischer Arbeitsplatz war. Schücking berichtete seiner Braut: „Sie ⟨die Droste⟩ kleidet sich wie ein bürgerliches Madämchen in ein schwarzes Merinokleid, oder sitzt wie eine Türkin in höchster Saloppheit auf einem ungeheuren schwarzen Kanapee ...". Auch Elise Rüdiger erwähnt das „große häßliche Sofa": „Wenn der Besuch zu den Auserwählten ihres engen Kreises gehörte, also die Hausgeister der Behaglichkeit und Zutraulichkeit nicht verscheuchte, blieb sie ihrer kauernden Stellung getreu und man durfte sich am Fußende des großen Sophas ebenfalls bequem einrichten, um ein unvergleichliches Plauderstündchen mit ihr zu feiern. Man mußte immer von Neuem mit einem Gemisch von Staunen, Bewunderung, Ergötzen und liebender Verehrung in das merkwürdige Sybillenantlitz schauen ... Sie besaß ein Erzählertalent wie kaum Scheherasade ..." In Abbenburg besaß die Droste ebenfalls i h r Kanapee: *ich lebe hier wie in Rüschhaus und habe sogar auch mein altes schwarzes Kanapee, auf dem ich sitze oder liege (man kann es nennen wie man will) und schreibe* ... In vielen Briefen spielt die Droste auf solche urbiedermeierlichen Sofagespräche an, z.B. in einem Brief an **Hanne Hassenpflug**: *Wann sieht mein schwarzer Kanapee dich mahl wieder? – er ist vor Kummer und Sehnsucht so grau geworden, daß wir ihn haben müssen renoviren lassen, aber schwarz ist er wieder geworden* ...

Im Dezember 1844 zeichnete sich ab, daß Elise Rüdiger Münster verlassen und nach Minden umziehen würde. Die Droste schrieb ihr damals: *Aber, lieb Herz, was schreiben Sie mir von der Möglichkeit einer Trennung!* ⟨möglicher Umzug nach Minden⟩ *glaubte ich es so würde mir todtangst* ... *Geschähe es indessen so wären wir Beyde allerdings übel daran, – Ich noch mehr wie Sie, denn in Ihrem Alter schließt man sich noch leichter an* ... *aber* i c h *wäre in der That recht sehr verlassen, – Schlüters kommen so gar nicht mehr* ... *ich kann leider nur noch wenig von ihnen erwarten. – So sind Sie, mein Lies, unter allen Selbstgewählten, mir als das Liebste und Letzte geblieben, und ich müßte ohne Sie gleichsam von meinem eigenen Blute zehren.* Ein halbes Jahr später heißt es in einem Brief an die Freundin: ... *mein Gott, was soll ich anfangen wenn Sie fortgehn! – Sie sind mir nun so lange Alles in Einer gewesen, und ich kann mir gar keinen möglichen Ersatz denken* ... *Ich bin so niedergeschlagen, daß ich Ihnen nicht mahl sagen mag wie sehr ich es bin, und wie nüchtern mir Münster ohne Sie vorkömmt, – und Rüschhaus auch – das ist dann Alles nichts mehr* ... *Lieb lieb Herz! ich kann nicht ohne Sie seyn* ...

Gegenüber **Pauline von Droste-Hülshoff** resümierte die Droste im Oktober 1845: *Die Einsamkeit wird mich nun zwar eben nicht geniren, (Du weißt sie ist eigentlich meine Liebhaberey) aber doch vermisse ich Einige der alten Bekannten sehr ungern, namentlich eben die Rüdiger, eine Frau, auf die ich mich in jeder*

Beziehung verlassen, und immer ihrer wärmsten Theilname gewiß seyn konnte ... Schon stark gesundheitlich geschwächt, ergab sich die Autorin in ihre Eremitage. Neue Freundschaften wollte sie nicht anspinnen. Ihre zurückgezogene Lebensweise mache sie, wie schrieb, *so zufrieden ... wie es bei entschiedenem Uebelbefinden irgend möglich ist.*
Einen einsamen Schlußakkord setzt eines der letzten Gedichte der Droste:

An einem Tag, wo feucht der Wind,
Wo grau verhängt der Sonnenstrahl
Saß Gottes hartgeprüftes Kind
Allein am kleinen Gartensaal,
Ihr war die Brust so voll und enge
Ihr war das Haupt so dumpf und schwer
Selbst um den Geist zog das Gedränge
Der Adern blutge Schleyer her

Sie sah am fernen Sees Bord
Der Liebsten leichte Schemen gehn
Und konnte nicht ein grüßend Wort
Gedanken kaum hinüber wehn,
Gefährten Wind und Vogel nur
In selbstgewählter Einsamkeit
Ein großer Seufzer die Natur
Und schier zerflossen Raum und Zeit

Sie sann und saß, und saß und sann,
An ihrem Arm die Grille sang
Vom fernen Felde nun und dann
Ein schwach vernommner Sensenklang
Die kleine Mauerwespe flog
Ihr ängstlich am Gesicht bis fest
Zur Seite das Gewand sie zog
Und offen ward des Thierleins Nest.

Und am Gestein ein Käfer lief
So scheu und rasch wie auf der Flucht
Bald in das Moos sein Häuptlein tief
Bald bergend in der Ritze Bucht
Der Hänfling flatterte vorbey
Nach Futter spähend, das Insekt
Hat zuckend bey des Vogels Schrey
In ihre Kleider sich versteckt

Da ward ihr klar wie nicht allein
Das schwergefangne Gottesbild
Im Menschen, wies in dumpfer Pein
Im bangen Wurm, im scheuen Wild
Im durstgen Halme auf der Flur,
Der mit vergilbten Blättern lechzt
In aller aller Kreatur
Nach oben um Erlösung ächzt.

Wie mit dem Fluch, so sich erwarb
Der Erde Fürst im Paradies
Er sein gesegnet Reich verdarb,
Und seine Diener büßen ließ,
Wie durch die reinen Adern trieb
Er Tod und Moder Mord und Zorn
Und nur die Schuld allein ihm blieb
Und des Gewissens roher Dorn

Der schläft mit uns und der erwacht
Mit uns an jedem jungen Tag
Ritzt unsre Träume in der Nacht
Und blutet über Tage nach
O schwere Pein, nie unterjocht
Voll tollster Lust von keckstem Stolze
Wenn leise leis es nagt und pocht
Und bohrt wie Mad im kranken Holze

Wer ist so rein daß nicht bewußt
Ein Bild ihm in der Seele Grund,
Daß er muß schlagen an die Brust
Und fühlen sich verzagt und wund
So hart wer daß ihn nie erreicht
Ein Wort, daß er nicht mag vernehmen
Wo ihm das Blut zur Stirne steigt
In heißem bangem tiefem Schämen.

Und dennoch giebt es eine Last
Die keiner fühlt und Jeder trägt
So dunkel wie die Sünde fast
Und auch im gleichen Schooß gehegt
Er trägt sie wie den Druck der Luft
Gefühlt vom kranken Leibe nur
Bewußtlos wie den Fels die Kluft
Trägt er den Mord an der Natur

Das ist die Schuld des Mordes an
Der Erde Lieblichkeit und Huld,
An des Gethieres dumpfem Bann
Ist es die tiefe, schwere Schuld,
Und an dem Grimm, der es beseelt,
Und an der List, die es befleckt
Und an dem Schmerze, der es quält
Und an dem Moder, der es deckt

Schenkt man den Briefen der Droste Glauben, so waren die unmittelbaren nachbarschaftlichen Kontakte nach Nienberge für sie nicht immer erfreulicher Natur. Die Droste versuchte auch hier, möglichst wenige persönliche Bindungen einzugehen. Andererseits war sie jedoch stets über den neuesten Dorftratsch informiert, wozu auch ihre gelegentlichen Kirchbesuche in Nienberge beigetragen haben dürften. Ein Passus aus dem Brief an ihre Schwester Jenny vom 7. August 1846 liest sich wie eine Chronik der jüngsten Nienberger Ereignisse: *Sobald Mama abgereißt war, brach hier umher das Nervenfieber aus, und die Menschen sind furchtbar krank daran gewesen, aber gestorben sind doch wenige, – An Degeners waren Alle krank, aber sind Alle wieder aufgekommen. – Bey Beerwiedemanns aber ist der Wirth gestorben, und auch die älteste Tochter, die sich schon ganz hergestellt glaubte, und mit in die Erndte gieng, Abends aber mit schrecklichem Kopfweh nach Hause kam, und am andern Morgen todt im Bette gefunden wurde. – Hüerländers haben Alle das Fieber gehabt, und erst vorgestern ist der Hüerländer unserm Herrmann vor Münster begegnet, elend an zwey Stöcken gehend, und ihm erzählend, daß sein jüngster Sohn noch gar nicht außer Gefahr sey; Jennchen Leibzüchtners, die bey Hüerlenders diente, hat es so heftig bekommen, daß die Ihrigen sie abgeholt haben, wo sie dann nach wenigen Tagen gestorben ist. – seit 14 Tagen hört man indessen von keinen neuen Erkrankungen.*

Bei ihren wiederholten Spaziergängen auf der Rüschhauser Allee (die von Schlaun angelegt worden war, um dem Haus einen repräsentativen Charakter zu verleihen) konnte es passieren, daß der Autorin unliebsame Gäste in die Arme liefen. Ihrer Schwester Jenny schilderte sie 1833: *wie er* ⟨Werner von Droste-Hülshoff⟩ *fort ist, und ich in meiner Betrübniß und Ärger dazu in die Allee gehe, um mich aufzuheitern, kriegt mich die Huerlendersche, meine Freundinn, und ich muß ihr 10 Reichsthaler leihen … „heraus heraus, mein Beutelein, Ein jeder will bezahlet seyn!" nein! Niemals will ich mich mehr aufheitern, Niemals!.*

Im September 1842 heißt es, wiederum in einem Brief an ihre Schwester: *er* ⟨Werner von Droste-Hülshoff⟩ *war kaum fort, und ich spazierte in der Allee, wer kömmt heran? Herr Tangermann* ⟨ein Theologiestudent aus Münster, der von der Droste finanziell unterstützt wurde⟩ *der vor seiner Abreise doch noch einmahl nachsehen wollte, ob Mama oder ich nicht wieder angekommen, es überlief mich wie heißes Wasser, ich ließ Kaffee machen, und wir saßen eine endlose Zeit wie auf Kohlen einander gegenüber, er immer mit der Bitte um Geld auf der Zunge, und ich immer bemüht davon abzulenken.*

Das Landleben brachte weitere kleine Komplikationen mit sich und schrieb seine eigenen „Geschichtchen". Besonders vor der Witwe **Maria Hedwig von Schonebeck geb. von Plönies** nahm sich die Droste in acht. Auch von dieser wurde sie wiederholt um Geld angebettelt. Über die beständigen „Anfechtungen" berichtete sie ihrer Schwester in einem Brief aus dem Oktober 1833. Mehrfach habe Frau von Schonebeck durch die Botenfrau anfragen lassen, wann sie im Rüschhaus anzutreffen sei. Alle Ausflüchte hätten nichts genützt. Daraufhin habe sie einen Brief mit dem Ersuchen erhalten, dem Boten gleich einen Geldbetrag mitzugeben: Frau von Schonebeck *wollte ein Gut kaufen, und zu der ersten Auslage sollte ich ihr 11 Reichsthaler leihen, – ich war verlegen, denn 11 Reichsthaler einer solchen Frau abzuschlagen, ist unangenehm, und doch wollte sie es nur irgend einem brodlosen Advokaten in den Hals werfen.* Der Vorstoß wurde durch die Mutter der Droste abgewehrt, die vorgab, daß ihre Tochter in Darfeld sei. Die Tage danach versteckte sich die Droste im Rüschhaus, da *die Schonebek in der Wehr ist, zu Nienberge, und schon zweymahl am Hause vorbey und rund rum her gegangen ist; sie haben ihr weiß gemacht, ich sey in Hülshof.* Als *Nebenergötzlichkeiten* bezeichnete sie humorvoll zwei Überfälle in Münster, bei denen sie von Frau von Schonebeck angebettelt wurde. Letzlich gab es kein Entrinnen: *ich sagte ihr zwar, ich habe kein Geld, sie lief aber immer neben mir her, und ich entsprang endlich bongré malgré in Katerkamps Haus.* Kurz darauf wurde sie im Stadtquartier der Familie Droste-Hülshoff morgens im Bette von Frau von Schonebeck überrascht. Diese *brachte zwey große Stammbäume, woraus ich ihr die Familie sollte suchen helfen, bey denen sie, auf dem Grund einer fast antediluvianischen Verwandschaft, betteln könnte – dann sollte ich Geld leihen, und als ich ihr bewies, daß ich gegenwärtig Nichts habe, sollte ich ihr Credit machen, für ein paar neue Ermel und ein schwarzseidenes Kleid – das habe ich denn thun müssen, d. h. die Ermel für sie kaufen – auch item 2 Reichsthaler in den Drek geworfen!*

In einem Brief aus dem Juli 1839 heißt es über die Familie von Schonebeck: *Schonebecks wohnen jetzt in Nienberge, und, wir kommen zuweilen zusammen – die Mädchen arbeiten im Hause wie Mägde, besonders Auguste, die schon ganz ältlich und verkümmert davon aussieht,– überhaubt gar nicht hübsch – ins Häßliche die Mutter – aber ungeheuer gut, und stellt gebildet vor,– ich leihe ihr Bücher …*

Wiederholt legte die Droste, wie erwähnt, den 4,5 Kilometer langen Weg zwischen Rüschhaus und Hülshoff zu Fuß zurück. Der Weg hat zwar heute nicht mehr das Aussehen wie zur Zeit der Droste, er hat sich dennoch viel Ursprüngliches bewahrt. Er beginnt in der Rüschhauser Allee und endet in der Hülshoffer Allee. Der Weg ist bereits minutiös rekonstruiert und beschrieben worden: Das Rüschhaus umgab zur Zeit der Droste „noch Heidelandschaft, mit Niederholz bewachsen, und gehörte zu ihrem ‚Naherholungsgebiet'. Heute ist es sinnvollerweise aufgeforstet und schirmt so das Anwesen ab gegen die nahe Autostraße (= Rüschhausweg), die sich am westlichen Rande der Rüschhauser Heide langzieht, und gegen die Autobahn Hansalinie, die sie gnadenlos durchschneidet" (Annelise Raub 1990).

Man überquert zunächst den Rüschhausweg und passiert den Ponyhof Hürländer, der zur Zeit der Droste noch auf der gegenüberliegenden Straßenseite lag und im Zuge des Autobahnbaus verpflanzt wurde. Hierauf gelangt man auf den Twerenfeldweg, der jedoch sodann wieder verlassen wird: „Die Droste durchquerte das Twerenfeld auf schmalen Pfaden zwischen Äckern und Weiden. Wie uns das Urmeßtischblatt von 1841 verrät, düfte sie da-

Haus Vögeding. Heutige Ansicht

bei einen Weg gewählt haben, den es auch heute noch gibt, nur breiter und bequemer für Fußgänger wie Reiter. Es ist ein schöner Waldweg, der links neben dem Haupteingang zum Ponyhof beginnt. Durch Wald führte er zur Zeit der Droste aber noch nicht. Sie hatte freien Blick über Äcker und Weiden dieses ehemaligen Allmendegebietes, auf dem allenfalls einzelne größere Bäume gestanden haben mögen." Am Ende des Weges trifft man wieder auf den Twerenfeldweg, der von hier aber der alten Wegführung folgt. Der Weg verläuft zwischen zwei alten Gräftenhöfen, die im Besitz der Familie von Droste-Hülshoff waren, dem Haus Vögeding, das die Droste oft mit Schücking besuchte (s. o.), und dem Haus Degener, bei dem sie sicher ebenfalls häufig eingekehrt ist. „Da, wo der alte, von Degener kommende Zuweg den Twerenfeldweg kreuzt und – gleichsam verlängert – als ‚Wittoverstiege' westlich nach Hülshoff weiterläuft, an dieser markanten Wegkreuzung steht ein Denkmal. Der grob in Form einer Stele zugehauene Ibbenbürener Sandstein zeigt auf der Schauseite zwei Bronzetafeln, eine kreisrunde an der Basis und oben eine ovale. Wir lesen unten: ‚Flurneuordnung … Roxel/Nienberge … 1964–1981'. In dem Oval entdecken wir unter einem flach reliefierten Profil den Namen: Annette von Droste-Hülshoff … Das Denkmal steht genau an der richtigen Stelle. Denn hier wendet sich der Weg nicht nur äußerlich in Richtung der heimatlichen Burg Hülshoff (bzw. von ihr ab, je nachdem, in welche Richtung man ihn geht)" (ebd.). Von hier aus führt der Weg in sanftem Bogen in das Aatal hinab. Nur ein charakteristisches Stück des früheren Weges blieb von der Flurbereinigung verschont: „Bald aber ist der Wallheckenzauber vorüber. Wir stehen an einer Wegegabelung. Zur Rechten geht die neue Wittoverstiege weiter, zur Linken gelangen wir auf dem Zuweg zum Hofe Wittover (heute Nienkemper), der für den Weg vor und nach der Flurbereinigung namengebend gewesen ist. Blicken wir hier an der Kreuzung nach links über die Felder, so erscheint am Horizont hoch aufgebaut die katholische Pfarrkirche von Roxel … Auch der Hof Wittover gehörte seit Jahrhunderten zu Hülshoff, bis er 1852 aus dem Hörigkeitsverhältnis entlassen wurde …

Hinter dem Hof Wittover (genauer: von der Auffahrt des heutigen Hofes Fehmer ab) ging der Weg geradewegs in westliche Richtung auf jenes Aa-Knie zu, das selbst die rigorose Flußbegradigung der dreißiger Jahre nicht begradigen konnte … Auch heute noch fließt er nahe der Hülshoffer Allee vorüber, dieses Faktum war wohl nicht zu ändern. Aber die lebendigen Flußwindungen und die begleitenden Kopfweiden sind bis auf wenige Reste dahin." (ebd.)

An diese Umgebung erinnernd, heißt es in der autobiographisch gefärbten Novelle der Droste, *Ledwina*: *‚Warum wählst du immer den verdrießlichen Weg am Flusse* ⟨die Aa⟩, *Ledwina?'* …

‚Ich habe den Weg einmahl sehr lieb', versetzte Ledwine, ‚ich glaube das Wasser thut viel dazu' …

‚die Gegend könnte noch viel malerisch schlechter seyn, wie sie ist', sagte Ledwina, ‚und mir bliebe sie doch lieb, von den Erinnerungen die in jedem Baue wohnen, will ich gar nicht reden denn so kann nichts mit ihr verglichen werden, aber so wie sie da steht, und überall, wär sie mir höchst ansprechend und werth …*'*

‚die Weiden z.b.' …, *versetzte Ledwina* … *‚ha-*

ben für mich etwas Rührendes, eine sonderbare Verwechslung in der Natur, die Zweige farbicht, die Blätter grau, sie kommen mir vor wie schöne aber schwächliche Kinder, denen der Schrecken in einer Nacht das Haar gebleicht' …

Bei schlechtem Wetter war es manchmal unmöglich, den Fußweg von Rüschhaus nach Hülshoff zu nehmen. 1839 berichtete **Therese von Droste-Hülshoff** in einem Familienbrief: „Nette ist nicht hier ⟨in Hülshoff⟩, sie hat sich wohlweißlich in ihre feste Burg ⟨Rüschhaus⟩ verschanzt." Es sei noch ungewiß, ob sie zur Taufe ihrer Nichte Caroline kommen könne, „der grade Weg von hier nach Rüschhaus läßt sich nicht fahren unser großer Fluß ist ausgetreten, alle Wiesen und Wege sind überschwemmt." Im selben Jahr berichtete die Autorin aus Hülshoff: *Ich bin seit Ostern hier und wollte heute zurückgehen nach Rüschhaus, aber nun regnet es, und ich muß gutes Wetter abwarten, da der Weg von hier nach Rüschhaus gar nicht zu fahren ist ….*

Sofern es eben möglich war, legte der Hülshoffer Hausgeistliche **Caspar Wilmsen** den *elenden* Weg zwischen Hülshoff und Rüschhaus zu Fuß zurück, um im Rüschhaus die Messe zu lesen (*er thut es immer getreulich, so verklummert und armselig er auch ankömmt …*). Die Droste widmete Wilmsen das Gedicht *Sit illi terra levis!*, in dem es heißt: *Es waren schlimme Wege, rauh und weit, / Die du gewandelt manche Winterwende, / Um des Altares heil'ge Gnadenspende / Zu tragen mir in meine Einsamkeit.*

Wenn Wilmsen nicht kam, ging die Droste zu Fuß zur Nienberger Pfarrkirche. Der Weg war zwar nur *eine halbe Stunde weit*, aber bei schlechtem Wetter – wie die Droste Elise Rüdiger schrieb – *ein Weg zum Versinken, wogegen die beyden Ihnen bekannten Kämpe, hier vor Rüschhaus, noch wie elastisch sind.– es hat mich furchtbar ermüdet ….* Ein anderes Mal erläutert die Droste Schlüter: *Sie wissen wohl warum ich bisher nicht habe kommen können,– der Schmerz und die Steifheit im Kniee, die mir von der Grippe zurück geblieben waren, haben sich zwar so sehr vermindert, daß ich für gewöhnlich kaum daran denke, außer beym Treppensteigen,– bey etwas längeren Spatziergängen hingegen werde ich noch sehr daran gehindert,– weniger vor Schmerz (der eigentlich kaum mehr zu rechnen ist) als von einer bedeutenden Schwäche des linken Fußes, so daß mir Sonntags der Kirchweg, der doch keine halbe Stunde weit ist, blutsauer wird, und mich allemahl, wenn ich etwa in der Woche von einer Tour nach Münster phantasirt habe, sehr lebhaft in die Wirklichkeit zurück führt.* An wieder anderer Stelle vergleicht die Droste ihre Spaziergänge in Bonn mit denen im Rüschhaus und in Eppishausen: *gleich nach Tische, d. h. um 2 oder halb 3 machen Pauline und ich unsern täglichen Spatziergang … wir gehn recht weit mitunter – eine halbe Stunde oder auch weiter – neulich bin ich 3/4 Stunde weit gegangen, also mit dem Rückwege 1 1/2 Stunde Weges, was mich aber nicht halb so ermüdet wie in der Schweiz oder selbst wie zu Rüschhaus, weil wir immer auf der Chausseé blieben, die so eben ist wie ein Brett…* 1837 heißt es in einem Brief an Schlüter: *sind die Wege fahrbar, so fahre ich, sonst muß ich gehn, und, denken Sie! das macht mir wenig! – Bewegung in freyer Luft thut mir kein großes Leid, aber die kalte Kellerluft der Kirchen ist Etwas Entsetzliches für Gesichtsschmerzen, sie legt sich an wie Glatteis, von Minute zu Minute starrer, bis man wieder genug hat, für einige Wochen …*

Früher erreichte man das Rüschhaus von Münster aus über den Horstmarer Landweg. 1842 berichtet die Droste ihrer Schwester Jenny: *Am andern Morgen gieng ich zu Fuße* ⟨von Münster⟩ *nach Rüschhaus,– die Rüdiger brachte mich ein Streckchen auf den Weg – sonst allein. – nahm am Pannekotten ein paar Weißbrödchen mit,– fand am Schlagbaum vor den langen Kämpen den alten Kortenkämper, der seit seiner Krankheit vorigen Herbst engbrüstig geblieben ist …*

Eine ausführliche Beschreibung des Weges von Münster nach Rüschhaus findet sich in einem Brief **Jenny von Droste-Hülshoffs** an **Joseph von Laßberg** aus dem Herbst 1834 (die seltsame Orthographie ist dabei ganz der Schreibweise Laßbergs angepaßt): „Das neue Tor nächst der Stadt Amsterdam ⟨gemeint ist der Gasthof, in dem Laßberg einquartiert war⟩ ist auch dasjenige durch welches du nach Rüschhaus gehest; wenn du hindurch bist; so drehst du dich links, gehest an dem Kirchhof ⟨Überwasserfriedhof⟩ her, und geradeaus in den breiten weg ⟨Wilhelmstraße⟩ hinein. Der weg ⟨Roxeler Straße⟩, der am Kirchhof links abführt, gehet nach Roxel und Hülshof. Jetzt bist du auf der Landstraße ⟨Horstmarer Landweg⟩, der du immer folgst. Zuweilen kommt ein haus, wo du fragen kannst: ob dies der weg nach Nienberge und zum Pannekotten sei? wenn du nun nach deiner ur eine halbe stunde gegangen bist; so frage an dem ersten hause nach dem Pannekotten, es ist ein schlechtes wirtshaus, rechts an der Straße, dann folgt links ein kleines haus, dort frage nach Rüschhaus, es heißt Kolmanns, lass es dir von der frau zeigen, man kann es dort liegen sehen, bleibe aber vor allem auf der Landstraße, sonst findest du das hölzchen nicht, gehst du noch einige 100 Schritte, so ist rechts ein kleines haus, dort darfst du aber nicht fragen, es gehört zu Rüschhaus, die töchter arbeiten

Topographische Karte von Rheinland und Westfalen (1841–1858). Das Rüschhaus und Hülshoff sind in westlicher Richtung von Münster zu finden

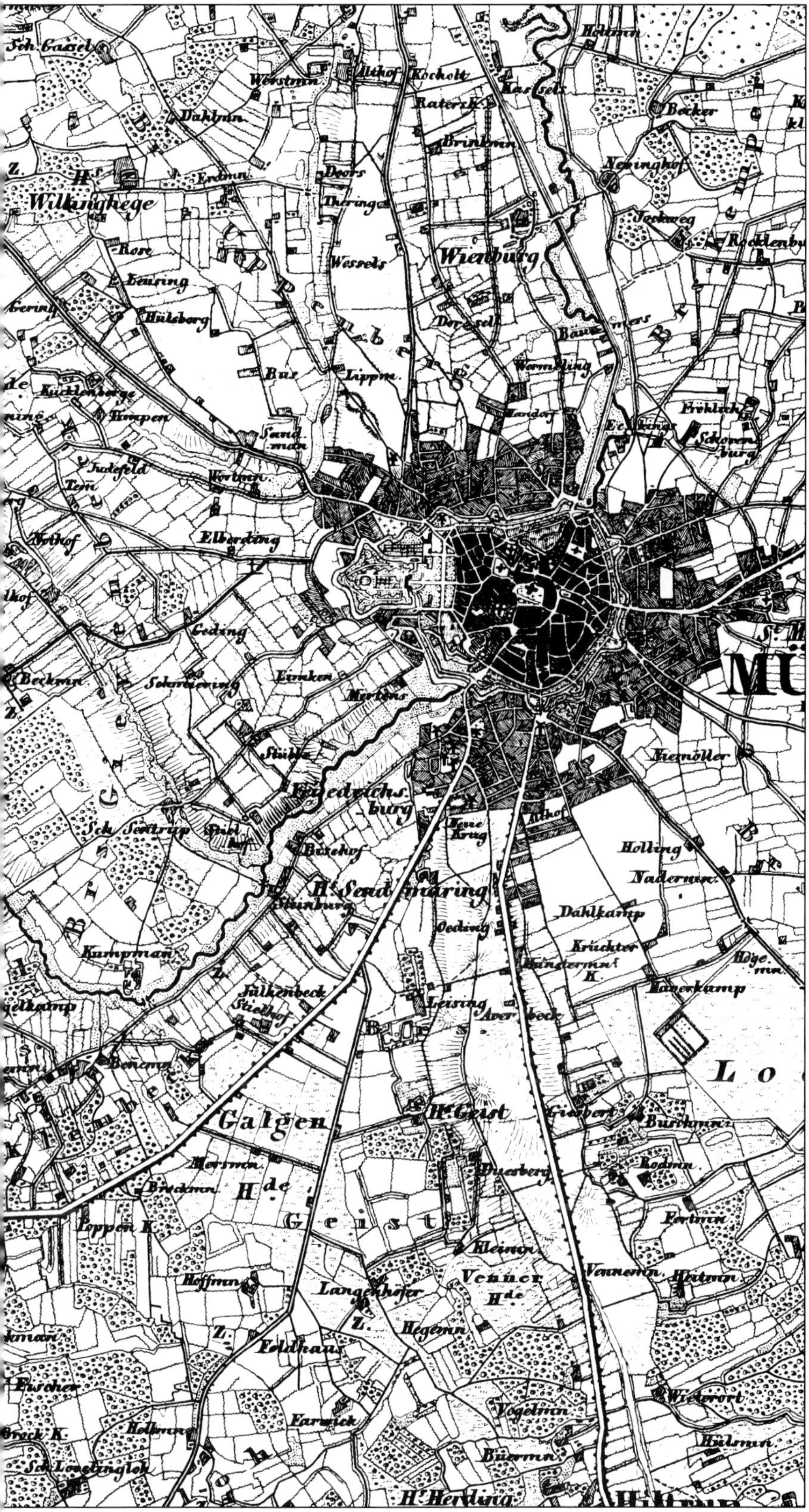
Sch. Gassel
Werstmn
Althof
Kocholt
Kassels
Holtmn
Dahlmn
Raterink
Brinkmn
Becker
Erdmn
Doers
Nevinghof
Willinghege
Thering
Jockweg
Rocklenburg
Rore
Wessels
Wienburg
Leusing
Hülsberg
Dorgeselt
Baumeers
Bus
Lippm
Wermeling
Kucklenberge
Trumpen
Sandman
Frohlich
Schonenburg
Tem
Wortmn
Nothof
Elbersding
Geding
Beckmn
Schmiering
Eimken
Mertens
MÜ
Niemöller
Stiltke
Friedrichsburg
Sch. Sentrup
Stiel hof
Neue Krug
Althof
Buschof
Holling
Nadermn
H. Sendmaring
Steinburg
Dahlkamp
Geding
Kampman
Kruckter
Hüge man
Bauerkamp
Julkenbeck
Stiel hof
Leising
Averbeck
Lo
Galgen
H. Geist
Giesbert
Buschmnr
Mersmn
Brockmn
H.de
Geist
Rodmn
Poppen K.
Kleimn
Kerlmn
Hoffmn
Venner
H.de
Vennemn
Heitmn
Langenhöfer
Hegemn
Feldhaus
Fischer
Wieprort
Vogelmn
Farwick
Brock K.
Hollmn
Hulsmn
Buermn
Sch. Lovelingloh
H. Herding

hier oft im garten. diesem hause gegenüber ist ein breiter schlagbaum, durch den der weg nach Rüschhaus führet, welches du auch dort ganz deutlich geradeaus liegen siehest …" Bevor es zum Zusammentreffen mit der Familie kommen würde, wollte Jenny ihren zukünftigen Gatten unbeobachtet begrüßen können. So fährt sie fort, ihn an einen geheimen Ort in der Umgebung des Rüschhauses zu lotsen: „du darfst aber nicht durch diesen Schlagbaum gehen; sondern mußt auf der Landstraße noch vielleicht 500 schritte weiter gehen, bis du links einen kleineren schlagbaum in der Heke findest. über diesen steigst du und gehest auf dem vor dir liegenden felde geradeaus, du kommst dann ser bald an ein kleines etwas höher liegendes hölzchen; du wirst gleich an einem Baum ein zeichen, ein Band; oder auch nur ein stückchen papier finden, dies ist ein zeichen daß du rechts gehest. Sobald du in das hölzchen getreten bist, gehest du auf dem einzigen schmalen fusspfade ungefähr 15 schritte vorwärts; da stehet eine kleine Eiche links am wege; bei dieser dringst du in das kurze Gebüsch, das hölzchen besteht nämlich aus einzeln stehenden eichen, buchen und birken, mit ungefär 10 fuß hohen unterholz. in dies gebüsch dringst du ein, und gehest in grader richtung links fort; da stehet in gerader linie mit der kleinen eiche, wo du hineingingst, eine ziemlich hohe birke, die du bald sehen kannst, da wenig birken da stehen; unter dieser birke, die vielleicht 3 bis 400 schritte von dem pfade links entfernt ist, wirst du eine bank, einen stul, oder vielleicht auch nur eine auf der erde liegende strohmatte finden. Dies ist der ort wo du mich in ruhe erwarten kannst. Du darfst auch die stelle nicht verlassen; weil oft leute durch das hölzchen gehen; auf unserm plätzchen wird dich niemand entdecken weil das hölzchen ein ganz wüster ort ist. Sobald du ankommst; so suche unter bank, stul oder matte; ob vielleicht ein brief oder doch ein zeichen von mir darunter bevestiget ist?"

Eine Beschreibung des Wegs von Münster nach Rüschhaus findet sich auch in einem in Hexametern verfaßten Brief **Christoph Bernhard Schlüters** an die Droste aus dem November 1837:

„Auf, mein Geist, dich geschürzt durch Nebel des Morgens zum Neuthor,
Längs des Friedhofs Pappeln, im Sturm vorüber die Schenke
Van der Forst's, weidenumrauscht, die prangt mit erneuetem Schilde;
Weiter mit Eile des Lichts dem Pannekotten vorüber
Sammt der Gärtchen, dem Park, dann links wegabwärts gebogen.
Dort such hinter den Eichen in Rüschhaus dämmernder Zelle
Auf mir die Freundin, wo frühe schon wach bei flackerndem Lämpchen
Unter Corallen, Krystallen und Muscheln, Papieren und Münzen
Neben dem Flügel gebückt sie sitzt beim Christian von Braunschweig
Oder dem Bernhard, zu dichten an d e m, und an d i e s e m zu bessern."

Haus Rüschhaus ist heute eine von wenigen, in ihrer Ursprünglichkeit erhaltenen Dichterstätten. Es wird jährlich von etwa 20 000 Gästen besucht. Der Besucher lernte folgende Räume kennen: Tenne, Küche, Gartensaal, italienisches Zimmer, *Schneckenhäuschen*, das Schlafzimmer der Dichterin sowie die Kammer der Amme.

➤ Haus Rüschhaus liegt etwa 1 km südwestlich des Ortes Münster-Nienberge. Man erreicht es am besten von der Landstraße aus, die von Nienberge nach Roxel führt. Nachdem man den Autobahnzubringer (Münster-Nord) überquert hat, biegt man an der nächsten Kreuzung links Richtung Münster-Gievenbeck ab. Nach wenigen hundert Metern findet man das Rüschhaus auf der linken Seite der Straße. Von verschiedenen Veranstaltern werden spezielle Exkursionen angeboten (s. Anhang).

STADTLOHN
Loener Bruch

Wer kann viel tausend Menschen seh'n
In ihrer Vollkraft muthig steh'n,
Und denken nun, wie Mancher fand
Den jähen Tod, eh Sonne schwand,
Daß ihn dann Schauer nicht beschlich!
So glänzend unter'm Sonnenstich
Die Waffe prahlt; der Loener Bruch,
Mit Hirtenbuben nur bekannt,
Barfüßig, lagernd in dem Sand,
Noch nie so Blank- und Schönes trug.

(*Die Schlacht im Loener Bruch*, 2. Gesang).

Das Loener Bruch war zur Zeit des Dreißigjährigen Krieges eine erst teilweise urbar gemachte Heidefläche, die sich nördlich von Stadtlohn erstreckte. Sie war der Schauplatz der Schlacht zwischen den Heeren des **Johann von Tilly** und des **Christian von Braunschweig**. Ursprünglich wollte die Droste ihr Epos über den 30jährigen Krieg *Christian von Braunschweig* nennen, im Zuge der Arbeit entschied sich sich jedoch dazu, den Schauplatz selbst zum Titel *Die Schlacht im Loener Bruch* zu wählen. Die Droste erläuterte in einer Anmerkung: *Name des Schlachtfeldes, einer weiten Haide zwischen Stadtlohn und Ahaus, zu der Einen Seite vom Liesner begränzt. Nicht*

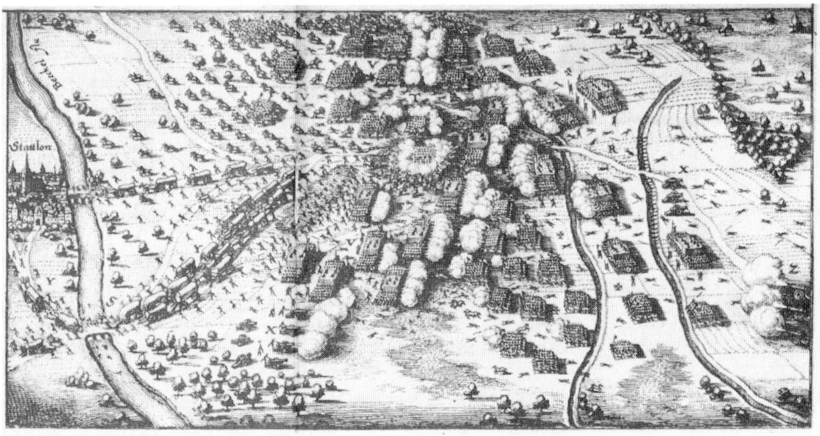

Karte zur Schlacht bei Stadtlohn aus „Theatrum Europaeum" (1662)

fern, nach der Seite von Holland zu, liegt ein Moor; jetzt ist das Feld getheilt und beackert. Wie bereits erwähnt (→ Ahaus), nahm die Droste das Schlachtfeld selbst in Augenschein.

➤ Der Loener Bruch befindet sich zwischen den Orten Stadtlohn und Ahaus. Man biegt von der B70 am nördlichen Rand Stadtlohns auf den Hessenweg ab, weiter links auf den Kalter Weg und auf den Düwing Weg; nach ca. 2 km erreicht man den Gedenkstein und das sogenannte Blutfeld.

HAUS STAPEL (Havixbeck)

Lebe wohl, bester August, ich würde mich gerne noch länger mit dir unterhalten, aber ich muß nach Stapel, um ein Fräulein Decken von dort abzuholen, und müßte eigentlich schon fort seyn, da ich doch bis jetzt weder gegessen noch mich gekleidet habe … (an August von Haxthausen, Januar 1816).

Die häufigsten Kurzbesuche zu Verwandten führten zum Haus Stapel und zum Haus Havixbeck. Haus Stapel liegt nur etwa 7 Kilometer von Hülshoff entfernt. Hier wohnte die Familie des **Ernst Constantin von Droste Kerckerinck-Stapel**, eines Bruders des Vaters der Dichterin. Die Äußerungen der Droste über die verarmte Familie sind meist wenig freundlich: *Zu Stapel ist Alles beym Alten,– es hängt so hin – ich habe für Johannes den Plan gemacht, ihn mit der ältesten Wintgen zu verheurathen … aber mit dem Johannes ist nichts anzufangen – der loddert so hin, und meint die gebratnen Tauben sollen ihm in den Mund fliegen – klagen thut er genug, wenn es damit abgethan wäre! – eine reiche Frau muß er haben, es brennt auf den Nägeln, und eine Adliche muß es auch seyn, und da weiß ich keine die er bekäme als eine Wintgen …*

Gedenkstein am „Blutfeld" bei Stadtlohn

An anderer Stelle: *in Stapel geht noch immer so zwischen Hängen und Fallen, Gott weiß was das Ende seyn wird! die Mädchen werden alle Tage häßlicher und widerlicher – für Phine hat sich indessen wieder eine klatrige Parthie gefunden, die sie aber vernünftig genug gewesen ist auszuschlagen, überhaupt ist sie gar nicht aufs Heurathen versessen, was doch wenigstens Ein Gues ist – aus Luischen ist auch Nichts geworden, häßlich und dumm wie die Andern, aber ordentlich in ihrem Betragen – dem Onkel muß doch oft grün und blau vor den Augen werden; er dauert mich in der Seele …*

Wie im Falle ihres Elternhauses, so mußte die Droste auch für Haus Stapel feststellen, daß die einstigen idyllischen Zeiten keinen Bestand hatten. *Sie werden schon gehört haben,* schrieb sie im März 1841 an **Christoph Bernhard Schlüter**, *daß ich wieder den Kummer gehabt, einen, und zwar den letzten, meiner Va-*

Haus Stapel. Lithographie von Ph. Herle 1830/1840. Schon 1211 genannte Wasserburg mit Vorburg und klassizistischem Herrenhaus

terbrüder, den Onkel Stapel, zu verlieren,– es ist mir sehr hart, dieses meiner Mutter schreiben zu müssen, die es sich gewiß ungemein nahe nehmen wird,– sie hatte diesen Schwager sehr gern, und hing außerdem an ihm als dem Letztem, mit dem sie noch die früheren Zeiten Hülshoffs besprechen konnte,– die ersten Jahre ihrer Ehe, als das Land noch bischöflich war, die Onkel als junge Domherrn fleißig zur Jagd kamen, et. cet.– sie hängt unbeschreiblich an diesen Erinnerungen, die mit Gestalten bevölkert sind, die damals theils jung, theils mindestens noch rüstig waren, und von denen nun auch die Letzte zu Grabe gegangen ist, so daß sie wirklich jetzt Niemanden mehr hat, der das Andenken ihrer besten und fröhlichsten Jahre theilt.

Die Droste störte vor allem, daß sie ihre unbegabten Stapelschen Cousinen unterrichten mußte. Auch mit einem ihrer Cousins hatte sie es nicht leicht. Dieser wollte ihr einen besonderen Streich spielen und 1841 seine eigenen, indiskutablen Gedichte bei dem **Verleger Coppenrath** unter den Initialen der Droste herausgeben, *um vom Verleger etwas dafür zu bekommen,– das ist mir aber zu arg, und ich kann es unmöglich so mit ansehn,– das wird Zeug seyn, wo man Ratten und Mäuse mit vergiften kann – ich möchte wissen, ob er es bey Coppenrath gradezu für meine Arbeit ausgegeben hat, und werde mich deshalb durch Schücking erkundigen lassen. – Er soll wenigstens M. v. D. setzen,– das „A“ entschuldigt er damit, daß sein Bruder August gern für einen*

Haus Stapel. Torhaus

Dichter gelten wolle, und er diesem also seinen Ruhm aus brüderlicher Liebe überlassen habe.

➤ Haus Stapel befindet sich etwa 2 km nördlich des Ortes Havixbeck.

TELGTE

Aus dem Tagebuch **Jenny von Droste-Hülshoffs** ist bekannt, daß die Familie Droste-Hülshoff mehrfach an Wallfahrten nach Telgte teilnahm (Eintragungen aus dem Juli 1806 und 1807). Die Droste passierte den Ort, der an einer großen Poststraße lag, wiederholt bei ihren Fahrten ins Paderbornische. Nähere Kontakte der Familie Droste-Hülshoff zu Bewohnern Telgtes scheinen jedoch nicht bestanden zu haben.

HAUS WILKINGHEGE (Münster)

Die vielen Ausflüge der Familie Droste-Hülshoff schlossen auch Besuche auf dem Münsterischen Schloß Wilkinghege (Steinfurter Straße 374, heute Hotel-Restaurant) ein. Solche Exkursionen sind für August 1804 und Juli 1805 belegt. **Werner von Droste-Hülshoff**, Bruder der Dichterin, bezog das Anwesen 1826

Haus Wilkinghege, aus dem Skizzenbuch Jenny von Droste-Hülshoffs. Schon 1390 bezeugte ehemalige Wasserburg

für kurze Zeit als Pachtgut, bevor er – nach dem Tod des Vaters – mit seiner Familie nach Burg Hülshoff zurückkehrte. Im Juli desselben Jahres übernachtete die Droste anläßlich eines Besuches bei der **Familie von Landsberg** auf dem Schloß.

➤ Münster, Steinfurter Straße 374, etwa 3 km nordwestlich des Stadtzentrums

TEIL 2
PADERBORNER LAND

Als die Droste im Sommer 1842 das Manuskript ihrer *Westphälischen Schilderungen* auf die Post gab, war sie von der Qualität ihrer Arbeit überzeugt. **Levin Schücking** gegenüber sprach sie im September 1842 von den *glänzenden, poetischen, gediegenen, mit (Gesichts-)Schmerzen gebornen „jüngsten Kindern"* ihrer *Laune*. Als sich eine Antwort Schückings verzögerte, brachte sie vor: *heißt es wirklich: parturiunt montes, nascetur ridiculus mus? – zu Deutsch: kannst Du wirklich ganz und gar nichts davon brauchen? – mich dünkt es kamen doch eine Masse schöner Gebräuche darin vor, die es nicht verdienten so ganz für die Hunde zu gehn.– wirklich, konntest Du nicht wenigstens Einiges umarbeiten? – Sag' es mir nur frey heraus, du weißt, ich hülle mich dann in meine Größe, und tröste mich mit deinem schlechten Geschmacke.*
Bald darauf änderte sie jedoch ihre Meinung. Am 10. Oktober 1842 schrieb die Droste Schücking: *Daß meine Beysteuer zum „Deutschland" viel verrufene Münze enthält, habe ich weniger bey der Absendung gefühlt, wo ich viel zu krank zum Nachdenken war, als jetzt bey Durchlesung des Brouillons; – es ist wahr, Sie werden unendlich mildern und Manches ganz streichen müssen* ... Vier Monate später beurteilte sie in einem weiteren Brief an Schücking ihre *Schilderungen* noch kritischer. Sie hielt sie nun für *zu scharf* und riet von einer Veröffentlichung ab: *mir war ohnedies schon bange dabey, doch ists ein himmelweiter Unterschied, ob in einem gewichtigen Geschichtswerke, was strenge Wahrheit bedingt, nur von ernsten Männern gelesen wird, obendrein wahrscheinlich nie nach Westphalen gekommen wäre, und wo sich endlich ein einzelner Aufsatz zwischen so vielen Andern halbwegs versteckt, oder in einem Journale, wo alle Laffen und Weiber drüber kommen, und der Aufsatz sich, nach meinem eigenen Gefühle, als eine tacktlose Impertinenz machen würde, die unser Beyder hiesige Stellung gänzlich verderben, und mir wenigstens tausend Feinde und Verdruß zuziehn würde, da, selbst wenn Sie den Sündenbock machen wollten, meine Mitwirkung hier zu Lande gar nicht bezweifelt werden könnte, der vielen Anekdoten wegen, die grade nur mir und den Meinigen passirt sind,– es thut mir leid um Ihren gewiß schönen Kragen, aber er muß in der That zerrissen werden, wenn Sie ihn nicht anderwärts brauchen können, Unverschuldeter Verdruß ließ sich noch allenfalls tragen, aber hier würde er uns mit Recht treffen, denn wer giebt uns die Erlaubniß, Leute die uns nie beleidigt haben in ihrem eignen Lande zu höhnen, außer etwa unter der Aegide eines tiefernsten wissenschaftlichen Zweckes; – In meinem Westphalen kann ich allerdings mit Auswahl manches von den Skizzen brauchen, aber Sie trauen mir wohl zu, daß dieses nicht den geringsten Einfluß auf meine Ansicht hat, da ich überreich an Material bin, und Ihnen von Herzen noch Mehreres abgäbe, wenn Sie es irgend brauchen könnten.*
Es war der Droste im nachhinein sehr recht, daß das Projekt des „Deutschland im 19. Jahrhundert" nicht zustandekam. Weil sie wußte, wie leichtfertig Schücking mit ihren Texten umging, untersagte sie ihm eine anderweitige Verwendung. Um so mehr erstaunt deshalb, daß sie das Manuskript im Jahr darauf – unzensiert – dem Zeitschriftenherausgeber **Josef Görres** für einen Abdruck in den „Historisch-politischen Blättern" überließ. Möglicherweise gab hierfür den Ausschlag, daß der Beitrag anonym erscheinen konnte.
Die Folgen des Abdrucks wurden bereits erwähnt. In den „Historisch-politischen Blättern" erschienen drei Entgegnungen, die vor allem die Darstellung der Paderborner und Sauerländer Bevölkerung stark kritisierten. Die Versuche der Droste, die dritte und letzte Folge der Artikelserie zu stoppen, kamen zu spät. Einig waren sich die Kritiker darin, daß in den *Schilderungen* die alten politischen Zustände – mit Fürstbischof und Adel an der Spitze – einseitig romantisiert würden. Ein *seltsam schlummerndes Land* sei Westfalen jedoch längst nicht mehr. Mit den preußischen Reformen (verstärkt seit 1815) sei auch hier die Neuzeit angebrochen – mit Auswirkungen auf alle Bereiche des privaten und öffentlichen Lebens.
Die kritische Reaktion der Paderborner wird verständlich, wenn man liest, wie negativ das Urteil über sie ausfällt:
Anders ist's im Hochstifte Paderborn, wo der Mensch eine Art wilder Poesie in die sonst ziemlich nüchterne Umgebung bringt, und uns in die Abruzzen versetzen würde, wenn wir Phantasie genug hätten, jene Gewitterwolke für ein mächtiges Gebirge, jenen Steinbruch für eine Klippe zu halten. – Nicht groß von Gestalt, hager und sehnig, mit scharfen, schlauen, tiefgebräunten, und vor der Zeit von Mühsal und Leidenschaft durchfurchten Zügen fehlt dem Paderbörner nur das brandschwarze Haar zu einem entschiedenen südlichen Aussehen. – Die Männer sind oft hübsch und immer malerisch, die Frauen haben das Schicksal der Südländerinnen, eine frühe, üppige Blüthe und ein frühes, zigeunerhaftes Alter. – Nirgends gibt es so rauchige Dörfer, so dachlückige Hüttchen, als hier, wo ein ungestümes Temperament einen starken Theil der Bevölkerung übereilten Heirathen zuführt, ohne ein anderes Kapital, als vier Arme und ein Dutzend zusammengebettelter und zusammengesuchter Balken, aus denen dann eine Art von Koben zu-

Topographische Karte Bökendorf und Umgebung. Ausschnitt aus der Karte „Rheinland und Westfalen" (1841–1858)

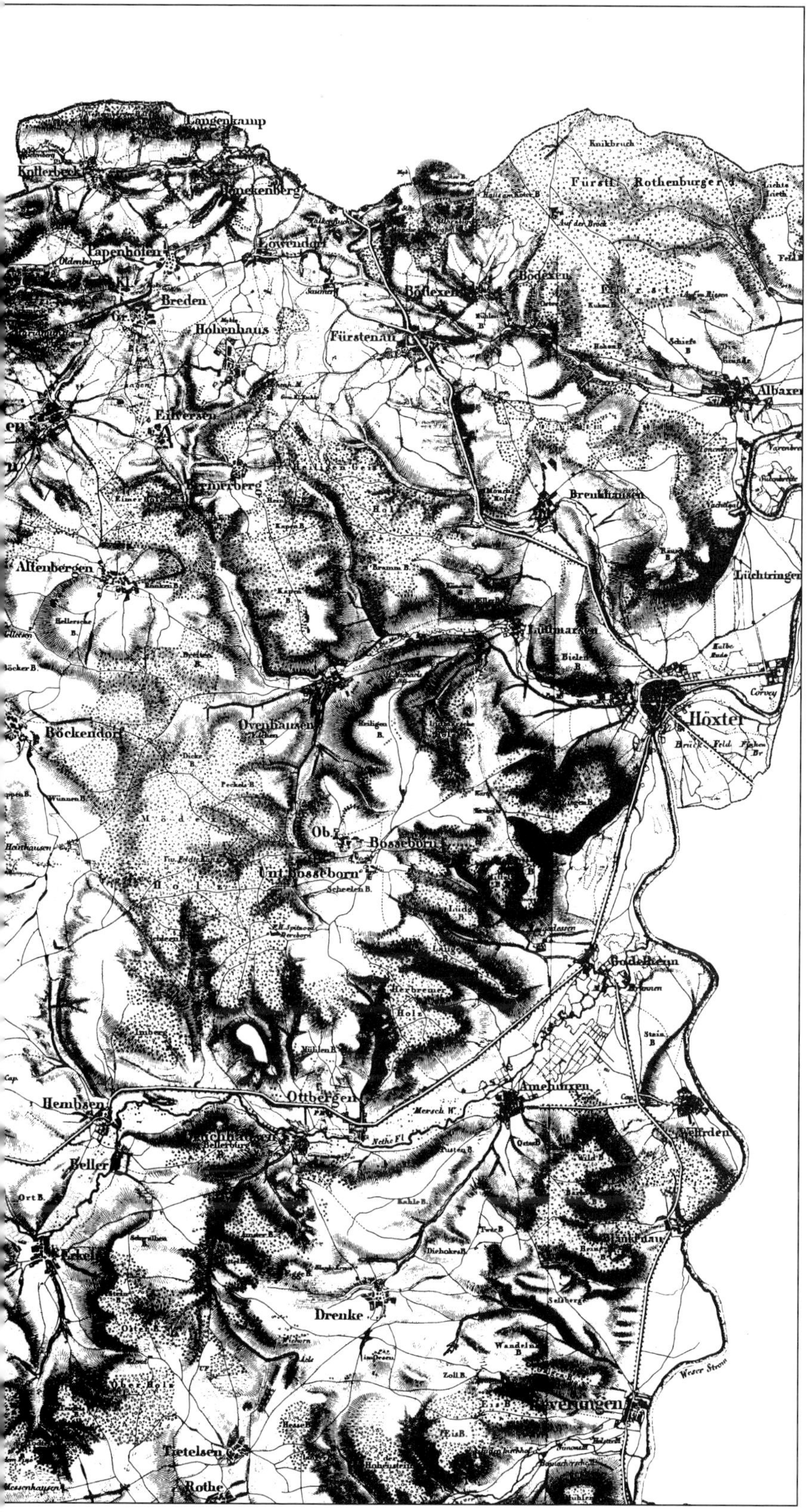
Langenkamp
Kullerbeck
Papenhöfen
Löwendorf
Breden
Hohenhaus
Fürstenau
Bödexen
Fürstl. Rothenburger
Albaxen
Altenbergen
Lüchtringen
Brenkhausen
Höxter
Corvey
Böckendorf
Ovenhausen
Ob. Bosseborn
Unt. Bosseborn
Godelheim
Hembsen
Ottbergen
Amelunxen
Beller
Drenke
Tietelsen
Rothe
Weser Strom

sammengesetzt wird, eben groß genug für die Herdstelle, das Ehebett, und allenfalls einen Verschlag, der den stolzen Namen Stube führt, in der That aber nur ein ungewöhnlich breiter und hoher Kasten mit einem oder zwei Fensterlöchern ist.

In all seiner Verwahrlosung sei der Paderborner dem *Aberglauben zugeneigt*, und: *Wirklich stehen auch manche Pflichten seinen mit der Muttermilch eingesogenen Ansichten vom eigenen Rechte zu sehr entgegen, als daß er sie je begreifen sollte,– jene gegen den Gutsherrn zum Beispiel, den er nach seinem Naturrecht gern als einen Erbfeind oder Usurpator des eigentlich i h m zuständigen Bodens betrachtet, dem ein ächtes Landkind nur aus List, um der guten Sache willen, schmeichle, und übrigens Abbruch thun müsse, wo es immer könne. – Noch empörender scheinen ihm die Forst- und Jagdgesetze, da ja „unser Herrgott das Holz von selbst wachsen läßt, und das Wild aus einem Lande in das andere wechselt." – Mit diesem Spruche im Munde glaubt der Frierende sich völlig berechtigt, jeden Förster, der ihn in Flagranti überrascht, mit Schnupftabak zu blenden, und wie er kann, mit ihm fertig zu werden. – Die Gutsbesitzer sind deßhalb zu einem erschöpfenden Aufwande von Forstbeamten gezwungen* … Die Paderboner schlössen *ihre Ehen meist aus Leidenschaft, und mit gänzlicher Rücksichtslosigkeit auf äußere Vortheile.* Kaum eine Barackenbewohnerin beende ihr Leben, *ohne Bekanntschaft mit dem sogenannten „braunen Heinrich", dem Stocke nämlich, gemacht zu haben. Sie aber finden es ländlich, sittlich, und leben der Ueberzeugung, daß eine gute Ehe, wie ein gutes Gewerbe, zuerst des E i n s c h l a g s bedarf, um nachher ein tüchtiges Hausleinen zu liefern.* Weiter heißt es: *Der Paderbörner Wildling* werbe wie *ein derbes Naturkind mit allem Ungestüm seines heftigen Blutes. Mit seinen und den Eltern seiner Frau muß es daher auch oft zu heftigen Auftritten kommen. Er geht unter die Soldaten, oder er läuft Gefahr, zu verkommen, wenn seine Neigung unerwidert bleibt. Die Ehe wird in diesen dürftigen Hütten den Frauen zum wahren Fegfeuer, bis sie sich zurechtgefunden; Fluch- und Schimpfreden haben, wie bei den Matrosen, einen großen Theil ihrer Bedeutung verloren, und lassen eine rohe Art aufopfernder Liebe wohl neben sich bestehen.*

Titelblatt des „Malerischen und romantischen Westphalen", 1840

Bereits im Winter 1840/41 hatte die Droste Levin Schücking für den Landschaftsbildband „Das malerische und romantische Westphalen" historische Balladen und Landschaftsskizzen über das Paderborner Land zum *beliebigen Gebrauch* überlassen. Ihre Beiträge beziehen sich auf Höxter, Bad Driburg, Wehrden und Herstelle, vielleicht auch auf Corvey – also sämtlich auf Orte, die sie aus eigener Anschauung gut kannte. Hinsichtlich dieser Ortskenntnisse war sie Schücking weit überlegen. Im Herbst 1840 hatte der damals 26jährige die Bearbeitung des „Malerischen und romantischen Westphalen" übernommen, wofür zunächst **Ferdinand Freiligrath** als Verfasser vorgesehen war, der jedoch vor der Aufgabe kapituliert hatte. Schücking stand unter enormem Erfolgs- und Zeitdruck. Für den Abschluß des Buches blieben ihm nur acht Monate Zeit, d. h. er mußte von Oktober 1840 bis Mai 1841 ca. 200 Druckseiten füllen. Ohne die Mithilfe der Droste wäre dies kaum zu erreichen gewesen.

Was in der Druckfassung von Schücking und was von der Droste stammt, läßt sich nicht genau bestimmen. Gesicherte Kenntnisse liegen – durch Manuskriptblätter im Nachlaß – erst über jene Passagen vor, die die Droste – beim selben Werk – über das Sauerland beisteuerte. Im „Malerischen und romantischen Westphalen" findet sich im Zusammenhang mit Bad Driburg eine Reisebeschreibung, die eindeutig auf die Droste zurückgeht. Die beschriebene Wegstrecke wurde von der Autorin wiederholt auf ihren Fahrten ins Paderborner Land zurückgelegt:

„Ihr müsst eigentlich", spricht sie den Leser an, „um den ganzen Reiz Driburg's zu empfinden, von Paderborn her über die öde Ebene des ‚Hänge' gekommen sein, die hochliegende einsame Fläche, an deren Horizont die Berge scheu und neblicht hervorlauschen, wie sich duckend vor dem scharfen Windstriche, der hier in den heissesten Sommertagen nicht ausgeht und durch die dürftigen Kornfelder zischt und rieselt, wie ein feiner Hagelschauer; da ist kein Haus auf Stundenweit, kein frischer Baum, nur hier und dort ein Kreuz am Wege oder ein kleiner verwitterter Heiligenschrein, neben gefährlichen Erdfällen, die ihren unterminirten Rand zuweilen bis fast an die Fahrstrasse drängen: – kurz, eine Gegend, die nicht einmal zu Heine's Phantasien in dem forcirt spasshaften ‚Gespräch auf der Paderborner Haide' kann angeregt haben. Eine jähe Senkung führt von dem Hänge herab, in die Einsamkeit und wie schmerzliche Stille des Gebirgwaldes: der Weg ist rechts und links von Bäumen umschlossen, ohne eine andre Aussicht, als durch zahllose Stämme und Astgewirr, ohne einen andren Laut, als das Knirschen unsrer Schritte auf dem durch Eisentheile dunkelroth gefärbten, wie blutgetränkten Grunde; so schlendern wir weiter und träumen uns, halb aufgeregt, halb gelangweilt, tief in die Geschichte hinein, die durch die stillen Aeste des ‚Teutoburger Waldes' ihre Romantik webt, in Schlachten, Fehme und die ‚rothe Erde.'".

In ihren *Westphälischen Schilderungen* hat die Droste später ebenfalls eine Teilstrecke der Route Münster-Paderborn beschrieben: *so sind es auch wieder Steppen, Sand- und Fichtenöden, die uns durch Paderborn, die ehemalige Residenz- und Gränzstadt, in das Bisthum gleichen Namens führen, so die Ebene allmählig zu Hügeln anschwillt, von denen jedoch die höchsten – der jenseitigen Gränze zu – die Höhe eines mäßigen Berges nicht übersteigen.– Hier ist die Physiognomie des Landes bei weitem nicht so anziehend, wie die seiner Bewohner, sondern ein ziemlich reizloser Uebergang von der Fläche zum Gebirge, ohne die Milde der ersten oder die Großartigkeit des letzteren,– unabsehbare Getraidfelder, sich über Thal und Höhe ziehend, welche die Fruchtbarkeit des Bodens bezeugen, aber das Auge ermüden,– Quellen und kleine Flüsse, die recht munter laufen, aber gänzlich ohne Geräusch und die phantastischen Sprünge der Bergwässer,– steinigter Grund, der, wo man nur den Spaden einstößt, treffliches Baumaterial liefert, aber nirgends eine Klippenwand vorstreckt, außer der künstlichen des Steinbruchs,– niedere Berge von gewöhnlicher Form, unter denen nur die bewaldeten auf einige Anmuth Anspruch machen können, bilden zusammen ein wenig hervorstechendes Ganze.– Selbst der klassische Teutoburger Wald, das einzige zwar nicht durch Höhe, aber durch seine Ausdehnung und mitunter malerischen Formen imposante Waldgebirge, ist in neueren Zeiten so durchlichtet, und nach der Schnur beforstet worden, daß wir nur mit Hülfe der rothen (eisenhaltigen) Erde, die fortwährend unter unsern Tritten knistert, so wie der unzähligen fliegenden Leuchtwürmchen, die hier in Sommernächten an jeden Zweig ihr Laternchen hängen, und einer regen Phantasie von „Stein, Gras und Grein" träumen können. – Doch fehlt es dem Lande nicht an einzelnen Punkten, wo das Zusammentreffen vieler kleinen Schönheiten wirklich reizende Partien hervorbringt, an hübschen grünen Thalschluchten, z. B. von Quellen durchrieselt, wo es sich recht anmuthig, und sogar ein wenig schwindelnd, durch die schlanken Stämme bergauf schauen läßt; liegt nun etwa noch ein Schlößchen droben, und gegenüber ein Steinbruch, der für's Auge so ziemlich die Klippen ersetzt, so wird der wandernde Maler gewiß sein Album hervor langen, und der benachbarte Flachländer kehrt von seiner Ferienreise mit Stoff zu langen Erzählungen und Nachentzückungen heim; – ein Dorf am Fuße des Berges kann übrigens das Bild nur verderben, da das Bisthum Paderborn hiervon ausgemacht die elendesten und rauchigsten Exemplare Westphalens aufzuweisen hat, ein Umstand, zu dem Ueberbevölkerung und Leichtsinn der Einwohner zu gleichen Theilen beitragen.*

Haben wir die paderbornsche Gränze – gleichviel ob zur Rechten oder zur Linken – überschritten, so beginnt der hochromantische Theil Westphalens ...

Weiter heißt es über das *geistliche Fürstentum Corvey* im Zusammenhang mit der *Grafschaft Mark*: *Diese beiden Provinzen* ⟨Corvey und Mark⟩ *zeigen, obwohl der Lage nach getrennt, eine große Verwandtschaft der Natur, nur daß die eine durch segelnde Fahrzeuge, die andere durch das Pochen der Hämmer und Gewerke belebt wird; beide sind gleich lachend und fruchtbar, mit gleich wellenförmigen, üppig belaubten Bergrücken geschmückt, in die sich nach und nach kühnere Formen und Klippenwände drängen, bis die Weserlandschaft wie eine Schönheit, die ihren Scheitelpunkt erreicht hat, allmählig wieder einsinkt und gleichsam abwelkt, während von der Ruhr aus immer kühnere Gebirgsformen in das Herz des Sauerlandes dringen, und sich durch die höchste romantische Wildheit bis zur Oede steigern. Daß die viel besprochene Porta Westphalica nur einen geringen Beitrag zu jener Bilderreihe steuert, und nur den letzten zweifelhaften beau jour der bereits verblichenen Weserschönheit ausmacht, ist schon öfters gesagt worden; desto reizender ist der Strombord in seinem Knospen, Erblühen und Reifen das Corveyer Ländchen und die anschließenden Striche entlang bis zur kurhessischen Gränze: so sanfte Berghänge und verschwimmende Gründe, wo Wasser und Land sich zu haschen und einander mit ihrer Frische anzuhauchen scheinen; so angenehme Kornfluren im Wechsel mit Wiese und Wald; so kokette Windungen*

Haus Abbenburg. Zeichnung von Julie von Wendt-Papenhausen

des Stroms, daß wir in einem Garten zu wandeln glauben. – Immer mannigfaltiger wird die Landschaft, immer reicher schattirt von Laub- und Nadelholz, scharfen und wellenschlagenden Linien … Bei dem neuantiken Schloss Herstelle hat die Landschaft ihren Höhepunkt erreicht, und geht, nach einer reichen Aussicht, die Weser entlang, und einem schwindelnden Niederblicke auf das hessische Gränzstädtchen Carlshafen, der Verflachung und überall dem Verfall entgegen.

ABBENBURG (Bökendorf/Brakel)
Hellesen

Die Gegend um Bökendorf und Abbenburg bei Brakel war die Heimat von **Annette von Droste-Hülshoffs** Mutter, die dem einflußreichen Geschlecht **von Haxthausen** entstammt. Die Droste verbrachte hier mehrere längere Aufenthalte – zusammengenommen etwa drei Jahre ihres Lebens. Bei ihren frühen Aufenthalten im Paderbornischen wohnte sie im Hause ihrer Großeltern auf dem Abbenburg benachbarten Bökerhof (→ Bökendorf), dem eigentlichen Stammsitz der Familie von Haxthausen. Erst seit 1837 nahm sie – nach dem Tode ihrer Großeltern – in Abbenburg Quartier, wo ihr Onkel **Friedrich von Haxthausen** und zeitweilig ihre Tante **Sophie von Haxthausen** lebten. Ihre Abbenburger Besuche fallen in die Sommermonate der Jahre 1837, 1838, 1839, 1843 und 1845.

Das Innere des Hauses beschreibt die Droste im Brief an **Wilhelm Junkmann** vom 26. August 1839: *Wären Sie hier, lieber Freund, ich glaube es würde Ihnen gefallen … – eine so tiefe Ruhe! denn die Oekonomiegebäude liegen ziemlich weit ab, und mein Oncle Fritz führt nur eine kleine Junggesellenwirtschaft – das Haus ist angenehm, angefüllt mit altertümlichen Gegenständen, wunderschönen geschnitzten Schränken und Meubles, alten Kunstuhren, Familienbildern, und so still, daß man den ganzen Tag die Heimchen zirpen hört.*

Zahlreiche Briefe vermitteln ein anschauliches Bild der Besuchsatmosphäre: *Mama und ich unterhalten uns vortrefflich, aber meistens auf unsere eigene Hand, mit Lesen, Schreiben, oder häuslichen tete a tetes – auch spatziren gegangen wird viel, kurz, ich meine im Rüschhaus zu seyn, was mir hier, wo ich sonst gewohnt war wie im Bienenkorbe zu leben, ganz seltsam vorkommt – Böckendorf und Kemperfeld stehn leer, … kurz, es ist ein Stilleben hier wie in einem Roman von Jakobs* (Abbenburg 1839). *Wir leben hier* ⟨in Abbenburg⟩ *so still, so ganz ohne Abwechslung und Vorfälle, daß ich eben nur Ihnen und Wenigen Andern schreiben kann, die es zufrieden sind wenn ich mich selber gebe, wer Neuigkeiten erwartete, müste die Zeit bedauern, die über dem Lesen vergangen. – Zwey Oncles, meine Mutter, und ich, für gewöhnlich – zwey oder dreymahl eine Tante zu Besuch – voila tout – was können sich da für große Begebenheiten entwickeln! – ich lebe hier wie in Rüschhaus und habe sogar auch mein altes schwarzes Kanapee, auf dem ich sitze oder liege (man kann es nennen wie man will) und schreibe, meine alten Lateiner, in denen ich vor dem Aufstehn lese, und mein Frühstück auf der Stube, wie ich es gewohnt bin,– draußen nebelts und regnets, seit 14 Tagen, so stört mich die Gegend nicht, und ich habe wirklich schon ein paarmahl in Gedanken nach meinem Küchenfensterchen gesucht, was aber freylich nicht zu finden war* (1839).

Es geht mir hier ⟨in Abbenburg⟩ *schon recht wohl, und wir leben dieses Mahl (ungewohnter Weise für diesen Ort) sehr still, – Sie glauben nicht wie wohl es mir thut, nach der Aussicht auf ein halbes Vagabundenleben, und der Scheu davor, in diese tiefe Ruhe gekommen zu seyn – tränke ich nicht Brunnen, und müßte deshalb spatzieren rennen wie ein Postpferd, so wollte ich fleißig seyn, daß Ihr Alle Eure Freude daran haben solltet* … (1839).

Uebrigens ist es jetzt das erste Mahl, daß sich mir Apenburg von dieser Seite zeigt, in den vorigen Jahren war es übermäßig belebt, von einem Schwarme von Verwandten und Freunden, die Alle ausgeflogen sind,– doch sie kehren allmählich zurück … wahrscheinlich werde ich hier nie wieder eine ähnliche Zeit verleben, um so mehr freut es mich, daß ich dieses Mahl dazu gekommen. – wäre mein gutes Rüschhaus nicht, was zwar nicht so schön, aber mir doch noch heimlicher ist, und könnte ich hier Alle die mir lieb sind so um mich her stellen wie dort, ich würde mich weniger fortsehnen, als je anderwärts. – aber jetzt! – „et gieft men een Mönster!“ (1839).

… *da hier, bis vor einigen Tagen, auch ganz und gar Nichts passirte. – Essen, Trinken, Schlafen und spatzieren Gehn fällt auch anderwärts vor, und pflegte bisher nicht unter die poetischen Stoffe gerechnet zu werden* … (1839).

… *bisher bin ich zumeist allein gegangen, oder vielmehr gelaufen, denn ich trinke Brunnen, und werde deshalb, bongré Malgré, umgetrieben wie ein Wagenrad,– die Gegend ist leidlich, das Wetter war zumeist schlecht, also Vergnügen wenig dabey, aber es hilft, meine Brust ist freyer, und man sagt ich sey mager geworden, was bey meiner Constitution immer gut ist – Bergluft bekömmt mir immer besser, als mein guter münsterischer Nebel,– in der Schweiz war mir wohler als seit Jahren –* (1839).

ich habe ein nettes heitres Quartier, unter den Fenstern eine hübsche Blumenterasse mit Springbrunnen, und allerley reizende Plätzchen in der nächsten Umgebung,– z. B. gleich vor mir einen Eichwald, mit großem Teiche und Insel darin, wo eine gewaltige Linde ihre Zweige fast auf den Boden senkt, und es sich auf den Sitzen gar anmuthig über dem Wasser träumen läßt,– dann noch eine andre, etwas entferntere Anlage, die sehr gut unterhalten, aber von Niemanden besucht wird, – da wäre Alles unser Eigen, Baumhallen, Sitze, das hübsche Zelt, blos für uns Zweye, um es nach Belieben mit den Bildern unsrer Liebsten zu bevölkern, oder zu einer Robinson-Einsamkeit zu machen,– ich werde leider täglich mehr zur Fledermaus, zwischen Licht und Dämmerung, das ist meine rechte Zeit, und übrigens … ich möchte immer, wie ein travestirter Hamlet, sagen: „Träumen, träumen! vielleicht auch – Schlafen!“ in dem Letzteren bin ich aber viel mäßiger geworden; wie meine Nerven denn überall sich bedeutend stärken, oder vielmehr, seit sie sich in die Ohren und Zähne verkrochen haben, das Uebrige freyer lassen (1843).

ich sitze hier – oder vielmehr ich sitze nirgends, sondern bin in Einem Rennen und Fahren, da wir genöthigt sind unter nicht weniger als n e u n Orte unsern hiesigen Aufenthalt zu vertheilen. (1843)

H i e r lebt sichs sehr still und wöhnlich … (1843).

Unser Aufenthalt in Abbenburg wird zwar,

Haus Abbenburg. Lithographie von Ph. Herle, 1830/1840

fürchte ich, nicht viele Nachfolger mehr haben, – der Onkel ist sehr leidend, bessert sich zwar ein wenig, aber lange nicht genug, daß wir nicht dem Winter mit Angst entgegen sehn sollten. – die Aerzte geben etwas Hoffnung auf Heilung, aber sehr geringe, – im schlimmeren Falle müsse ihn das Uebel, (eine Erschlaffung der Verdauungswerkzeuge,) im Verlaufe einiger Jahre aufreiben. – Für unser Zusammenkommen würde das zwar keinen Unterschied machen, – Mama hat außer ihm noch n e u n *lebende Geschwister hier umher, und würde nach wie vor die Sommer hier zubringen, (d. h. in Bökendorf, eine sehr kleine halbe Stunde von Abbenburg) aber übrigens würde mir sein Verlust sehr nahe gehn ... In Bökendorf ists krimmelvoll, bis unters Dach, ein halbes Dutzend Tanten und Nichten mit ihren Familien dort, – wenn ich, so etwa um den dritten Tag, auf eine Stunde hingehe, um meine Aufwartung zu machen, komme ich halb taub und ganz duselig zurück,– hierhin kommen sie nicht oft, weil es den Onkel angreift, so sehe ich die Male auch selten, und wir haben gar wenig von unserm Wiedersehen nach sechs Jahren ...* (1845).

Die Mama ist gestern nach Bökendorf gegangen, und noch nicht zurück, so ist mir denn die Unterhaltung des Onkels allein überlassen,– jetzt aber ruht er grade, und ich mache ein paar SiebenMeilenStiefel-Schritte zu meinem Lies. – Mein Zimmer ist eine wahre Arche Noah von angefangenen Arbeiten, – Handarbeiten – Schreibereyen – dicke Liederpakete, die ich vierstimmig aussetzen, – Journale und Bücher, die ich zur Belehrung und Benutzung durchlesen soll. – aber man kömmt hier zu gar nichts.– nicht daß es mir gradezu an Zeit fehlte, – Manchen Tag nehmen zwar die zuströmenden Besuche unsrer zahllosen Verwandten hin, aber an den übrigen habe ich täglich mehrere Stunden, ja oft ganze Nachmittage oder Morgen frey,– das hilft mir aber Alles nichts, ich muß völlige Ruhe und Sammlung haben, und die wird mir nie,– mein Amt ist zu unbestimmt, völlig ohne Regel,– bald werde ich oft, bald selten, bald nur auf Minuten, bald auf Stunden verlangt,– zuweilen sitze ich ganze Morgen auf dem Sprunge, stecke bey jedem Geräusch den Kopf zur Thüre hinaus, (NB. der Onkel haßt das Warten, so wie er ruft muß man auch schon die Treppe hinunter kommen) der erwartete Ruf bleibt aber aus, und die schöne edle Zeit, in der ich wenigstens mehrere Seiten hätte schreiben können, geht durch meine Schuld verloren. Das ist ein Altejungfernfehler, und nebenbey ein ächtes Rüschhauser Produckt, ich bin zu ruhig gewöhnt. – Denke ich an alle die Hausfrauen, die zwischen Kindern und Schlüsselgeklapper in hundert Absätzen fortschreiben, als wäre ihnen nie der Faden gebrochen, so möchte ich mich ohrfeigen, aber es würde doch schwerlich helfen,– Handarbeiten und flüchtiges Lesen, mit halbem Verstehen, bleibt doch das Einzige was ich zwischen Horchen und Warten einschieben kann. – Aus diesem Grunde sehne ich mich herzlich nach Hause,– solange Mama nicht hier war, fühlte ich mich höchst nöthig und nützlich, und kein Zeitverlust schien mir ein solcher, jetzt aber, wo ich nur ein Zwischenläufer und faute de mieux bin, lachen mir meine stillen Beschäftigungen in Rüschhaus wie eben so viele verlorene Paradiese, obwohl es sonst hier ganz reizend ist, still und wohnlich, und der gute Onkel sich in Liebe und Sorge für uns erschöpft, aber die Geistesdürre macht mich ganz confus, oder vielmehr das Zuströmen ungeborner Ideen, die mir im Kopfe summen wie Bienenschwärme denen man den Korb verklebt hat,– Ich weiß nicht, ists Wahrheit oder Einbildung – bloßer Geist des Widerspruchs – aber ich meine mich ganz besonders zum producieren aufgelegt, und träume a la Tantalus von dikken Bänden voll Erzählungen, Gedichten et cet, die mir alle wie Wasser aus der Feder fließen würden. (1845)

Seit zwey Monaten, wo der Onkel soweit hergestellt ist, daß er täglich einige Stunden Besuch ertragen kann, ists hier zum Schwindligwerden. – Alle Tage 3–4 Besuche, und jeder 3–4 Mann stark. – n e u n *verwandte Familien, – vier benachbarte – nebst diversen Pastören, die sich Alle einbilden jede Woche wenigstens einmahl nachsehn zu müssen wie die Besserung fortschreitet. – Der Onkel hats bequem, sobald ihm der Lärm zu arg wird, zieht er sich, als Reconvalescent, in seine Privatzimmer zurück, wohin Niemand folgen darf, aber Mama und ich führen ein wahres Schenkwirthsleben, – wir liegen oft noch im Bette, wenn schon ein Wagen anrollen kömmt, und Alle bleiben bis zum späten Abend. – Denken Sie, Mama'n bekömmt dies Leben a merveille, sie ist so kregel wie ein Bienchen geworden, und wenn ich an Rüschhaus denke, wo ihr eigentlich* j e d e r *Besuch zuviel war, so steht mir der Verstand still.–* I c h *hingegen kanns gar nicht aushalten,– ich bin den ganzen Sommer leidend gewesen, und muß mich täglich über Macht aufrappeln. – wenn ich mich darin zugäbe, könnte ich jeden Abend bitterlich weinen.* (1845)

Eine humorvolle Abbenburg-Episode gibt die Droste im Brief an ihre Mutter vom 5. August 1838 zum besten: *C l e m e n s e n s Frau* ⟨gemeint ist die Frau von Clemens von Mengersen⟩ *ist aber ein kurios Portrait, das Aeußere ist nicht übel, klein und dick, wie Hanne Hassenpflug, nur lange nicht so hübsch und piquant, aber vollkommen so alt aussehend, hat sie ganz das Ansehn einer freundlichen ältli-*

Haus Abbenburg geht auf eine Wasseranlage aus dem 16. Jahrhundert zurück. Das neue Herrenhaus wurde 1833 von den Brüdern Haxthausen erbaut

chen Landfrau, nur hört sie etwas schwer, wer aber kein Bescheid weiß, muß denken, sie sey stocktaub, in Apenburg, wo ich mich allein mit ihr herum schlagen muste, während Onkel Fritz mit ihrem Manne im Holze war, wuste ich oft nicht, ob ich lachen oder mich ärgern sollte, du kannst sie 6–7 mahl anreden, sie antwortet nicht, du stößt sie endlich an, jetzt verneigt sie sich ganz freundlich gegen dich, und sieht wieder vor sich, du hältst ihr eine Tasse Kaffe ganz dicht vor die Nase, sie hebt den Kopf höher, weil der Dampf sie genirt, aber nimmt sie nicht, und du mußt sie wieder wegsetzen – mit einmahl fängt sie von selbst an zu reden und nun hört sie jedes Wort was du antwortest, eine ganze Weile lang, bis es auf einmahl wieder aus ist – ich sagte dies mahl zu Josephs Frau (Charlotte) sie lachte gewaltig, und sagte „o! da müssen Sie Joseph hören, das ist sein Hauptthema“ Joseph fing gleich an: ja! das ist wunderbar! meine Schwägerinn und deren Schwester dazu, die würden Beyde so gut hören wie andre Leute, wenn sie es nicht total verlernt hätten, aus Langeweile in den Abendcirclen ihrer Mutter, da haben sie sich gewöhnt, Alles was um sie vorgeht zu überhören, wie das Geräusch auf den Straßen, und da sie in dieser Methode ziemlich alt geworden sind, so ist sie ihnen zur andern Natur geworden, so daß sie gar nicht mehr im Stande sind zu beachten was ein Anderer sagt, nur wenn ihnen selbst was zu fragen einfällt, dann hören sie wie die Besten – Charlotte erzählte darauf allerley Stückchen, wie es ihr damit gegangen wäre, einmahl, unter anderm, hatten sie Musick gemacht, Charlotte, Joseph, und Victorie, – die Andre Frau (Röschen) hatte, dem Anschein nach, sehr vergnügt zugehört, mit einmahl kömmt ihr (Röschens) kleiner Junge herein, mit einer Trompete, und beginnt den gräulichsten Lärm, sie gerathen Alle in die gröste Ungeduld, stampfen mit den Füßen, und Charlotte sagt „ich bitte dich, Röschen, bring das Kind zur Ruh!“ Röschen lächelt, und bleibt sitzen, Charlotte bittet noch ein paarmahl, dann steht sie auf, nimmt den Jungen beym Flügel, und wirft ihn vor die Thür, der Junge schreit, wehrt sich, es entsteht eine förmliche Katzbalgerey, und noch vor der Thür heult der Junge eine Weile wie ein Wolf, endlich zieht er ab, die Musik wird beendet, Alle stehn auf, nur Röschen bleibt noch immer, in horchender Stellung, auf ihrem Stuhle, endlich fährt sie zusammen und frägt „wo ist mein Kleiner?“ Charlotte sagt, „ich habe ihn heraus gebracht“ O, sagt Röschen, „war er vielleicht unruhig während der Musick?“

Häufig wanderte die Droste von Abbenburg aus in das 2 Kilometer entfernte Bökendorf, um die dortigen Verwandten zu treffen (der Fußweg existiert heute nicht mehr). Im Juli 1843 schreibt sie **Sibylle Mertens-Schaaffhausen**:

… ich habe mich, im Uebermuthe des Gefallens, verleiten lassen, ein tägliches Herüberkommen ⟨nach Bökendorf⟩ *zu versprechen, was mich jetzt mitunter höllisch genirt, – es ist immerhin eine halbe Stunde Weges, durch Wasserlachen und Sonnenbrand keineswegs angenehm, und jedenfalls geht mir der halbe Tag damit hin, die andre Hälfte hat auch ihre unabweislichen Unterbrechungen, und ich komme eben zu nichts, weder an Arbeit noch Ruhe …*

Die Aufenthalte im Paderbornischen hatten für die Autorin auch gesundheitliche Gründe. Sie sollte sich wegen ihrer Kurzatmigkeit und ihres Übergewichts auf ärztlichen Rat hin möglichst viel bewegen und den ganzen Tag an der frischen Luft verbringen. Sie wurde deshalb von **Friedrich von Haxthausen** beständig zum Sammeln von Steinen und Mineralien angehalten – einer Lieblingsbeschäftigung der Autorin, die auch in ihrem Gedicht *Die Mergelgrube* thematisiert wird.

Stoß deinen Scheit drei Spannen in den Sand,
Gesteine siehst du aus dem Schnitte ragen,
Blau, gelb, zinnoberroth, als ob zur Gant
Natur und Trödelbude aufgeschlagen.
Kein Pardelfell war je so bunt gefleckt,
Kein Rebhuhn, keine Wachtel so gescheckt,
Als das Gerölle gleißend wie vom Schliff
Sich aus der Scholle bröckelt bei dem Griff
Der Hand, dem Scharren mit des Fußes Spitze.
Wie zürnend sturt dich an der schwarze Gneus,
Spatkugeln kollern nieder, milchig weiß,
Und um den Glimmer fahren Silberblitze;
Gesprenkelte Porphire, groß und klein,
Die Okerdruse und der Feuerstein –
...

In einem Brief aus dem August 1839 heißt es: ... *unter dem Fenster steht mein Onkel Fritz, ruft wie ein Nachtwächter, und hält einen Hammer hoch über sich, das bedeutet, ich soll in die Luft, und Versteinerungen losklopfen, denn Gehen soll nicht genug seyn, wie der Docktor sagt, sondern körperliche Anstrengung im Freyen,– wie verkehrt und eigensinnig doch die menschliche Natur ist! ich habe dies Steineklopfen mit Passion getrieben, solange es eigentlich Niemand recht war – heimlich fortgestohlen habe ich mich, um im Steinbruche zu pickern, Essen und Trinken habe ich darüber vergessen, und nun muß man mich treiben, wie den Esel zur Mühle* ...
Wilhelm Junkmann berichtet die Droste wenig später: *ich muß jetzt, auf ärztlichen Befehl, fleißig Steine klopfen, was ich nicht halb so gern thue als früher freywillig, doch zuweilen klopfe ich mich wieder in den Eifer hinein, und habe meine Freude und Bewunderung an den Schalthieren und Pflanzen, die* ... *ihr zerbrechliches Daseyn durch Jahrtausende erhalten haben, es wird mir zuweilen ganz wunderlich, wenn ich manche Stengel oder Muscheln, genau in der Form wie sie damals der Augenblick verbogen hat, wieder hervor treten sehe, gleichsam in ihrer Todeskrümmung.*
Im Jahr 1843 schreibt die Autorin: *Hier würde es mir sonst gut gehn, Alles ist freundlich, Gegend, Haus, Wetter und Menschen.– haben wir kein Siebengebirge so haben wir doch sehr anmuthige Hügel mit prächtigen Steinbrüchen, wo ich heraus hämmern könnte, was mein Herz nur verlangt und statt eigentlicher Parks doch wenigstens hübsche Spazierwege durch Laub- und Nadelholz, und einige sogar imposante Baumhallen, wo ich sehr gerne arbeiten möchte* ....
Das Gedicht *Unter der Linde* aus den sogenannten „Abbenburger Gedichten" des Sommers 1845 ist wohl von der Linde im Park von Abbenburg inspiriert:

Es war an einem Morgen
Die Vöglein sangen süß
Und übern Rasen wehte
Der schönste Blumenvlies
Das Börnlein mir zur Seite
Sprach leise leise fort
Mit halbgeschloßnen Augen
Saß ich und lauschte dort

Ich sah die Schmetterlinge
Sich jagen durch das Licht
Und der Libelle Flügel
Mir zittern am Gesicht
Still saß ich wie gestorben
Und ließ mirs wohlig seyn
Und mich mit Blüthenflocken
Vom Lindenzweig bestreun

Mein Sitz war dicht am Wege
Ich konnte ruhig spähn
Doch mich, verhüllt vom Strauche
Mich hat man nicht gesehn
Wenn knarrend Wagen rollten
Dann drang zu mir der Staub,
Und wenn die Vöglein hüpften
Dann zitterte das Laub.

⟨Auszug⟩

Insgesamt wirkten sich die Aufenthalte im Paderbornischen günstig auf die Gesundheit der Autorin aus. Die aufgezwungene „Bewegungstherapie" führte dazu, daß die literarische Arbeit zeitweilig hintanstehen mußte. Zwei der fünf Abbenburgbesuche der Droste waren dennoch literarisch sehr produktiv. Im Sommer 1839 nutzte die Autorin den zunächst ruhigen und ungestörten Aufenthalt intensiv zur Weiterarbeit am *Geistlichen Jahr* – dessen zweiten Teil sie nach fast zwanzig Jahren an fast derselben Wirkungsstätte fortsetzte – und zur Beschäftigung mit der *Judenbuche*, die zu einem vorläufigen Abschluß gelangte. Der Steintisch, an dem die Droste ihr *Geistliches Jahr* schrieb, steht noch an seinem ursprünglichen Platz im Abbenburger Park.
Ihren ‚Schreibort' schildert die Autorin mit folgenden Worten: *ungefähr 200 Schritte vom Hause, (nach der stillen Seite) ein sehr hoher und breiter Laubengang, in der Mitte abgebrochen, wo eine herrliche alte Linde steht, mit steinernem Tische und Bänken drum her,– dies ist der Ort, wo ich meinen guten Onkel zuweilen betrüge, und ganz ruhig schreibe, während er mich durch Feld und Wald rennend glaubt, um mir die überflüssige Körper-*

masse abzulaufen.– da höre ich in der Welt Gottes Nichts, als die Schaafglocken in der Ferne, und das Gesumm der Insekten, und sehe Nichts als das grüne Laub, den Sonnenstrahl durch die Zweige und die Fliegen auf meinem Tische spatzieren.– Am liebsten ist es mir in der Dämmerung, wenn das Gewölbe lebendig wird, und die Blätter anfangen zu discurriren (an Junkmann, 26.8.1839).

Beim *Geistlichen Jahr* entstanden die Konzepte der Gedichte vom ersten Sonntag nach Ostern bis etwa zum 17. Sonntag nach Pfingsten. Am 24. August teilte die Droste **Christoph Bernhard Schlüter** mit: *Seit 14 Tagen … bin ich fleißig, und … recht im Zuge, so daß das „geistliche Jahr" sich hoffentlich früher schließen wird, als das Jahr neun und dreißig, an der nöthigen Stimmung fehlt es mir nicht in so vielen einsamen Stunden …*

Insgesamt entstanden damals in einem Zeitraum von zehn Wochen die Konzepte zu etwa 27 Gedichten: *die geistlichen Lieder werden, wie mich dünkt, ohngefähr den Früheren gleich, doch, glaube ich, wird es mir immer schwerer werden, einige Mannigfaltigkeit hinein zu bringen, da ich mich nur ungern und selten entschließe, Einiges aus dem Text selbst in Verse zu bringen – er scheint mir zu heilig dazu, und es kömmt mir auch immer elend und schwülstig vor, gegen die einfache Größe der Bibelsprache. – so bleibe ich dabey einzelne Stellen auszuheben, die mich zumeist frappiren und Stoff zu Betrachtungen geben. – ich freue mich darauf Ihnen das Fertige vorzulesen, Sie sind doch, dieses Mahl, fast mein ganzes Publicum.– wollte Gott ich könnte die Lieder heraus geben, es wäre gewiß das Nützlichste was ich mein Lebelang leisten kann, und das damit verbundene Opfer wollte ich nicht scheuen, hätte ich nur an mich zu denken, aber es geht nicht!* (an Schlüter, 24.8.1839).

Über die *Judenbuche* und die erneute Lektüre von August von Haxthausens „Geschichte eines Algierer-Sklaven" heißt es im selben Brief: *ich habe jetzt wieder den Auszug aus den Ackten gelesen, den mein Onkel August schon vor vielen Jahren in ein Journal rücken ließ, und dessen ich mich nur den Hauptumständen nach erinnerte – es ist schade, daß ich nicht früher drüber kam – er enthält eine Menge höchst merkwürdiger Umstände und Aeußerungen, die ich jetzt nur zum Theil benutzen kann, wenn ich die Geschichte nicht ganz von Neuem schreiben will – vor Allem ist der Charackter des Mörders ein ganz Anderer, was zwar an und für sich nicht schadet, aber mich nöthigt mitunter das Frappanteste zu übergehn, weil es durchaus nicht zu meinem Mergel passen will …*

In Abbenburg und nach der Rückkehr von dort entstand bis zum 14. Januar 1840

Steintisch im Garten von Haus Abbenburg

der Entwurf H8, der verschiedene Vorstufen vereinigte.

Auch im Sommer 1845 kam es in Abbenburg – wiederum ausgehend von einem Auftrag **Levin Schückings** – zu einer produktiven Phase. Schücking hatte der Droste am 21. Juli 1845 mitgeteilt, daß er die Redaktion des „Rheinischen Jahrbuchs" übernommen habe, für das er eilig Beiträge suche. Die Droste möge ihm möglichst bis Ende August neue Texte schikken.

Die Autorin befand sich damals jedoch in einer wenig inspirierten Stimmung. Bevor Schückings Bitte um Beiträge bei ihr eintraf, hatte sie **Elise Rüdiger** mitgeteilt, daß sie, bedingt durch die vielen Ablenkungen, in Abbenburg zu *gar nichts* komme. Dennoch bemühte sich die Droste, Schückings Wunsch umgehend zu erfüllen. Am 25. August übersandte sie ihm *Gastrecht*; *Zwey Legenden*: *Das verlorne Paradies, Gethsemane*; *Abschied*; *Unter der Linde*; *Carpe Diem!* und *Auch ein Beruf*. Als vorweggenommene Entschuldigung für die vermeintlich mindere Qualität der Gedichte ließ sie Schücking wissen: *ich mache gar keine Prätensionen mit diesen Gedichten, die in einem Wirrwarr gemacht sind, wie ich desgleichen nie erlebt, und nie wieder zu erleben hoffe.*

Die übrigen Abbenburg-Besuche fallen hinsichtlich der literarischen Ausbeute weniger ins Gewicht. Im Sommer 1838 las die Droste in Abbenburg die Druckfahnen ihrer ersten Gedichtausgabe. Zur Vervollständigung der Ausgabe entstand der Zyklus *Klänge aus dem Orient*. Im Sommer 1843 beklagte sie, daß sie – wieder einmal – kaum zum Arbeiten komme. Sie wolle *sehr gern arbeiten*, berichtet sie ihrer Freundin **Sibylle Mertens-Schaaffhausen**, *aber ich bin die arme Seele im Fegefeuer, die aus ihrem Fensterloche alle Welt in Abrahams Schooße sieht, und dabey nur an „einen Tropfen für ihre glühende Wange" denkt.*

Während ihres Besuches 1843 kündigte die Droste bereits ihren Rückzug aus dem Literaturbetrieb an. Sie schrieb damals von Abbenburg aus an **Elise Rüdiger**: *Wir bekommen hier eine Menge Journale – die Mode-*

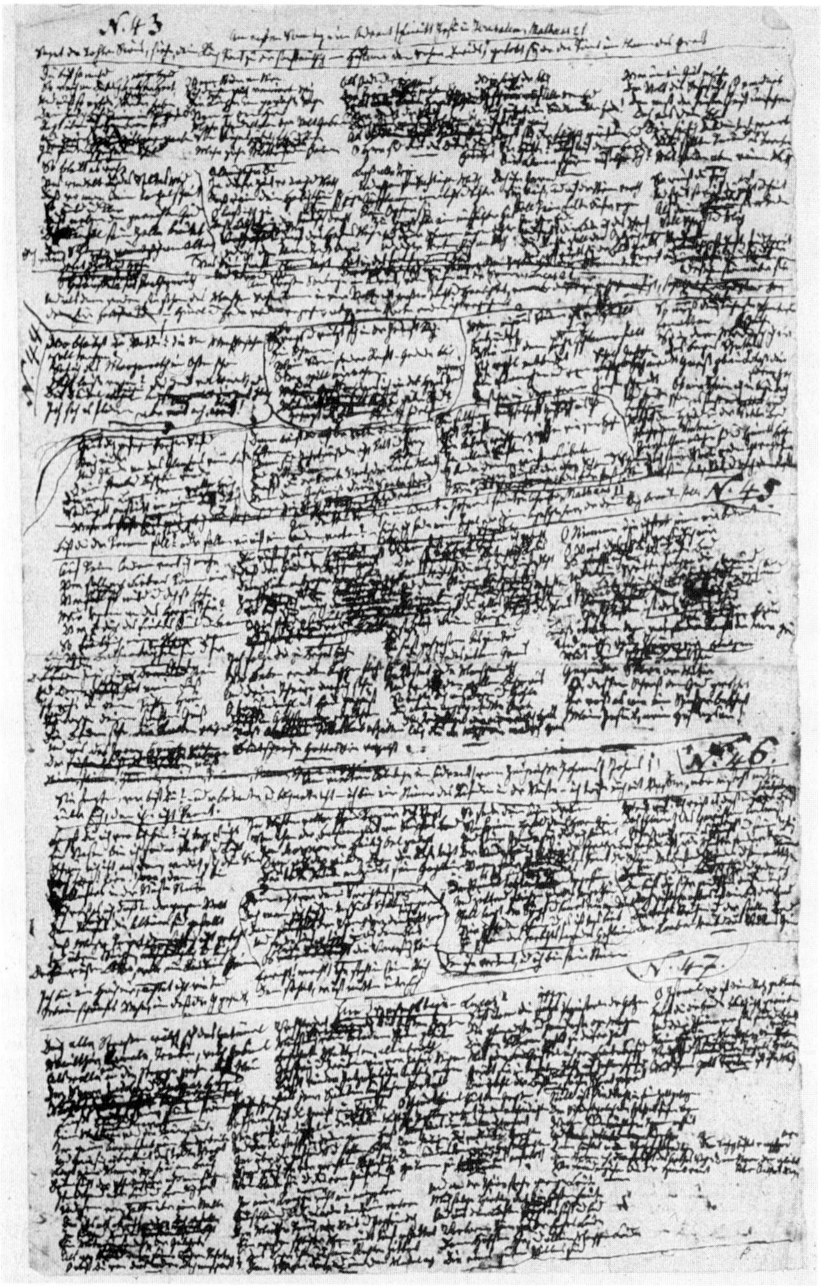

Arbeitsmanuskript des *Geistlichen Jahres* (zweiter Teil)

zeitung – das Morgenblatt – den Telegraphen – Vaterland – Ausland – Königsberger Litteraturblätter – Wenn ich sehe, wie so Alles durcheinander krabbelt um berühmt zu werden, dann kömmt mich ein leiser Kitzel an meine Finger auch zu bewegen – Geduld! Geduld! – aber wenn ich dann wieder sehe, wie Einer kaum den Kopf über dem Wasser hat, daß schon ein Anderer hinter ihm einen Zoll höher aufduckt und ihn niederdrückt,– wie Heine schon ganz verschollen, Freiligrath und Gutzkow veraltet sind … dann scheint mirs besser die Beine auf den Sopha zu strekken, und mit halbgeschlossenen Augen von Ewigkeiten zu träumen … ich finde nichts kläglicher als einen çidevant berühmten Poeten, dem jetzt jeder räudige Kläffer nach den Waden fährt … Ihr eigenes literarisches Selbstverständnis brachte sie mit den Worten zum Ausdruck: *so steht mein Entschluß fester als*

Das Vorwerk Hellesen bei Abbenburg

je, nie auf den Effect zu arbeiten, keiner beliebten Manier, keinem anderm Führer als der ewig wahren Natur durch die Windungen des Menschenherzens zu folgen, und unsre blasirte Zeit und ihre Zustände gänzlich mit dem Rükken anzusehn,– ich mag und will jetzt nicht berühmt werden, aber nach hundert Jahren möcht ich gelesen werden, und vielleicht gelingts mir, da es im Grunde … nur das entschlossene Opfer der Gegenwart verlangt …

➤ Die Droste-Stätten in Ostwestfalen erreicht man am besten über die B64 von Paderborn aus, indem man bei Brakel auf die Ostwestfalenstraße Richtung Steinheim abbiegt, die man an der Abfahrt Bellersen verläßt. 2 km weiter östlich liegt Bökendorf, weitere 2 km entfernt in nördwestlicher Richtung das Gut Abbenburg.

HELLESEN (bei Abbenburg)

Der Brief Annette von Droste-Hülshoffs an **Wilhelm Junkmann** vom 26. August 1839 enthält eine der schönsten Beschreibungen im Briefwechsel der Autorin. Die Schilderung des Vorwerks Hellesen (ein vom Haupthof abgetrennter Wirtschaftshof zur Unterbringung von Vieh und Ernte, um den Weg zwischen Feldern und Hof zu verkürzen) nahe Abbenburg beeindruckte **Levin Schücking** so sehr, daß er anfragte, ob er auf die Briefstelle in einem Aufsatz über Westfalen (für das „Deutschland im 19. Jahrhundert") zurückgreifen dürfe. Die Schilderung der Droste lautet: *Eine halbe Stunde von hier liegt Hellesen, ein sogenanntes Vorwerk von Apenburg, was ich oft zum Ziel meiner Spatziergänge mache, weil es grade die rechte Entfernung hat, um eine Tour daran abzulaufen,– so ein Vorwerk ist ein trauriges und doch romantisches Ding.– mitten im endlosen Felde, nichts als lange Scheuern und Stallungen, und dran gebaut zwey kleine Kämmerchen, wo zwey Knechte, jahraus, jahrein Winter und Sommer verbringen, ohne Monate lang Etwas zu sehn, außer dem Eseljungen und seinen Thieren die ihnen, zweymahl im Tage, das oft hartgefrorne Essen bringen, was sie dann auf ihrem Oefchen aufwärmen,– das Vorwerk verlassen dürfen sie niemahls, nur eben Sonntags, abwechselnd, zum Gottesdienst, denn sie haben große Oeconomieschätze zu bewachen.– Wie schläfrig und langweilig mögen sie über die Schneefläche ausschauen nach ihrem Eliasraben! da hätte Einer Zeit heilig oder gelehrt zu werden!– jetzt ist's ganz hübsch dort,– das Feld voll Leben, auf der einen Seite blöckt das Vieh, auf der andern schwirren die Sensen, und eine halbgefüllte Scheuer giebt mir ein Ruheplätzchen auf Heubündeln und Garben, grade wie ich es mag.– das wäre wieder Etwas für Sie! und es ist jammerschade, daß Sie nicht hier sind.– Auch ein Gehölz giebts hier, genannt der Vogelsang,– ziemlich weit von Hause, so hübsch in der Wildniß,– was ehmahls angelegt war, jetzt aber müssen Sie Sich durch Dornen und Gestripp arbeiten, und stehn dann plötzlich in einem großen Rund von alten Eichen, mit einer Bank drunter – da sitzt man auch wie verzaubert,– zum Ueberfluß steckt ein Eulennest im hohlen Baum, wo es unaufhörlich drinnen knackt und prustet – länger bis zur Dämmerung bleibe ich nie dort, denn dann wird das Eulenvolk zu lebendig, und das Durchbrechen ins Freye, wo man oft in Schlingpflanzen und Dornen gefangen ist, daß man sein Lebtage nicht wieder heraus zu kommen meint, hat im Dunkel was wirklich Grauserliches; ich glaube man könnte sich ungeheuer erschrecken, wenn nur ein Vogel aufflatterte ….*

Anläßlich der Grundsteinlegung des Vorwerks Hellesen hatte die Droste im Jahre 1837 für Werner von Haxthausen das Gedicht *Ich lege den Stein in diesen Grund* … verfaßt. In diesem Text werden die Paderborner Verwandten der Droste kurz vorgestellt:

Vorwerk Hellesen

Bei dem ersten Steinlegen in Helle(r)sen

Den 20ten May. 1837.

Ich lege den Stein in diesen Grund
Und wie's im Land und in meinem Haus
Liegt und steht zu dieser Stund
Das soll er alles sagen aus.
Werner von Haxthausen-Abbenburg heiß ich
Und lege den Stein im kalten Jahr
Tausend Achthundert sieben und dreißig
Wo der Maimond nicht besser war
Als sonst ein milder Februar
Wo die Blumen erfroren und wurden zu Heu
Und ist heute an diesem zwanzigsten May
Der erste gute und linde Tag
An dem man diesen Grundstein legen mag.
In der Welt auch weht ein scharfer Wind
Daß die wahre Treue man selten findt …
Daß die Welt nicht beuge einen edlen Stamm
Wir wollen alle halten zusamm
Ein Schelm der seine Sache verläßt
Wir wollen halten wie die Ringe an der Kette fest …
So will ich euch auch jetzt sagen aus
Wie es steht mit meinem Geschlecht und Haus
Meinen Namen, den nannt ich euch schon genau
Elisabeth von Harff heißt meine Frau,
Maria, mein einzig Töchterlein
Das ist zehn Jahr alt und noch klein
Die stehen jetzt beide an diesem Stein
Und legen jede ein Goldstück hinein.
Vier Brüder habe ich, außerdem
Acht Schwestern, das ist mir gar genehm.
Therese die Ältste, zu dieser Frist
Des von Droste zu Hülshoff Wittwe ist
Und steht nun auch an dieser Stätt',
Mit ihrer Tochter Anna Elisabeth
Dorothea von Wolff Metternich nicht fern hiervon
Ferdinandine von Heeremann Zuitwick eine Witwe schon
Franziska den von Bocholtz-Asseburg zum Manne hat
Anna von Arnswaldt in Hannover der guten Stadt.
Die Schwestern auch, die Jungfraun sind
Sophie, Caroline und zuletzt
Ludowine so pflegt der armen Kind
Zur Brede im kleinen Klösterlein
Das ihr der Bocholz-Asseburg räumte ein
Das sind meine lieben acht Schwestern jetzt.
Meiner Brüder, der sind vier
Moritz der ist ferne von hier.
In Bonn am Rhein der gelehrten Stadt
Eine von Blumenthal zur Ehe er hat
Die gab ihm zwey Söhne und ein Töchterlein
Und diese sind jetzt ganz allein
An unserm Stamm das junge Grün
Gott lasse sie gedeihen und blühn!
Und guter Sprosse werden froh
Werner sie heißen, Marie und Guido
Mein Bruder Fritz hier bei mir steht
Und Carl drüben in Hildesheim geht
Wo diese alle Beid vor Jahren
Des hohen Domstifts Glieder waren
Desgleichen ich in Paderborn
Eh' dies auch brach der Schicksal Zorn.
August der Jüngste in Berlin
Gott erhalte ihn gerecht und kühn.
Er steht auf einem schlüpfrigen Stand
Sein Kronprinz hält ihn mit fester Hand
Sein König hört auf seine Kund
Gott lege ihm das Rechte in den Mund! –
Zwey Brüder noch hatt' ich und die sind todt
Das brachte mir viel Kummer und Noth!
Wilhelm dem Kaiser diente treu
Den Fritz-Wilm nahm Napoleon fort
Nun sind begraben alle Zwei
Der Eine hier, der Andre dort.

An der türkischen Gränze Wilhelm liegt
Fritz-Wilm in Spanien ist versiegt. –
Nun wenn man auf diesen Grundstein bricht
Sind wir Alle zusammen, das zweifle ich nicht
So will ich denn legen diesen Stein
Und denken es kommt noch mancher Tag
Wie Gott es lenkt, so wird es sein
Doch jeder thue, was er vermag! –

Wer dies geschrieben zu dieser Frist
Das die Anna Elisabeth ist
Der Wittwe von Drosten, meiner Schwester Kind
Die schrieb dies mit ihrer Hand geschwind
Das wissen sollen unsre Sprossen gut
Wie ihren Ahnen einst war zu Muth
Als sie standen an diesem Stein
Und legten die alte Zeit hinein.

➤ Das Vorwerk Hellesen liegt an der Landstraße von Bökendorf nach Höxter.

BAD DRIBURG

Die Schilderung Bad Driburgs im „Malerischen und romantischen Westphalen" geht, wie erwähnt, wesentlich auf Annette von Droste-Hülshoff zurück. Die Droste kannte den Ort durch ihre Hin- und Rückreisen ins Paderborner Land, vor allem aber durch einen mehrwöchigen Kuraufenthalt im Sommer 1819. Damals sollte sie im Driburger Bad ihre häufigen *Leib- und Magenschmerzen*, ihre *Uebligkeiten* und ihr beständiges *Kopfweh* auskurieren.

Im „Malerischen und romantischen Westphalen" heißt es über Bad Driburg: „Besuchter als Godelheim ist der freundliche Badeort Driburg, der westlich von Höxter am Eggegebirge liegt, wo dieses fast parallel mit der Weser und als Begränzung ihres Gebiets sich von Norden nach Süden hinzieht. ⟨...⟩ Plötzlich wird das Gehölz niedriger, wir überragen die jungen Wipfel und finden uns unerwartet auf der Höhe des schönsten Amphitheaters und zugleich am Ende des Gebirgs; das lachende Städtchen und Bad Driburg liegt unter uns mit all den zierlichen Zuthaten solcher Orte, eleganten Gebäuden, bald in Gruppen, bald einzeln, Alleen, schlank und hochgewölbt, mit leichtgeschwungenen Brücken und kleinen spritzenden Wasserfällen darunter, das ganze, nicht grosse Thal nebst dem daran liegenden Rosenberge in einen saftig grünen Garten umgeschaffen; ringsum duftige frische Berggipfel und auf einem derselben die Ruinen der alten Iburg, unter der man Badegäste gebückt hinan klimmen oder Kinder in ihren runden Strohhütchen nach Dendriten herum stöbern sieht. Den eigenthümlichen Reiz des Panorama's, das dieses Thal bildet, wiederzugeben, würde man umsonst versuchen. Er liegt in dem angenehmen Mass der Ausdehnung, in der Anmuth der umgebenden Bergformen, in dem Hellen und doch Verschleierten der überall mit jungem Holze bewaldeten Höhen".

In Briefen an ihren Vater (September 1819) und ihre Mutter (Dezember 1819) stellte die Autorin die „interessantesten" ihrer Driburger Bekanntschaften vor: *ich habe zu Driburg man-*

Badehäuser in Driburg. Kolorierte Radierung von J. G. Hude, 1806

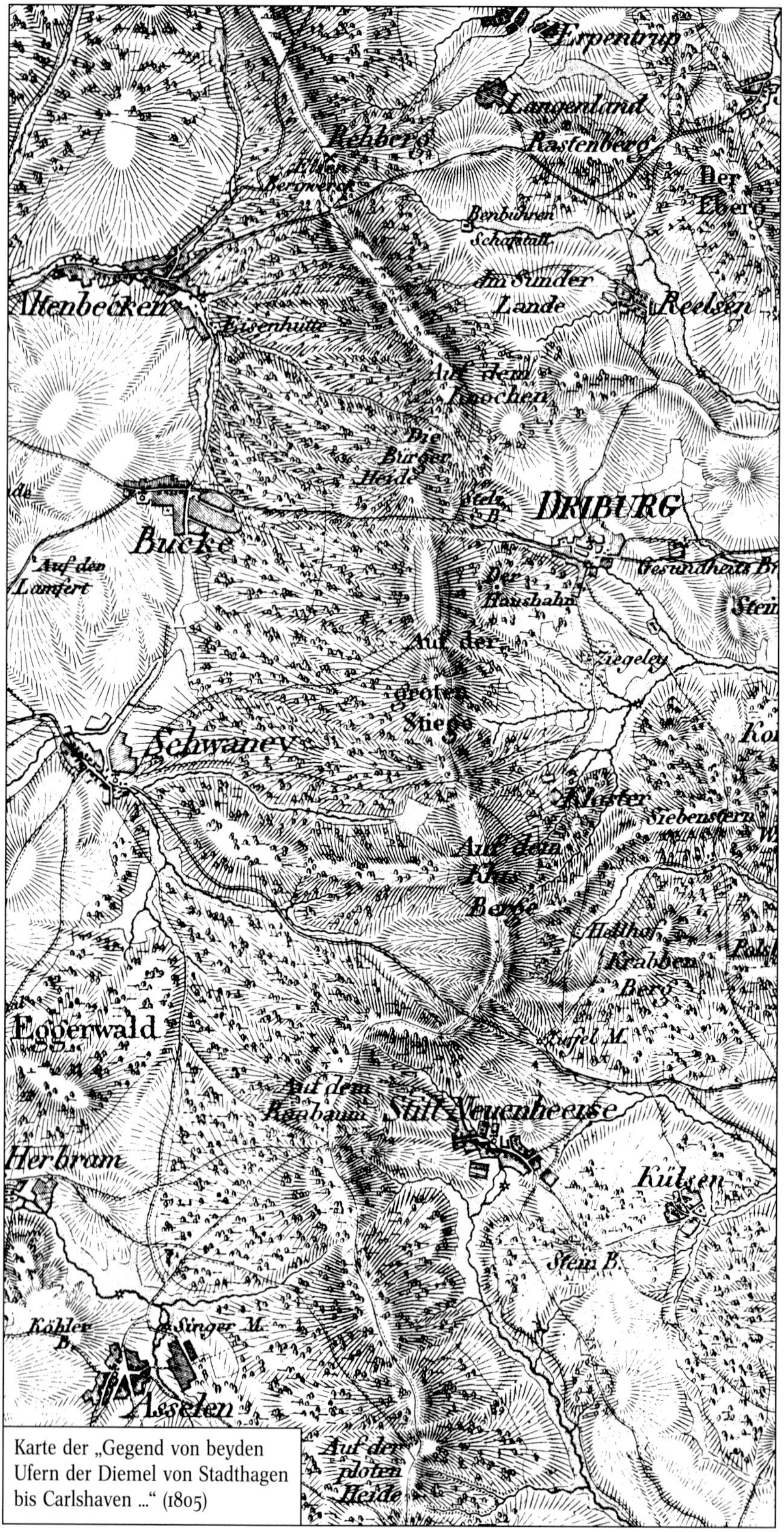

Karte der „Gegend von beyden Ufern der Diemel von Stadthagen bis Carlshaven ...“ (1805)

che angenehme Leute kennen gelernt,– die Krone des ganzen Bades war eine Frau von Stuttnitz, eine Frau von fünf und dreißig Jahren, die aber aussah als wenn sie sechzig alt wäre, weil sie schon seit vielen Jahren ganz contract von der Gicht ist, sie besitzt einen ganz vorzüglichen Verstand, und nie habe ich bey einer so schmerzhaft leidenden Person so viel beständige und gottergebene Heiterkeit gefunden, sie wohnt in Gotha, und hat mich auch gebethen, ihr zu schreiben, ich werde es auch thun, wenn ihr erlaubt, und ich glaube, daß ihr sie gewiß außerordentlich achtungswerth finden würdet, die Frau von Sierstorpf hat mir außerordentlich viel Güte erwiesen, wie sie sich denn überhaubt, ganz für ihre Gäste aufopfert, sie ist auch jetzt so schwach, daß sie die Weintraubenkur gebrauchen muß, wo sie in sechs Wochen gar nichts wie Weintrauben essen darf, ich habe mir das sehr angenehm gedacht, es soll aber beynahe gar nicht zum ertragen seyn … (an den Vater).

Ich will dir jetzt auch Verschiedenes von einigen Personen die ich in Driburg habe kennen lernen, schreiben, erstlich von Deckens selbst, der Obrist Decken selbst ist schon alt, 63 Jahr, groß und hat ein auffallendes, aber anfangs höchst unangenehmes Gesicht, wenn man ihn näher kennt, so gewinnen ihn die meisten Menschen sehr lieb, ich möchte ihn auch wohl leiden, aber doch nicht so sehr, er hat sehr viel Verstand, und weiß es auch, er ist ein Schriftsteller und hat schon Verschiedenes heraus gegeben, unter andern ein Bändchen Gedichte, wovon ich auch ein Exemplar habe, sie wollen aber nichts bedeuten, denn er ist gar nicht mit der Zeit fortgeschritten, er ist übrigens ernst und verschlossen aber sehr rechtlich, also ein braver Mann, hat aber für mich was Unheimliches, seine erste Frau war eine Hinübrin, und von ihr sind die beyden Töchter, die auch in Driburg waren, nebst einen Sohn, seine jetzige Frau, meine liebe Mine, ist eine Engländerin, geborene Brown (Braun) ihre Mutter wäre eine geborne Lady Hamilton, und sie ist somit eine rechte Nichte des jetzigen Herzogs von Hamilton sie ist sehr groß und schlank, und Zug vor Zug sehr schön, Stirne, Augen, und Nase, fast ganz wie Mimy, aber einen sehr großen Mund, und eine goldgelbe Farbe, dabey schwarzes krauses Haar, und eine herrliche Figur, und doch kömmt sie einem im Ganzen eher häßlich vor, ich glaube weil sie zuviel wie ein Mann aussieht, ich glaube, daß sie noch mehr Verstand hat, wie ihr Mann, wenigstens viel mehr Geist, und eine Sanftmuth, wie ich sie sonst nur bey meinem lieben Papa gefunden habe, und eine außerordentliche Andacht, sie hält äußerst auf ihr Point d'honneur und ein edles anständiges Betragen, und wo das angegriffen wird, kann sie auch wohl mahl sehr fein und scharf seyn, ich glaube, du würdest sie sehr lieb gewinnen, mir ist ihre Gegenwart am Anfang trotz aller Freundlichkeit etwas drückend, sie hatte mich außerordentlich lieb, und seit sie fort ist, schon sechs mahl geschrieben, ich habe aber erst einmahl antworten können, sie ist 33 Jahr alt, mit ihren beyden Stieftöchtern würdet ihr euch alle herrlich schicken, die älteste Annette ist 26 Jahr, sie hat eine StiftsPraebende und nennt sich deshalb eine Klosterdame, geht nie ohne Mütze, Fraise und lange Ermel, und hält sich für stump steenolt, sie hat was Angenehmes, ist klug und gebildet aber ein völliges Nönnchen, die Jüngste Sophie ist 18 Jahr alt und so lieb, daß ich, wenn es nicht undankbar gegen die Decken wäre, wohl sagen möchte, sie wäre mir die Liebste von der ganzen Familie, sie hat viel von ihrer Schwester, aber ist dabey so freundlich und klug, und angenehm daß sie ein wahrer Abgott im Bade war, obschon sie und ihre Schwester immer für sich waren, und mit Niemand Umgang suchten, wir beyden wären wohl sehr enge Freunde geworden, wenn ich nicht bemerkt hätte, daß die Decken etwas eifersüchtig darüber geworden wäre, übrigens steht die Mutter mit den Töchtern in der besten Harmonie, aber sie sind sich so wenig ähnlich, wie Mohren und weiße, die eignen Kinder der Decken gleichen alle wieder äußerlich auf die Mutter und sind alle sehr unartig, weil sie nach englischer Manier erzogen werden, aber zum Erschrecken klug, und haben alle einen seltsamen italienischen Karackter, ich werde dir noch viel Eignes von diesen Kindern erzählen,– es war auch ein anderer Schriftsteller zu Driburg, Herr von Knigge, Vetter des alten Knigge, dieser zu Driburg ist der berühmte Reisende durch Asien und Afrika, er soll darüber ein herrliches gelehrtes Buch geschrieben haben, er wohnte grade neben uns, und wir waren schon längst die besten Freunde von wegen der Musick, denn im Deckenschen Saale standen Flügel, und so oft ich spielte kam er herein, hörte aufmerksam zu, und knüpfte nachher gewöhnlich ein, von seiner Seite, sehr kenntnisreiches und unterhaltendes Gespräch über die Musick an, sobald ich wußte was ich daran hatte, mußte er mir von seinen Reisen erzählen, er that es gern, und es war immer uns allen viel werth, wenn wir ihn dazu bringen konnten, seine Frau ist eine Russin, und was man ein Düttelchen nennt, seine Kinder sind alle unbedeutend, er selbst gleicht von Gesicht auf Flörchen Busch, also auch nicht angenehm,– Eine allgemein ausgezeichnete Achtung genoß eine Frau von Stuttnitz aus Gotha, sie ist noch jung, aber ganz contract von der Gicht, man sagt, sie soll sowohl von Gestalt als Charakter wie eine Zwillingsschwester an die selige Hofräthin Blume gleichen, sie bat mich sie oft zu besuchen und wir sind uns

Bade- und Logierhäuser in Bad Driburg. Zeitgenössische Lithographie von Ph. Herle

hoffentlich gegenseitig recht lieb geworden, sie weinte sehr, wie ich fort ging, und ich war auch sehr betäubt, denn ich sehe sie gewiß in meinem Leben nicht wieder nun habe ich dir die merkwürdigsten Personen des Bades beschrieben, es waren noch viele andere da, wovon sich manches erzählen ließ, aber ich mag doch den Brief nicht damit voll kladden, nur noch eins, die Stuttnitz ist ganz intim mit dem Dichter Werner, ich habe viele seiner Briefe gelesen, sie sind alle sehr schön aber phantastisch,– (an die Mutter).

In einem dritten, an ihre **Bökendorfer Stiefgroßmutter** und ihre dortigen **Tanten** gerichteten Schreiben klagt die Droste über die hohen Kosten, die der Badbesuch verschlinge: *Ach liebe Grosmutter und Tanten wenn ihr mir doch wolltet ein Bischen Butter schicken, hier zu Lande ist sie sehr theuer und schlecht … wenn ihr mir wolltet etwa ein süßes Brod und einen Käse dazu schicken, dann würde ich euch sehr dankbar seyn.*
Während des Badbesuchs 1819 verfaßte die Droste ihr sogenanntes *Bettellied*. Es soll auf Bitten einer armen Frau aus der Umgebung entstanden sein. Im erwähnten Brief an die Großmutter und Bökendorfer Tanten konnte die Droste mitteilen, daß ihr *Bettellied* den *gewünschten Erfolg* gehabt habe.
Eine mit dem Driburger Badbesuch zusammenhängende Episode schildert die Droste in einem ihrer späten Briefe an **Elise Rüdiger**. Aufhänger für die Schilderung war die Reise mit der Schnellpost von Münster nach Brakel im Jahre 1845: *Von Paderborn bis Driburg hatte ich zwey Juden, die ihre pechschwarzen Augen nicht wenig auf Settchen funkeln ließen,– In Driburg hörte ich den Postillon sagen: „wir können noch nicht fahren, Herr Sonnenberg steigt noch ein" und merkte auf einmal, daß ich mich gewaltig freute, ihn nach 25 Jahren, wieder zu sehn, obschon ich damahls gleichgültig, und später sogar unvortheilhaft über ihn dachte – aber die Vergangenheit! die Vergangenheit! – wie Manche hatte ich damals in Driburg gekannt – war sogar halbweg vertraut geworden! – wie manche Todten! – wie Manche die verstoben und verflogen waren, Gott weiß, wohin! – und vor mir lagen die Gebäude und Alleen, wo wir uns herum getrieben hatten! – … Ich nannte gleich seinen Namen, auch den meinigen (etwas undeutlich) und fiel wie ein Wolf über die alten Erinnerungen her. – Sonnenberg erinnerte sich meiner nicht im Geringsten, fragte „mit Wem ich dort gewesen?" – Mit meinen Onkels, Karl und Werner Haxthausen" (nur halb wahr, ich stand unter dem Schutze einer Frau von Decken, die ich aber total vergessen hatte) – Sonnenberg schüttelte noch immer den Kopf, und konnte sich nicht besinnen,– ich tröstete ihn, daß ich leichter etwa 50 Personen behalten könnte, als er die endlosen Badegäste seit 25 Jahren.– und dann giengs über die alte Zeit her, wo er, zu meiner Freude, sich noch jede Kleinigkeit erinnerte, und mir fast von Allen spätere Nachrichten geben konnte,– die Bacharacht war wirklich meine damalige Thereschen Struve, eine Cousine Sierstorpfs, und er konnte mir ihr ganzes stürmisches Leben, und endliche Einfahrt in einen recht friedlichen und wohlassortirten Ehestand mittheilen.– sie sey sehr schön geworden, und noch jetzt überaus anmuthig und interessant.– von ihren Schriften war er weniger erbaut, und schimpfte besonders auf den „Falkenberg" theils wegen seiner unangenehm politisch-antijesuitischen tendenz, am meisten aber, wegen einer gewissen hündischen Sklavennatur der Heldin, die, weit entfernt die ehe-*

liche Treue liebenswürdig darzustellen, sie Einem fast fatal mache, weshalb er es für ein schädliches Buch halte" et cet. - Sein Urtheil schien mir übrigens etwas unsicher und eingelernt, obwohl er dem Falkenberg (wie ich später sah) nicht Unrecht gethan,- mit einem Male sagte er: „Aber Eins haben Sie vergessen - doch nein - das muß ein anderes Jahr gewesen seyn, sonst würden Sie Sich es erinnern." - Ich fragte: „was denn?" - Nein, nein, das ist ein Irrthum - aber es kam mir ganz deutlich vor, als wär dies derselbe Sommer, wo Fräulein von Droste mit einer Frau Decken dort war,- Ich war wie aus den Wolken gefallen, sagte aber ganz ruhig, - „ja wohl, die waren auch da" - „nein, nein, ich meine die Dichterin" - „ja, die meine ich auch,- Frau von Decken war eine Engländerin, viel jünger als ihr Mann, und hatte vier kleine sehr ungezogene Kinder, von der Familie habe ich auch später nichts gehört, können Sie mir etwas erzählen?" - Er war aber nicht von seinem Texte zu bringen, und wollte mich mit Gewalt, durch endlose Bezeichnungen, als, klein, mager, blond, sehr große Augen; et cet, an Fräulein von Droste erinnern, obwohl ich ihn zehnmal versicherte, „ich erinnere mich ihrer sehr genau" bis Settchen sich nicht mehr halten konnte, und fast vor Lachen erstickte,- Sonnenberg, sah ganz verbaselt erst auf Settchen dann auf mich, schlug die Hände zusammen, und sagte „Jesus Maria! Sie sind Fräulein von Droste, und ich habe Sie nicht erkannt! ich habe vorhin ‚Fräulein von Trott' verstanden." - Ich tröstete ihn, daß man nach 25 Jahren keineswegs verbunden sey Jemanden wieder zu erkennen, und es mir eben so würde ergangen seyn, wenn ich nicht in Driburg seinen Namen gehört hätte.- Er schien sich, nach der ersten Verlegenheit, dieses Wiedersehns sehr zu freuen, gieng nun erst recht los mit Erzählen, sprach auch viel, und in den Ausdrücken höchster Verehrung, von meinem Lies, und bot mir schließlich an, mich mit Büchern aus der Sierstorpfschen Bibliothek zu versorgen, wo er denn auch Wort gehalten und mir vor ⟨es folgt eine unleserliche Stelle⟩ *Tagen die Fortsetzung des Juif Errant, den Corricolo von Alexandre Dumas, und den Falkenberg ⟨geschickt hat; Letzteren⟩ habe ich durchgelesen, und muß Sonnenbergs Urtheil unterschreiben, obwohl das Buch sonst mit Feinheit und* ⟨ein Wort fehlt⟩ *geschrieben ist - obwohl im ausgefahrenem Gleise,- Salon - Prinzen - elegante Toiletten - und Liebe - Liebe - hündische, entwürdigende Liebe! - ein Frauenzimmer sollte sich schämen ihr Geschlecht so elend schwach darzustellen ...*

Eines der Driburger Badehäuser führt den Namen der Droste. Außerdem erinnert eine Gedenktafel am Gästehaus neben der Trinkhalle an die Autorin. Ihre Novelle *Die Judenbuche* wird in einem Mosaik in der Trinkhalle thematisiert.

BELLERSEN (Brakel)

Es widerspricht der von der Droste beabsichtigten Fiktionalisierung, das *Dorf B* in ihrer *Judenbuche* (*Das Dorf B. galt für die hochmütigste, schlauste und kühnste Gemeinde des ganzen Fürstentums*) mit dem Dorf Bellersen gleichzusetzen. Ungeachtet dessen spielte der reale Hintergrund der Geschichte vom Mord an dem Juden Aaron in jenem Nachbarort von Bökendorf. Bereits August von Haxthausen hatte den Stoff, den er im Familienarchiv vorgefunden hatte, zu seiner halbdokumentarischen Darstellung „Geschichte eines Algierer-Sklaven" aufgegriffen und 1818 in der von ihm mitherausgegebenen literarischen Studentenzeitschrift „Die Wünschelruthe" veröffentlicht. Die Droste wurde während ihres zweiten Besuches in Bökendorf im Jahre 1813 durch Erzählungen ihres Großvaters mit dem Hintergrund der Geschehnisse bekannt, die sie später allerdings frei ausgestaltete, so daß der Judenmörder der Haxthausenschen Vorlage nicht mehr viel mit ihrem Friedrich Mergel gemein hatte.

In Bellersen (Hauptstraße Nr. 4) stand das Geburtshaus des Judenmörders, der den Namen **Herman Winkelhahn** trug. Er wurde am 18. September 1806 an unbekannter Stelle auf dem kleinen Friedhof neben der barocken Kirche St. Meinolf begraben. Hinter der Kirche neben der Kapelle befindet sich die Grabstätte der **Familie von Haxthausen**. Hier liegt auch **August von Haxthausen** begraben. 1964 wurde im Wald bei Bellersen ein Gedenkstein zur *Judenbuche* gesetzt.

Die Droste kannte das zwei Kilometer von Bökendorf entfernte Bellersen vermutlich durch viele kleinere Ausflüge. Von einem solchen Kurzbesuch spricht ein Brief **Anna von Haxthausens** an **Heinrich Straube** aus dem Mai 1819: „Die Ludowine und ich ... schmieren Ihnen dies Butterbrot heute auf der Vorratskammer alleine. Die Nette ist schon früh tages nach Bellersen gelaufen und beichtet ihre Sünden".

➤ Der Ort Bellersen liegt etwa 2 km westlich von Bökendorf an der Landstraße von Brakel nach Steinheim.

BEVERUNGEN
→ **HERSTELLE**
→ **KEMPERFELD**
→ **WEHRDEN**

Kloster Böddeken. Zeitgenössische Darstellung

BÖDDEKEN (Wewelsburg/Büren)
Der Sage nach soll der westfälische Adel ein eigenes Fegefeuer besessen haben. Dessen historischer Ort soll der in der Nähe des ehemaligen Klosters Böddeken gelegene Lutterberg (heute: Löwenberg) gewesen sein. Auf diesem Motiv fußt die Ballade *Das Fegefeuer des westfälischen Adels*, die die Droste Schücking für das „Malerische und romantische Westphalen" zur Verfügung stellte.

Das Fegefeuer des westfälischen Adels

Wo der selige Himmel, das wissen wir nicht,
Und nicht, wo der gräuliche Höllenschlund,
Ob auch die Wolke zittert im Licht,
Ob siedet und qualmet Vulkanes Mund;
Doch wo die westphälischen Edeln müssen
Sich sauber brennen ihr rostig Gewissen,
Das wissen wir alle, das ward uns kund.

Grau war die Nacht, nicht öde und schwer,
Ein Aschenschleier hing in der Luft;
Der Wanderbursche schritt flink einher,
Mit Wollust saugend den Heimatduft;
O bald, bald wird er schauen sein Eigen,
Schon sieht am Lutterberge er steigen
Sich leise schattend die schwarze Kluft.

Er richtet sich, wie Trompetenstoß
Ein Hollah ho! seiner Brust entsteigt –
Was ihm im Nacken? ein schnaubend Roß,
An seiner Schulter es rasselt, keucht,
Ein Rappe – grünliche Funken irren

Das 836 gegründetes ehemaliges Augustinerherrenkloster Böddeken, seit 1822 als Gutshof im Besitz der Freiherrn von Mallinckrodt. Heutige Ansicht

Ueber die Flanken, die knistern und knirren,
Wie wenn man den murrenden Kater streicht.

„Jesus Maria!" – er setzt seitab,
Da langt vom Sattel es überzwerg –
Ein eherner Griff, und in wüstem Trab
Wie Wind und Wirbel zum Lutterberg!
An seinem Ohre hört er es raunen
Dumpf und hohl, wie gedämpfte Posaunen,
So an ihm raunt der gespenstige Scherg':

„Johannes Deweth! ich kenne dich!
Johann! du bist uns verfallen heut!
Bei deinem Heile, nicht lach' noch sprich,
Und rühre nicht an was man dir beut;
Vom Brode nur magst du brechen in Frieden,
Ewiges Heil ward vom Brode beschieden,
Als Christus in froner Nacht es geweiht!" –

Ob mehr gesprochen, man weiß es nicht,
Da seine Sinne der Bursche verlor,
Und spät erst hebt er sein bleiches Gesicht
Vom Estrich einer Halle empor;
Um ihn Gesumme, Geschwirr und Gemunkel,
Von tausend Flämmchen ein mattes Gefunkel,
Und drüber schwimmend ein Nebelflor.

Er reibt die Augen, er schwankt voran,
An hundert Tischen, die Halle entlang,
All edle Geschlechter, so Mann und Mann;
Es rühren die Gläser sich sonder Klang,
Es regen die Messer sich sonder Klirren,
Wechselnde Reden summen und schwirren,
Wie Glockengeläut, ein wirrer Gesang.

Ob jedem Haupte des Wappens Glast,
Das langsam schwellende Tropfen speit,
Und wenn sie fallen, dann zuckt der Gast,
Und drängt sich einen Moment zur Seit';
Und lauter, lauter dann wird das Rauschen,
Wie Stürme die zornigen Seufzer tauschen,
Und wirrer summet das Glockengeläut.

Strack steht Johann wie ein Lanzenknecht,
Nicht möchte der gleißenden Wand er trau'n,
Noch wäre der glimmernde Sitz ihm recht,
Wo rutschen die Knappen mit zuckenden Brau'n.
Da muß, o Himmel, wer soll' es denken!
Den frommen Herrn, den Friedrich von Brenken,
Den alten stattlichen Ritter er schaun.

„Mein Heiland, mach' ihn der Sünden baar!"
Der Jüngling seufzet in schwerem Leid;
Er hat ihm gedienet ein ganzes Jahr;
Doch ungern kredenzt er den Becher ihm heut!
Bei jedem Schlucke sieht er ihn schüttern,
Ein blaues Wölkchen dem Schlund entzittern,
Wie wenn auf Kohlen man Weihrauch streut.

O manche Gestalt noch dämmert ihm auf,
Dort sitzt sein Pathe, der Metternich,
Und eben durch den wimmelnden Hauf
Johann von Spiegel, der Schenke, strich;
Prälaten auch, je viere und viere,
Sie blättern und rispeln im grauen Breviere,
Und zuckend krümmen die Finger sich.

Und unten im Saale, da knöcheln frisch
Schaumburger Grafen um Leut' und Land,
Graf Simon schüttelt den Becher risch,
Und reibt mitunter die knisternde Hand;
Ein Knappe nahet, er surret leise –
Ha, welches Gesummse im weiten Kreise,
Wie hundert Schwärme am Klippenrand!

„Geschwind den Sessel, den Humpen werth,
Den schleichenden Wolf geschwinde herbei!"
Horch, wie es draußen rasselt und fährt!
Baarhaupt stehet die Massoney,
Hundert Lanzen drängen nach binnen,
Hundert Lanzen und mitten darinnen
Der Asseburger, der blutige Weih!

Und als ihm alles entgegen zieht,
Da spricht Johannes ein Stoßgebet:
Dann risch hinein! sein Ermel sprüht,
Ein Funken über die Finger ihm geht.
Voran – da „sieben" schwirren die Lüfte
„Sieben, sieben, sieben," die Klüfte,
„In sieben Wochen, Johann Deweth!"

Der sinkt auf schwellenden Rasen hin,
Und schüttelt gegen den Mond die Hand,
Drei Finger die bröckeln und stäuben hin,
Zu Asch' und Knöchelchen abgebrannt.
Er rafft sich auf, er rennt, er schießet,
Und ach, die Vaterklause begrüßet
Ein grauer Mann, von keinem gekannt,

Der nimmer lächelt, nur des Gebets
Mag pflegen drüben im Klosterchor,
Denn „sieben, sieben," flüstert es stets,
Und „sieben Wochen" ihm in das Ohr.
Und als die siebente Woche verronnen,
Da ist er versiegt wie ein dürrer Bronnen,
Gott hebe die arme Seele empor!

➤ Das ehemalige Kloster Böddeken befindet sich etwa 2 km südöstlich des Ortes Wewelsburg an der Straße Salzkotten-Marsberg. Es beherbergt heute einen landwirtschaftlichen Betrieb.

BÖKENDORF (Brakel)
Haus Bökerhof

Auch meinen innigen Dank, meine theure Ludowine, für das schöne süße Kränzchen, es ist wie mein Leben aus vielen schönen bunten Freudenblumen zusammengesetzt, und sieht mich so hold so freundlich an, wie die freundlichen Tage meiner Kindheit, oder wie die schöne kurze Zeit die ich in dem lieben Bökendorf verlebte … (an Ludowine von Haxthausen, Juli 1813).

Haus Bökerhof beherbergt seit 1995 ein eigenes Literaturmuseum, in dessen Mittelpunkt

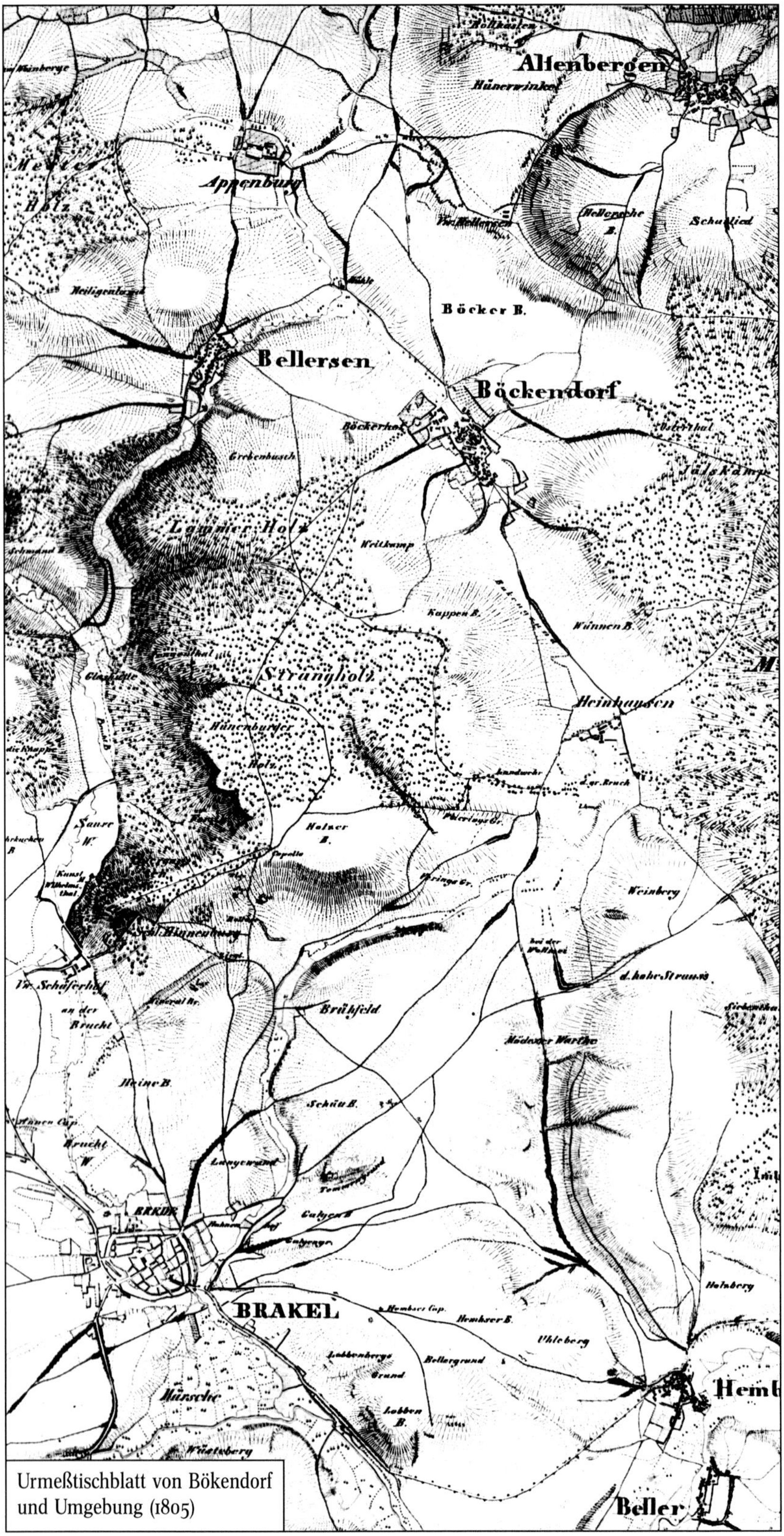

Urmeßtischblatt von Bökendorf und Umgebung (1805)

Haus Bökerhof in Bökendorf. Lithographie von Ph. Herle, 1830/1840. Zweigeschossiges Herrenhaus mit Mansarddach

der sog. **Bökendorfer Märchenkreis** um die Brüder **August und Werner von Haxthausen** und **Wilhelm Grimm** steht. Den zahlreichen Aufenthalten der Droste auf dem Bökerhof ist weiterhin ein Großteil der Ausstellung gewidmet.

Um die Geschichte und die Aktivitäten des Bökendorfer Kreises hat sich mittlerweile ein eigener Forschungsschwerpunkt gebildet. Die weitreichenden Verflechtungen des Kreises und die Lebensläufe seiner Mitglieder sind an anderer Stelle bereits ausführlich dargestellt worden, so daß hier einige Anmerkungen genügen sollen. Den Mittelpunkt des Bökendorfer Zirkels bildeten zunächst die Brüder **Werner** und **August von Haxthausen**. Aber auch ihre Schwestern, vor allem **Anna**, **Ludowine** und **Ferdinandine**, beteiligten sich an der Sammlung von Märchen, Sagen und literarischem Volksgut. **Wilhelm Grimm** kam erstmals 1811, sein Bruder **Jacob Grimm** erstmals 1846 nach Bökendorf. Am häufigsten war dort ihr Bruder, der Maler **Ludwig Emil Grimm**, zu Gast. Er hielt seine Eindrücke in zahlreichen Zeichnungen, Aquarellen und Karikaturen fest. In seinen „Lebenserinnerungen" (1886) geht er ebenfalls ausführlich auf den Bökendorfer Kreis und seine Mitglieder ein.

Werner von Haxthausen hatte **Wilhelm Grimm** bereits um 1809 nach Bökendorf eingeladen. Wie Grimm, so beschäftigte sich auch Haxthausen zu dieser Zeit mit der Sammlung von Volksliedern. Er hegte dabei jedoch weniger wissenschaftlich-philologische Ambitionen – wie die Grimms –, sondern liebhaberische. Wie ergiebig das Bökendorfer Umfeld für die Sammelbestrebungen der Grimms war, geht aus einem Brief **Wilhelm Grimms** an seinen Bruder **Jacob** vom 19. August 1811 hervor: „Ich kam am Sonnabend 4 Uhr dort an, wurde sehr freundlich aufgenommen und es ist ganz hübsch dort. Sein Bruder ⟨Fritz⟩ gleicht ihm ⟨Werner⟩ sehr und ist ebenso freundlichen Angesichts, hält aber nichts auf Jean Paul. Seine Schwestern ⟨Ferdinandine, Sophie, Ludowine und Anna⟩ hier sind angenehm und zierlich, Abends sangen sie sämtlich Volkslieder. Das war sehr schön, ich wollt du hättest es mit anhören können, ich hab einen vergnügten Abend gehabt, Du glaubst nicht, wie herrlich weich alle diese Melodien sind ... Der Bruder ⟨Fritz⟩ will diese Melodien herausgeben, welches was recht gutes ist. Die Mädchen haben die Lieder sich auf kleine Velinpapiere geschrieben und so ihre kleine zierliche Sammlung. Etwas davon habe ich copiert. Sie erwarteten den Werner denselben Tag, das war ein Grund mehr, ihre Einladung anzunehmen und die Nacht dazubleiben".

Die Familie von Haxthausen und ihr Kreis steuerten nicht weniger als 29 Beiträge zu den „Kinder- und Hausmärchen" und den später herausgegebenen „Deutschen Sagen" bei. Mittelpunkt des Bökendorfer Zirkels war inzwischen nicht mehr Werner von Haxthausen, sondern sein Bruder August. Er studierte zu dieser Zeit in Göttingen Geologie und Mineralogie und hatte seinerseits Kontakte zu den Brüdern Grimm geknüpft.

Im Jahre 1813 kam die Droste während ihres zweiten Besuches in Bökendorf mit dem Kreis in Kontakt. Für sie war es der zweite dortige Besuch nach einem Aufenthalt im Sommer 1805. Im Juli 1813 waren auch Wilhelm Grimm und August von Haxthausen zugegen. Grimm fielen gleich die umfangreichen Kenntnisse der

Haus Bökerhof. Gartenseite, heutiger Zustand

Droste auf dem Gebiet der volkskundlichen Überlieferung auf. Am 28. Juli 1813 schrieb er seinem Bruder Jacob: „Ich habe die Zeit angenehm zugebracht, Märchen, Lieder, Sagen, Sprüche usw. wißen sie die Menge; ich habe eine ganz gute Partie aufgeschrieben, eine andere der August ⟨von Haxthausen⟩ die er ins reine erst noch schreiben will ... Ich müßte etwa 4–6 Wochen daseyn, um alles ruhig und genau aufschreiben zu können. Die Fräulein aus dem Münsterland wußten am meisten, besonders die jüngste ⟨Droste⟩, sie hat mir fest versprochen, alles aufzuschreiben, was sie noch wiße, und nachzuschicken".

Während sich zwischen Grimm und Jenny von Droste-Hülshoff eine tiefe Zuneigung entwikkelte, war die Beziehung zwischen der Droste und ihm von einer jahrelangen Antipathie getrübt. Grimm über sie: „Es ist schade, daß sie etwas Vordringliches und Unangenehmes in ihrem Wesen hat; es war nicht gut mit ihr fertig werden; sie ist mit 7 Monat auf die Welt gekommen und hat so durchaus etwas Frühreifes bei vielen Anlagen".

Die Droste schrieb im Rückblick: *Ich habe Ihnen ja schon früher erzählt, wie wir sämtlichen Kusinen haxthausischer Branche durch die bittere Not gezwungen wurden, uns um den Beifall der Löwen zu bemühen, die die Onkels von Zeit zu Zeit mitbrachten, um ihr Urteil danach zu regulieren; wo wir dann nachher einen Himmel oder eine Hölle im Hause hatten, nachdem diese uns hoch oder niedergestellt. Glauben Sie mir, wir waren arme Tiere, die ums liebe Leben kämpften, und namentlich Wilhelm Grimm hat mir durch sein Mißfallen jahrelang den bittersten Hohn und jede Art von Zurücksetzung bereitet, so daß ich mir tausendmal den Tod gewünscht habe. Ich war damals sehr jung, sehr trotzig und sehr unglücklich, und tat, was ich konnte, um mich durchzuschlagen.* (an Elise Rüdiger, Januar 1844)

Unter solchen Vorzeichen wird verständlich, weshalb sich die Autorin kaum an den Grimmschen Sammlungen beteiligte. Sie stand jedoch auch der Sache selbst – der Sammlung literarischen Volksgutes auf philologischer Grundlage – desinteressiert gegenüber.

Die Brüder Haxthausen beteiligten sich nicht nur an den Grimmschen Sammlungen, sie verfolgten auch eigene Unternehmungen. **Werner von Haxthausen** verzettelte sich dabei in zahlreiche Projekte, von denen die Herausgabe einer Sammlung altgriechischer Volkslieder das bedeutendste war. Obwohl er von **Goethe** widerholt zu einer Herausgabe ermutigt wurde, kam das Unternehmen nicht zum Abschluß. Zur Veröffentlichung gelangten die Volkslieder erst postum durch eine 1935 von **Karl Schulte Kemminghausen** und **Gustav Seuter** besorgte Edition.

August von Haxthausen gründete während seiner Zeit als Student in Göttingen 1817/18 mit Gleichgesinnten den studentischen Dichterzirkel „Die poetische Schusterinnung an der Leine". Gemeinsam mit **August von Arnswaldt** und **Johann Peter Hornthal** gab er eine – wenn auch kurzlebige – romantische Zeitschrift, die bereits erwähnte „Wünschelruthe", heraus, an der sich u. a. **Achim von Arnim**, **Clemens Brentano**, **Ernst Moritz Arndt** und die **Brüder Grimm** beteiligten. Zu dieser Zeit besorgte Haxthausen außerdem eine Neuausgabe von **Christian Reuters** Schelmenroman „Schelmuffsky – Wahrhaftige Curiöse und sehr gefährliche Reisebeschreibung zu Wasser und zu Lande". 1818 gab er das Studium auf, um in Bökendorf die Verwaltung des Familienbesitzes zu übernehmen. Im Jahre 1825 trat er diese an seinen Bruder Werner ab, der aus sei-

nem Amt als preußischer Regierungspräsident in Köln ausgeschieden war. Der Bökendorfer Märchenkreis hatte sich zu diesem Zeitpunkt bereits weitgehend aufgelöst.
Während **Werner von Haxthausen** privatisierte, trat **August von Haxthausen** im Jahre 1829, nachdem er in Berlin mit dem Kronprinzen bekannt geworden war, an das Preußische Staatsministerium mit dem Auftrag heran, ihn mit der statistischen Erfassung der bäuerlichen Verhältnisse in den preußischen Provinzen zu beauftragen. Im Jahre 1830 begann sein erstes, 1834 sein zweites „Kommissorium“. Seine Aufträge, die 1838 endeten, führten Haxthausen in die verschiedenen preußischen Provinzen und Regierungsbezirke.
Von Mai 1843 bis zum Sommer 1844 unternahm er im Auftrag des russischen Zaren eine ausgedehnte Rußlandreise. Durch seine „Studien über die inneren Zustände, das Volksleben und insbesondere die ländlichen Einrichtungen Rußlands“ (Bd. 1 und 2: 1847; Bd. 3: 1852) erwarb er sich einen noch heute gültigen Namen als Rußlandforscher.
Im Jahre 1818 weilte die Droste zum dritten Mal bei ihren Paderborner Verwandten. Diesmal schloß der Aufenthalt nicht nur die üblichen *Rundtouren* zu den Verwandtensitzen vor allem in → Hinnenburg, → Herstelle, → Wehrden, → Erpernburg und → Vörden mit ein, sondern auch eine kleine Bildungsreise nach Kassel, wo die **Grimms**, aber auch das Schloß, die Bibliothek und das Theater besucht wurden. Möglicherweise wurde die Droste während dieses Bökendorf-Besuches dazu angeregt, für ihre tiefreligiöse Stiefgroßmutter **Maria Anna von Haxthausen** religiöse Gedichte zu verfassen. Hieraus erwuchs 1820/21 der Plan zu ihrem religiösen Jahreszyklus *Das Geistliche Jahr*.
Im Frühjahr 1819 kam die Droste für etwa eineinhalb Jahre nach Bökerhof. Vor allem während dieses Besuches, der längere Aufenthalte in → Wehrden und auf der → Hinnenburg einschloß, eignete sie sich die Ortskenntnisse an, auf die sie bei ihrer Mitarbeit am „Malerischen und romantischen Westphalen“ und bei ihren *Westphälischen Schilderungen* zurückgriff. Um die Jahreswende begann die Arbeit am erwähnten *Geistlichen Jahr*. Im Januar 1820 berichtete die Droste **Ludowine von Haxthausen**: *der Bothe kömmt dann auch über Bökendorf* ... *aber so werde ich auch zugleich an die Mutter schreiben, und ihr ein Lied für Lichtmeß schicken, sie muß es aber nicht gleich in ihr Buch schreiben, denn ich habe für die drey vorhergehenden Feste in diesem Jahr als, Neujahr, heil. drey Könige, und süßen Namen Jesus auch für jeden Tag ein Lied gemacht, die ich aber morgen nicht werde schikken können, weil das Abschreiben zu lange*

Maria Anna von Haxthausen geb. von Wendt-Papenhausen (1757–1829), Stiefgroßmutter der Droste. Zeichnung von Ludwig Emil Grimm, 1821

aufhält, ich bin nun wieder bey mit den Liedern, und hoffe in Zukunft der Mutter auf jedes Fest eins schicken zu können.
Im Frühjahr 1820 setzte die Droste die Arbeit weiter fort. Um Ostern gab sie dann jedoch ihr Vorhaben, die Texte der Stiefgroßmutter zu widmen, auf. Der Zyklus erlangte nun einen persönlichen Bekenntnischarakter. Retrospektiv erschienen der Droste die nun entstehenden Gedichte für die Großmutter *völlig unbrauchbar*. Sie schreibt später: *Die wenigen zu jener mislungenen Absicht* ⟨Texte für die Großmutter zu schreiben⟩ *verfertigten Lieder habe ich ganz verändert, oder wo dieses noch zu wenig war, vernichtet* ...
Mitverantwortlich für die Konzeptionsänderung könnte der Einfluß ihres Freundes **Heinrich Straube**, eines Studienkollegen von August von Haxthausen, gewesen sein, der die Osterferien in Bökendorf verbrachte und der sich selbst mit religiösen Gedichten beschäftigte. Nachdem die Droste zunächst nur Gedichte auf die kirchlichen Festtage verfaßt hatte, bezog sie nun auch die Sonntage des Kirchenjahres in die Gesamtkomposition mit ein. Die Neukonzeption äußerte sich auch darin, daß sie den nun entstehenden Texten – ähnlich wie Straube bei seinen Gedichten – einen Evangelientext voranstellte, den sie im Gedicht ausgestaltete. Das Scheitern der Liebesbeziehung zu Straube verstärkte möglicherweise den existentiellen Charakter der Texte.
Über die Weiterarbeit am *Geistlichen Jahr* heißt es in einem Brief an **Anna von Haxthausen** von etwa März 1821: *Sie* ⟨die geistlichen Lieder⟩ *sind zu einer Zeit geschrieben, wo ich durch die mir überall bewiesene Liebe und*

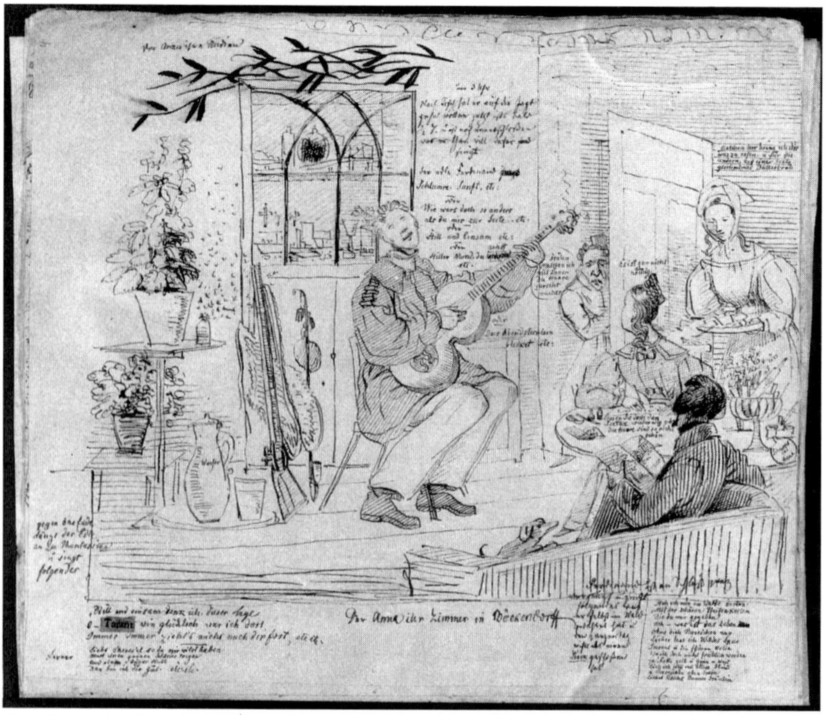

„Der Anna ihr Zimmer in Bökendorf". Zeichnung von Ludwig Emil Grimm, 1827

Hochachtung noch unendlich niedergedrückter war, wie jetzt, wo ich mich ermuthigt habe, auch diese gewiß schwere Prüfung mit Kraft zu tragen. – Der Zustand meines ganzen Gemüthes, mein zerrissenes schuldbeladenes Bewußtsein liegt offen darin dargelegt, doch ohne ihre Gründe ... Zur Weiterarbeit am Gedicht zu Gründonnerstag heißt es später im Brief an Anna von Haxthausen aus dem Herbst 1821: *vorzüglich ist das Lied am Gründonnerstage zu einer Zeit, wo sehr heftige Kopfschmerzen mir zuweilen eine solche Dumpfheit zuzogen, daß ich meine Geisteskräfte der Zerrüttung nahe glaubte, unter den schrecklichsten Gefühlen geschrieben* ...

Hinsichtlich ihrer Liebesbeziehung zu Straube wurde die Droste damals das Opfer einer Intrige. Nach einer Absprache zwischen **August von Haxthausen**, **Anna von Haxthausen** und **Straube**, der bereits nach Göttingen zurückgekehrt war, sollte **August von Arnswaldt**, ein weiterer Studienfreund Haxthausens und Straubes, die Liebe der Droste zu Straube auf die Probe stellen. Es gelang ihm auch, eine Zeitlang ihre Zuneigung zu gewinnen. Im Brief an **Anna von Haxthausen** von Dezember 1820 schreibt die Droste rückblickend: *ich hatte Arns⟨waldt⟩ sehr lieb, auf eine andre Art wie St⟨raube⟩ St⟨raubens⟩ Liebe verstand ich lange nicht, und dann rührte sie mich unbeschreiblich und ich hatte ihn wieder so lieb, daß ich ihn hätte aufessen mögen, aber wenn Arns⟨waldt⟩ mich nur berührte, so fuhr ich zusammen, ich glaube, ich war in Arns⟨waldt⟩ verliebt, und in Str⟨aube⟩ wenigstens nicht recht, aber das Erste ist vergangen, noch eh er abreiste, da er sich ein Paarmahl, wohl um mich zu prüfen, etwas sehr unfein ausdrückte, ich sagte es ihm auch noch den letzten Morgen, eh' er abreiste, daß ich ihn zu lieben geglaubt, aber seine Äußerungen, es plötzlich gestört hätten ... ich ... war durch dies Gefühl und Bekenntniß sehr erleichtert und wartete nunmehr mit Angst und Sehnsucht auf den September, denn ich hatte die dunkle Idee St⟨raube⟩ Alles zu sagen ... ich sagte es auch Arns⟨waldt⟩, vor dem Weggehen, daß er mir nicht schreiben, und mich doch auch lieber nicht zu Hülshoff besuchen möchte, wie er zu wollen vorgab, er bestand auf beydes ... Arnswaldt muß mich von Anfang an gehaßt haben, denn er hat mich behandelt wie eine Hülse, die man nur auf alle Art drücken und brechen darf um zum Kern zu gelangen – er hat mir eine unabsichtlich durchscheinende Neigung auf alle Weise bewiesen ... ein wahrscheinlich sehr herbey geführtes Mißverständniß ließ mich glauben, daß Arns⟨waldt⟩ mir seine Neigung gestanden und ich stand keinen Augenblick an, auch meine Gesinnungen offen zu gestehen, das glaubte ich irrig zu dürfen, da ich fest entschlossen war, ihm meine*

Hand zu verweigern, wenn er sie fordern sollte, ich entdeckte ihm deshalb mein Verhältniß zu St⟨raube⟩ nun entfaltete er das Mißverständniß und ich fühlte mich beschämt aber nicht erniedrigt, da er sich hierbey mit der äußersten Feinheit und Freymüthigkeit benahm, und mich aufs Wärmste seine Freundinn nannte, nun fragte er noch wegen St⟨raube⟩ ich konnte ihm nicht Alles sagen und wollte doch nicht lügen, so verwirrte ich mich und er ängstete mich dermaßen durch seine Fragen, daß ich doppelsinnige Antworten gab und so noch endlich das Ganze äußerst verstellt und verändert dastand ich habe überhaupt, auch oft vielmehr zu ihm gesagt, wie ich sollte, aber dieser stille tiefe Mensch hatte für die Zeit eine unbegreifliche Gewalt über mich und zudem ließ mich sein Betragen glauben, daß er mich im Grunde doch liebte, aber gegen sein Wollen, mit mir stand es ebenso und dies verkehrte Verhältniß, gab mir eine Verwirrung und Schmerz, die wohl keiner ahndete …

Im Jahre 1820 arbeitete die Droste in Bökendorf auch an einer Oper, wie wir aus einer Tagebuchaufzeichnung des Kaufmannssohns **Friedrich Beneke** wissen, der damals Bökerhof besuchte. Benekes ausführlicher Tagebucheintrag liefert ein aufschlußreiches Persönlichkeitsbild der Autorin und soll hier deshalb ausführlich zitiert werden: „Endlich mit Gel⟨egenheit⟩ Bökendorf, wo ich freundlich empf⟨angen⟩ ward. Abends 41/2 Uhr. Was von der Familie H⟨axthausen⟩ anwesend, bestand: ⟨aus⟩ … 5) Minette von Drost Hülleshoff, Nichte der beiden Mädchen. Dieses wunderbare, höchst interessante Mädchen ist ganz eigener Art. Was ich ⟨über Werner von Haxthausen⟩ von ihr wußte, ehe ich kam, war folgendes: ‚M⟨inette⟩ ist überaus gescheut, talentvoll, voll hoher Eigenschaften und dabei doch gutmütig … ist eigensinnig und gebieterisch, fast männlich, hat mehr Verstand wie Gemüt, ist durchbohrend⟨?⟩ witzig usw.; sie ist schon izt, 18 Jahr alt, Autorin und arbeitet an einer Oper. Werner von H⟨axthausen⟩ ist der einzige, den sie fürchtet, weil er bei jeder Gelegenheit sie demütigt.‘ Demnach hatte ich schon eine Art Widerwillen gegen sie gefaßt, und ich hatte es mir vorgenommen, wo und wann auch ich sie träfe, es wie Werner zu machen. Aber wie hat sich das alles geändert! … Den Abend, wie ich ankomme, sehe ich im Vorbeigehen eine sehr feine, kleine Figur, sehr stark blond, ein hübsches Gesicht, ein Paar bedeutende blaugraue Augen. Ich denke, eins von den vielen hier seyenden Kammerkätzchen, und nehme nicht weiter Notiz von ihr. Nachdem ich schon ein paar⟨?⟩ Stunden bei Fr. v. H⟨axthausen⟩ erzählt habe von Köln, erscheint das kleine Figürchen als ein Fräulein Nichte. Noch immer nehme ich nun a b s i c h t l i c h wenig Notiz.

Die Droste, August von Arnswaldt und Heinrich Straube. Karikatur von Ludwig Emil Grimm, 1820

Der Abend kommt, der alte Herr nimmt mich ganz in Beschlag und erzählt nur 50jährige Anecdoten. Nach Tisch entfernt er sich, und die Mädchen setzen sich ins Sofa. Eine neue Conversation beginnt. Ich fahre fort, gegen Minette ganz hoffärtig zu seyn. Das scheint ihre Aufmerksamkeit zu erregen, und als ich endlich sogar etwas, was sie sagte, zu persiffliren begann, sagte sie sehr ruhig: ‚Lieber Herr, Sie scheinen etwas gegen mich zu haben; bitte, sagen Sie mir doch, was halten Sie denn eigentlich von mir?‘ – Es war schon viel gesprochen, und es schien mir wirklich, als habe sich schon so etwas Gebieterisches, Unweibliches bei ihr ausgesprochen, zumal neben der sanften, etwas schüchternen Louise. Diese Aufforderung kam mir erwünscht, und ohne Schonung antwortete ich ihr: ‚daß es mir schiene, als sey ihr Geist unweiblich.‘ Sie sah mich recht durchdringend an, in ihrem Blicke war etwas Trauriges, Schmerzhaftes. Sie sagte sehr sanft: ‚Ich verzeihe Ihnen Ihr keckes, hartes Urteil. Sie kennen mich nicht.‘ Dann fragte sie späterhin, als wir grade allein waren: ‚Die Hand aufs Herz, kamen Sie nicht mit einem Vorurteil gegen mich hieher?‘ Ich leugnete das aus sehr begreiflichen Gründen. Sie blieb nun sehr sanft, obwohl recht lebhaft. Des anderen Morgens nach dem Frühstück schlug sie einen Spatziergang vor, flüchtig hinzufügend: ‚meine Tanten sind sehr beschäftigt, wir werden allein gehen.‘ … Das Gespräch war herzlich, aber ohne bestimmte Richtung. Endlich nach vielen Prüfungsfragen forschend, durchdringend, sagte sie: ‚Lieber Herr, ich kenne Sie eigentlich nicht, doch halte ich Sie für gut, und für einen Mann von Ehre; was ich Ihnen erzählen werde, wird Ihnen vielleicht unglaublich vorkomen, aber versprechen Sie mir Verschwie-

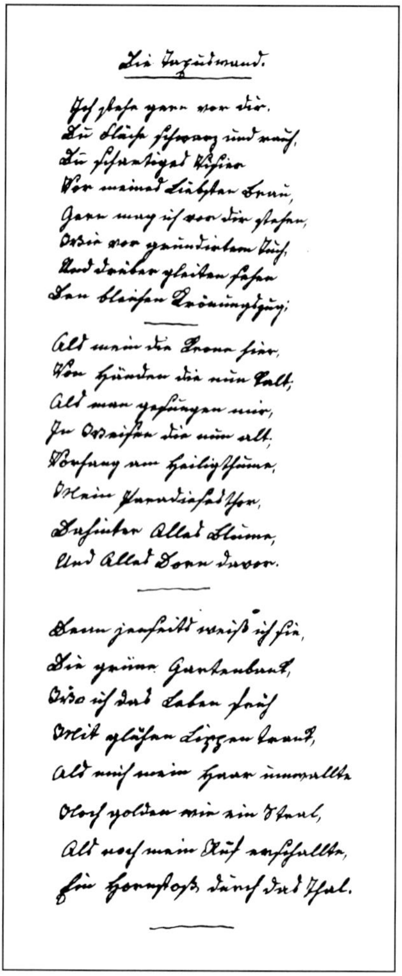
Die Taxuswand.

Ich stehe gern vor dir,
Du Fläche schwarz und rauh,
Du schartiges Visir
Vor meines Lebens Bau,
Gern mag ich vor dir stehen,
Wie vor grundiertem Tuch,
Und drüber gleiten sehen
Den bleichen Traumeszug;

Als mein die Krone hier,
Von Händen die nun kalt,
Als man gesungen mir,
In Weisen die nun alt,
Vorhang am Heiligthume,
Mein Paradiesesthor,
Dahinter alles Blume,
Und alles Dorn davor.

Denn jenseits weiß ich sie,
Die grüne Gartenbank,
Wo ich das Leben frisch
Mit glühen Lippen trank,
Als mich mein Haar umwallte
Noch golden wie ein Strahl,
Als noch mein Ruf erschallte
Ein Hornstoß durch das Thal.

Die Taxuswand. Faksimile der Reinschrift für die Gedichtausgabe von 1844

genheit; ich fühle mich gedrungen, mit Ihnen recht von Herzen zu reden.‘ Es entstand nun ein Gespräch, eins der interessantesten meines Lebens. Ich übergehe, was sie mir über ihre Kindheit, der sie kaum entwachsen, ihre Verwandten-Verhältnisse usw. sagte, eine solche scharfe Klarheit des Verstandes, so unbefangen und tief ist mir selten vorgekommen, und das neben einer so zarten, rührenden Unschuld und Gemüthstiefe, neben so vieler Liebe. Das Ganze gehalten von bedeutender Geisteskultur und Bildung. Sehr schmerzhaft aber ist der Punct mit dem Onkel Werner, mit dem sie in einer vollkommenen Antipathie ist. ‚Ich will ihn so gern lieben‘, sagte sie, ‚aber er beleidigt, er kränkt mich bey jeder Gelegenheit auf das schonungsloseste, er fühlt das selbst und giebt sich oft die sichtbarste Mühe, gütig gegen mich zu seyn, und doch verläßt ihn bei jedem neuen Anlaß aller Tact.‘ Sie erzählte nun Belege. Schon oft habe ich von diesem seltsamen Mädchen früher gehört, wie sehr sie, ohne je magnetisch zu seyn, alle die Erscheinungen habe, die in das Gebiet des ‚Klarsehens‘ gehörten. Sie fing selbst davon an, und nachdem sie mir abermals Verschwiegenheit abgefordert, erzählte sie mir Dinge, die mich fast mit Schauer erfüllten. Ich unterdrücke hier die reichen Details und will nur das Entsetzlichste von Allem erwähnen: ihr erscheint sehr häufig im Traum ein Gesicht, nicht widrig, aber stets das nämliche, sie mit Grauen erfüllend. Es giebt ihr stets Rath zu zauberischen Versuchen, sagt ihr Dinge vorher, die stets eingetroffen, ja beurkundet sich auf die unwidersprechlichste Weise durch kleine Gaben der sonderbarsten Art. Anfangs hat sie sich verleiten lassen, Versuche zu machen, die auf überraschende Weise gelingen. Endlich aber hat sie sich zu Gott gewandt, und lange schon ist der dunkle Geist gewichen, der nun nur noch zuweilen anpocht; izt fühlt sie sich auch körperlich wohler. Ich würde nicht fertig werden, wenn ich nur die Hälfte hiehersetzen würde von den Geständnissen, die sie mir machte.– Übrigens bin ich keinen Augenblick zweifelhaft, ihren Zustand für den des Magnetismus zu halten … Aber doppelt merkwürdig ist das alles bey einem jungen, sonst freylich⟨?⟩ heiteren Mädchen, fern von aller Ziererey⟨?⟩, Affection und Sentimentalität, bey einem Mädchen von ungemeinem Verstande, von großer Lebendigkeit. – Endlich nach zwey Stunden kehrten wir zurück. Sie war ungetrübt heiter und gesprächig.– Abends setzte sie sich ans Klavier. Ihr Spiel ist fertig, etwas heftig und überschnell, zuweilen etwas verworren. Mit der größten Leichtigkeit spielte sie das Hauptsächlichste des Don Juan, und andere Hauptsachen, durch. Ihre Stimme ist voll, aber oft zu stark und grell, geht aber sehr tief und ist dann am angenehmsten. Wirklich componirt sie izt an einer Oper. Abends nach Tisch bis gegen Mitternacht noch sehr lebhaftes Gespräch mit M. Des andern Morgens – gestern – … gegen Neun Uhr fort. Ich zögerte, um Minette noch zu sehen, aber vergebens, sie erschien nicht mehr … Das Wetter war düster, und auch ich war es, und stark beschäftigt mit der ZauberJungfrau, die – ich gestehe es – einen tiefen, vielleicht nie verlöschenden Eindruck auf mich hinterlassen hat.“

Als weiterer literarischer Text der Droste entstand im Juni 1820 das Gedicht *Wie sind meine Finger so grün*, das immer wieder im Zusammenhang mit dem ‚Arnswaldt-Straube-Erlebnis‘ gedeutet worden ist.

Wie sind meine Finger so grün
Blumen hab ich zerrissen
Sie wollten für mich blühn
Und haben sterben müssen
Wie neigten sie um mein Angesicht

Haus Bökerhof. Aquarell von Annette von Droste-Hülshoff

Wie fromme schüchterne Lieder
Ich war in Gedanken, Ich achtets nicht
Und bog sie zu mir nieder
Zerriß die lieben Glieder
In sorgenlosem Muth
Da floß ihr grünes Blut
Um meine Finger nieder
Sie weinten nicht, sie klagten nicht,
Sie starben sonder Laut
Nur dunkel ward ihr Angesicht
Wie wenn der Himmel graut
Sie konnten mirs nicht ersparen
Sonst hätten sie's wohl gethan,–
Wohin bin ich gefahren!
In trüben Sinnes Wahn!
O thöricht Kinderspiel!
O schuldlos Blutvergießen!
Und gleichts dem Leben viel,
Laßt mich die Augen schließen,
Denn was geschehn, ist geschehn
Und wer kann für die Zukunft stehn!

Die Droste soll damals in Bökendorf mit **August Heinrich Hoffmann von Fallersleben**, dem Sammler und Verfasser literarischer Volkspoesie und Dichter des „Deutschlandliedes", zusammengetroffen sein, den seine Wanderungen über Unna, Soest und Paderborn nach Höxter und Bad Driburg führten, von wo aus er einen Abstecher zur Familie von Haxthausen in Bökendorf unternahm.
Bedingt durch das unrühmliche Nachspiel der Straube-‚Affäre' – die Bökendorfer hatten einseitig der Droste die Schuld an dem Zerwürfnis gegeben – mied die Droste bis 1837, insgesamt 17 Jahre lang, weitere Besuche im Paderbornischen. Ab 1837 wohnte sie bei ihren Aufenthalten nicht mehr in Bökendorf, sondern, wie erwähnt, in Abbenburg. Da jedoch ihre nahe Freundin **Amalie Hassenpflug** die Sommermonate 1837, 1838 und 1839 in Bökendorf verbrachte, kam es zu weiteren, oft täglichen Besuchen. Im Brief an Amalie Hassenpflug von August 1839 schreibt die Droste: *Ich kann Dir nicht sagen wie sonderbar es mir zuerst vorkam, den Weg nach Böckendorf so herunter entlang zu sehn, und nicht zu gehn – überhaubt ihn so verödet zu sehn, mit der Gewißheit daß Niemand da herunter kommen konnte,– wie manches liebe Mahl habe ich Euch da aus meinem Fenster entgegen lorgnettirt, Dir, altes liebes Ding, oder dem Ludwig, oder der Agnes mit den Kindern, wenn sie von Weitem heran kamen, so klein wie eine Henne mit den Küchelchen – die Zeit kommt*

Annette von Droste-Hülshoff. Miniatur von Jenny von Droste-Hülshoff, um 1820

doch nie nie so wieder. Ihrer Freundin Elise Rüdiger stellte die Droste Amalie Hassenpflug später einmal mit den Worten vor: … *ach! Sie müsten sie kennen, Elise … so viel Geist, Talent, und Gemüth findet man selten vereint …* Auch bei literarischen Gesprächsrunden war die Droste in Bökendorf häufig zugegen. Eine typische Konversationsszene, wie sie auch **Ludwig Grimm** in mehreren Karikaturen festhielt, gibt die Droste auf humorvoll-satirische Art und Weise in ihrem Brief an ihre Mutter vom 5. August 1838 zum besten: *Johannes Stapel war auch hier … übrigens verbauert er immer mehr, und nahm sich, aufrichtig gesagt, mitunter etwas kläglich aus, einmahl war in Abbenburg ein Disput über Göthe, zwischen Onkel Fritz, unserm Werner, Galen, und Hassenpflug, Johannes hatte immer schweigend zugehört, auf einmahl sagt er ganz laut „Mit Erlaubniß! ist der Göthe nicht ein Schweinickel?" Alle sperrten Nase und Mund auf, und ich sagte „er hat freylich Manches geschrieben, was für ganz junge Leute nicht passt" er stand auf, sagte „nun weiß ich genug, wenn er ein Schweinikkel ist!", und gieng triumphirend den Laubgang hinauf, Keiner machte eine Bemerkung hierüber, aber es wurde Allen schwer das Lachen zu lassen –.*

Weniger erfreulich war für die Autorin, daß auch ihre eigenen Arbeiten auf den Prüfstand gestellt wurden. Das Erscheinen ihrer ersten Gedichtausgabe hätte sie am liebsten vor ihrer Verwandtschaft verheimlicht. Schon vorab hatte sie vermutet, daß ihr Onkel **Werner von Haxthausen** die Sammlung derart schlecht machen würde, daß sie danach *kein Schwein fressen sollte.* Die Reaktion auf ihre Gedichtausgabe schildert sie im Brief an ihre Schwester vom 29. Januar 1839: *Mit meinem Buche gieng es mir zuerst ganz schlecht, ich war in Bökendorf mit Sophie und Fritz allein, als es heraus kam, hörte nichts darüber, und wollte absichtlich mich auch nicht erkundigen,– da kömmt, mit einem Mahle, ein ganzer Brast Exemplare, von der Fürstenberg, an Alles was in Hinnenburg lebt, an Frenzchen, Asseburg, Diderich, Mimy, Anna und Ferdinand, Thereschen, Sophie – Ferdinand (Galen) giebt die erste Stimme, erklärt Alles für reinen Plunder, für unverständlich, confus, und begreift nicht, wie eine, scheinbar vernünftige, Person solches Zeug habe schreiben können, nun thun Alle die Mäuler auf, und begreifen Alle miteinander nicht, wie ich mich habe so blamiren können … so muste ich … zwischen diesen Leuten leben, die mich, bald auf feine, bald auf plumpe Weise, verhöhnten und aufziehn wollten … Doch wünschte ich mich 1000mahl von dort weg –.*

Die *Bökendorfer* versuchten, wiederholt Einfluß auf zukünftige Arbeiten der Droste zu nehmen: *jetzt, wo das Ding* ⟨die Gedichtausgabe 1838⟩ *einen guten Fortgang hat, interessiren sich Alle dafür, auch die Böckendorfer, (id est Werner, August, Ludowine, und Malchen Hassenpflug) und jeder Narr maßt sich eine Stimme an, über das was ich zunächst schreiben soll, und zwar mit einer Heftigkeit, daß ich denke, sie prügeln mich, wenn ich es anders mache, oder nehmen es wenigstens als Beleidigung auf,– und doch sagt der Eine schwarz, und der Andre weiß – die münsterschen Freunde ermahnen mich „um Gotteswillen auf dem Wege zu bleiben, den ich einmahl mit Glück betreten, und wo meine Leichtigkeit in Vers und Reim mir einen Vortheil gewähre, den ich um keinen Preis aufgeben dürfe" Malchen H*⟨assenpflug⟩ *und die Bökendorfer dagegen wollen ich soll eine Art Buch wie* ⟨Washington Irvings⟩ *Bracebridge-hall schreiben, und Westphalen mit seinen Klöstern, Stiftern, und alten Sitten wie ich sie noch gekannt, und sie jetzt fast ganz verschwunden wären, zum Stoffe nehmen – das läst sich auch hören, aber ich fürchte, meine lieben Landsleute steinigen mich, wenn ich sie nicht zu lauter Engeln mache …* (an Jenny von Laßberg, 29.1.1839). Aus diesen Plänen entstand später der bereits mehrfach erwähnte Roman *Bei uns zu Lande auf dem Lande.*

Ebenfalls von den *Bökendorfern*, insbesondere von **August von Haxthausen**, ist in folgender Briefstelle die Rede: *man spannt hier wieder alle Stricke an, mich zum Humoristischen zu ziehen, spricht von „Verkennen des eigentlichen Talents" et cet – das ist die ewige alte Leyer hier, die mich denn doch jedesmahl halb verdrießlich halb unschlüssig macht, – ich meine der Humor steht nur Wenigen, und am seltensten einer weiblichen Feder, der fast zu engen Beschränkung durch die (gesellschaftliche) Sitte wegen – und Nichts kläglicher als Humor in engen Schuhen – für jetzt kann ich … wohl gar nicht daran denken – Heute eine Schnurre, und Morgen wieder ein geistliches Lied! das wäre was Schönes! – solche Stimmungen ziehen sich nicht an und aus wie Kleider …* Aus den Briefstellen wird deutlich: Auch wenn die Droste später in Abbenburg wohnte, blieb der Bökerhof doch weiterhin das literarische Zentrum der Familie von Haxthausen. Hier wurden nach wie vor die Grundlinien der „familiären Literaturpolitik" festgelegt und abgestimmt.

➤ Haus Bökerhof liegt am nordwestlichen Rand des Ortes Bökendorf nördlich von Brakel. Man erreicht Bökendorf am besten über die B64 von Paderborn aus, indem man bei Brakel auf die Ostwestfalenstraße Richtung Steinheim abbiegt, die man an der Abfahrt Bellersen verläßt. 2 km weiter östlich liegt Bökendorf.

Das ehemalige Kloster auf der Brede in Brakel, von 1483 bis nach 1812 Augustinerinnenkloster, 1830–1848 Hospital und Waisenhaus „St. Anna“

BRAKEL

Kloster St. Anna auf der Brede

→ **ABBENBURG**
→ **BELLERSEN**
→ **BÖKENDORF**
→ **GEHRDEN**
→ **HAINHAUSEN**
→ **HELLESEN**
→ **HINNENBURG**

Nahe bei Brakel befand sich das sogenannte *Klösterchen* **Ludowine von Haxthausens**, das St. Anna-Hospital. Das ehemalige Augustinerinnenkloster „up der Breden“ vor der Nordmauer der Stadt Brakel „war ein verspätetes Opfer der Säkularisation. Es sollte im Januar 1812 versteigert werden. **Hermann Werner Graf von Bocholtz-Asseburg** erwarb das gesamte Anwesen und konnte nach langen Bemühungen und umfangreichen Instandsetzungsarbeiten im Jahre 1830 sein Vorhaben realisieren, die alte Stiftung seiner Vorfahren einem sozialen Zweck zuzuführen. Er hatte an ein Hospital gedacht, an eine Armenanstalt, in der Alte und Arme, Männer wie Frauen und auch Waisenkinder betreut werden sollten. Unter Ludowine von Haxthausens Leitung blühte die Stiftung zu einer bekannten Waisenanstalt auf. … Für zwölf Waisenkinder war die Anstalt fundiert. Ludowine von Haxthausen betreute im Laufe der Zeit bis zu dreißig arme Mädchen in der Stiftung“ (A. Jörgens).

Als **Ludowine von Haxthausen** die schwierige Weitervermittlung ihrer Waisenkinder auf die Droste abschob, kommentierte diese etwas ungehalten: *Das ist doch Vertrauen auf Gott und andere Menschen zuweit getrieben.* Sie sah durchaus auch negative Seiten: *sie* ⟨Ludowine⟩ *hat noch zuletzt großen Verdruß gehabt,– ihre frommen Gehülfinnen, die sie selbst ausgewählt und mitgebracht hatte, (gegen den Willen der Stifter) haben sich zum theil als miserable Klatschen und Faulenzer ausgewiesen, die wohl heilig werden, aber weder arbeiten noch gehorchen wollen.*

Insbesondere war es der Droste unverständlich, wie Ludowine von Haxthausen in ihrem *Klösterchen* so ganz ohne geistigen Austausch auskommen konnte: *Ludowine lebt auf dem alten Fuße fort, und fühlt keine Lücke, obwohl ich nicht begreife, wie sie, für gewöhnlich, so allen ihr gleichstehenden Umgang entbehren kann, – ihre Gehülfinnen sind vortreffliche Personen, aber selbst die Lehrerinn (Agnes) doch nicht über die Bildung eines gewöhnlichen Schuljüngferchens hinaus, und die Andern ordinaire Mägde, so nett und brav sie sonst sind... Du glaubst nicht wie klein ihr Ideenkreis ist, viel kleiner wie bey einer andern Magd, die doch wenigstens weiß wie es im Kirchspiel aussieht, – das Klösterchen – der Erzbischof – voila tout. – Alles übrige sind ihnen böhmische Dörfer, und sie haben auch nicht das geringste Interesse dafür* … *Ludowine verliert selbst täglich mehr das Interesse für Anderes als Klosterstiften und Convertiten machen* … (an Jenny von Laßberg, Juli 1843).

In Ludowine von Haxthausens Klösterchen hielten sich eine Zeitlang auch zwei Freundinnen der Droste auf, **Amalie Hassenpflug** und **Margarethe Verflassen**. Eindrücke des Klosterlebens flossen in einen Roman ein, den Amalie Hassenpflug unter den Initialen „A.H.“ und dem Titel „Margarethe Verflassen. Ein Bild aus der katholischen Kirche“ (2. Aufl. Hannover 1871) herausbrachte.

BRENKEN → ERPERNBURG

Ausschnitt aus der Karte „Rheinland und Westfalen" (1841–1858)

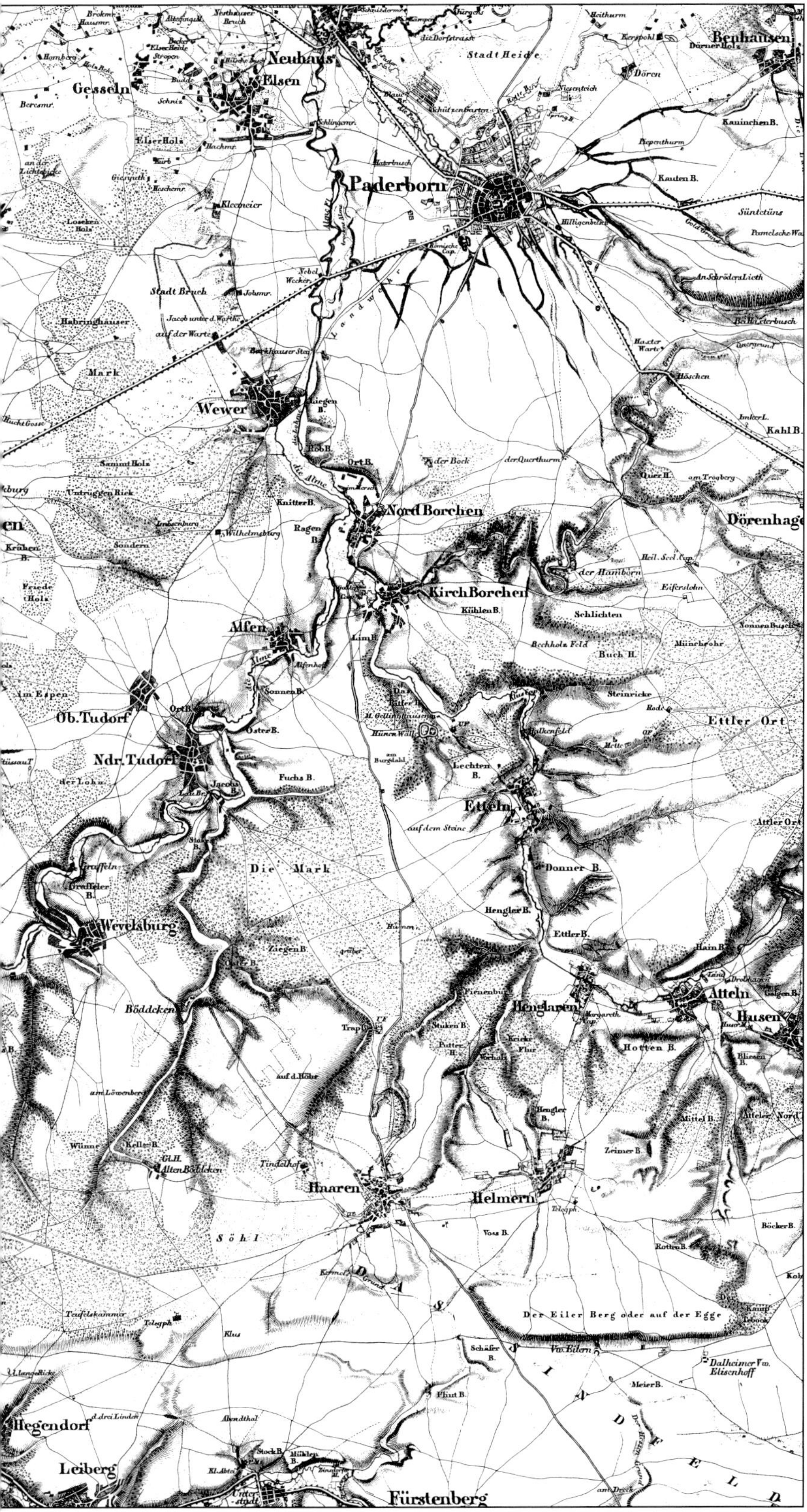
Neuhaus
Elsen
Gesseln
Paderborn
Stadt Heide
Benhausen
Dörener Holz
Dören
Kaninchen B.
Piepenthurm
Kauten B.
Süntetüns
Hilligenbusch
Stadt Bruch
Habringhauser
Mark
Wewer
Landwehr
an Schröders Lieth
Höschen
Kahl B.
der Bock
der Querthurm
Sammt Holz
Nord Borchen
Dörenhage
Wilhelmsburg
der Hamborn
Kirch Borchen
Kühlen B.
Schlichten
Eifersloh
Alfen
Buch H.
Steinricke
Ob. Tudorf
Ndr. Tudorf
Ettler Ort
Fuchs B.
Etteln
Lechten B.
Die Mark
Donner B.
Wevelsburg
Hengler B.
Ettler B.
Ziegen B.
Böddeken
Henglarn
Atteln
Husen
Hotten B.
Mittel B.
Zeimer B.
Alten Böddeken
Tindelhof
Haaren
Helmern
Söhl
Voss B.
Böcker B.
Der Eiler Berg oder auf der Egge
Teufelskammer
Dalheimer Vw.
Elisenhoff
Meier B.
Flint B.
Hegendorf
d. drei Linden
Abendthal
Leiberg
Fürstenberg
Stock B.
Mühlen B.

Das ehemalige Jesuitenkolleg in Büren. 1719–1728 errichtete dreigeschossige Dreiflügelanlage, die hufeisenförmig um einen großen Innenhof gelagert ist; heute Gymnasium und Internat

BÜREN
Stiftskirche
Collegiatsgebäude
Frauenkloster Holthausen
→ **BÖDDEKEN**
→ **ERPERNBURG**
→ **WEWELSBURG**

In **Levin Schückings** „Malerischem und romantischen Westphalen" begegnet folgende, weitgehend auf die Droste zurückgehende Schilderung der Stadt Büren: „Von der Wewelsburg wandern wir das schöne Thal der Alme hinauf, die an Erpernburg und dem Städtchen Büren vorbei, durch ein frisches Wiesenthal zwischen freundlichen bewaldeten Anhöhen, ein klares spielendes Gewässer die sanften Ufer entlang führt. Büren mit seinem grossen Collegiatgebäude und der schönen Kirche, mit dem nahen Frauenkloster Holthausen an einer Gruppe von alten Baumwipfeln, macht einen aristocratischen, eine Art von Rococo-Eindruck durch den Styl der genannten Gebäude aus dem vorigen Jahrhundert, der seine vollendetste höchste Zierlichkeit eben in jener Kirche ausgeprägt hat. Sie zeigt den italienischen Geschmack, wie man ihn damals ins Französische übersetzte, und ist ganz überwölbt von einer hohen Kuppel, welche der nadelspitze Thurm zu überragen Mühe hat; von dem der Stadt zugewendeten Hauptportale herab segnet die Statue der heiligen Jungfrau unsren Eintritt, zur Seite prangt verheissend das Hagiograph der Gesellschaft Jesu, deren Kirchen ja bekanntlich alle durch Pracht und Reichthum sich auszeichnen. Das Innere ist so imposant durch seine edlen Formen, wie blendend durch den Reichthum und die Frische der Zierrathen, nicht gross und doch geräumig genug um zwei Pfeilerreihen schlanke Seitenhallen bilden zu lassen. Gewölbe und Seitenwände sind mit lebhaften Freskogemälden bedeckt, die Scenen aus dem Leben der heiligen Jungfrau darstellen, jedes mit seinem Gipsrahmen in Cartoucheform, wie man es in den Säälen fürstlicher Schlösser findet. Thüren mit vortrefflicher Schnitzarbeit, reiche Vergoldungen und was nur zierlich, blank und freundlich machen kann, ohne durch Ueberladung dem Eindrucke der edlen Verhältnisse zu schaden, geben der Kirche das vornehm Glänzende, dass sie uns

Die ehemalige Jesuitenkirche Maria Immaculata in Büren, eine in Westfalen einzigartige Barockkirche

Das Frauenkloster in Holthausen

eine geschmackvolle und prächtige Schlosskapelle in vergrössertem Maasstabe scheint. – Das Collegium zu Büren ist eine Stiftung des letzten Sprossen der einst mächtigen Freiherrnfamilie von Büren, die mit dem Jesuiten Moritz 1661 erlosch; er hatte die Hälfte seiner Herrschaft dem Orden vermacht; dieser erwarb die andere Hälfte durch Kauf, konnte aber nach langem Hader mit Bischof und Adel erst 1714 den Bau des Collegiums beginnen; die Kirche ist aus noch späterer Zeit und gehört der letzten Hälfte des vorigen Jahrhunderts an; das Collegium ist jetzt zu einem Schullehrerseminar umgeschaffen worden."

Die Vorlage der Droste (Konzeptblatt MA I3 im Meersburger Nachlaß) zeigt, daß die Autorin über weitreichende historische Vorkenntnisse verfügte; sie beinhalten einen Exkurs, den Schücking entfallen ließ bzw. nach einer anderen Quelle bearbeitete. Bei der Droste heißt es: *der Stifter dieser ganzen Anstalt ist ein Herr Moritz von Büren (Letzterer seines Stammes) – seinen Grabstein findet man in der Kirche des ehemaligen Jesuitencollegiums zu Münster, nach dem Altare – und wird darauf fundator Collegiorum duorum Societatis Jesu genannt – welch ein bedeutendes Vermögen muß hiezu gehört haben! – die Stiftung ist jetzt in ein*

Das ehemalige Frauenkloster Holthausen bei Büren. 1243 gegründetes, zwischen 1252 und 1265 auf den Hof Holthausen verlegtes ehemaliges Zisterzienserinnenkloster

Schloß Erpernburg, heutiger Zustand. 1734 vollendetes, zweigeschossiges langgestrecktes Herrenhaus mit Kapelle

Schullehrerseminar verwandelt, was eines bedeutenden und wohl begründeten Rufs genießt das Kloster Holthausen dagegen im Besitz der Freyherrlich von Brenkenschen Familie:–

➤ Das ehemalige Frauenkloster liegt etwa 2 km westlich vor der Stadt (Richtung Weine); Stiftskirche und Jesuitenkolleg, das heute ein Gymnasium beheimatet, befinden sich im Stadtzentrum.

ERPERNBURG (Brenken/Büren)

Am 29. August 1843 schrieb die Droste an **Maria von Brenken** nach einem Besuch in Erpernburg: *Vorgestern Abend sind wir hier* ⟨in Rüschhaus⟩ *angekommen, und nun sind es schon sechs Tage, seit ich von der Höhe im Felde das liebe Erpernburg zuletzt sah, und dir, meine liebe Mieke, und all dem lieben Volke dort nochmahls Lebewohl zuwinkte, – sehen konntet Ihr es freilich nicht, aber vielleicht hat Euch das rechte Ohr geklingelt, – Ach, Mieke, Scheiden ist doch ein schlimmes Wort! wir waren so vergnügt zusammen, und nun gehn ein vielleicht zwey Jahre hin, ehe wir wieder im Thiergarten die Obstbäume visitiren, oder uns Abends einander graulich machen ... Wir haben eine langweilige Fahrt gehabt, sowohl von Erpernburg wie nachher von Heesen, immer fest aneinander gehockt, die Fensterscheiben vor der Nase, an denen die Regentropfen herab flossen und auf dem Spritzleder kleine Seen bildeten, die sich zuweilen einen Weg auf unsre unglücklichen Kleider bahnten, was dann immer einen Tumult gab, der zwar die Einförmigkeit unterbrach, aber doch wenig zum Vergnügen beytrug; mein einziger Anker gegen die Verzweiflung waren die Erpernburger Butterbröde, an denen ich mich so fleißig stärkte, daß Mama endlich meinte, der Wagen hänge davon nach meiner Seite ganz schief über.*

Schloß Erpernburg. Zeitgenössische Farblithographie

Schloß Erpernburg, der Wohnsitz der **Familie von Brenken**, lag, wie anklingt, an jener Postroute, die über Erwitte und Hamm auf Münster zuführte und die von der Autorin bei ihren Besuchen im Paderbornischen nach 1837 wiederholt benutzt wurde. Von hierher ergab sich mehrfach die Gelegenheit zu einem Zwischenstopp in Erpernburg. Aber auch sonst gehörte das Erpernburger Schloß zu jenen neun Stationen, die von der Autorin bei ihren Abbenburger Besuchsmarathons immer wieder aufgesucht wurden.

Aufenthalte in Erpernburg zählten sicher-

Schloß Fürstenberg. Zeitgenössische Ansicht

lich zu den angenehmeren Besuchsvisiten der Droste. Über zwei Hochzeiten bestanden weitläufige verwandtschaftliche Beziehungen zwischen den Familien von Brenken und von Droste-Hülshoff. Im Jahr 1839 heiratete **Friedrich von Brenken** eine Cousine der Droste, **Maria Luise Rosalie von Haxthausen**, eine Tochter ihres Bonner Stiefonkels **Moritz von Haxthausen**. 1847 kam es zur Heirat von **Hermann von Brenken**, einem Sohn des Friedrich von Brenken, mit einer weiteren Cousine der Droste, **Maria von Haxthausen**, der Tochter ihres Stiefonkels **Werner von Haxthausen**.

Während ihres Aufenthaltes in Bonn 1830/31 war, wie die Droste schreibt, **Maria Luise Rosalie von Haxthausen** ihr *bester Kumpan.* Auch beim Bonn-Besuch 1836/37 stand man sich persönlich nahe. Die Heirat **Maria von Haxthausens** mit **Friedrich von Brenken** traf bei der Droste auf Zustimmung. Die Ehe verlief sehr glücklich und bewirkte nach den Worten der Droste, daß Maria von Brenken zur *fröhlichsten, besten und glücklichsten* Frau wurde.

Auch weiteren Mitgliedern der Familie von Brenken war die Droste freundschaftlich verbunden, allen voran die Geschwister **Hermann** und **Reinhard von Brenken**. Mit beiden traf sie im April 1842 auf der Meersburg zusammen. Während dieser Zeit erzählte die Droste – nach Auskunft **Reinhard von Brenkens** – die „furchtbarsten Geschichten von Dingen, die da sind, und sein sollen". In einem späteren Brief **Hermann von Brenkens** an seinen Vater heißt es, daß die Droste ihn und seinen Bruder „magnetisiert" habe.

➤ Die Erpernburg liegt etwa 1 km nördlich des Ortes Brenken an der Straße, die von Büren nach Salzkotten führt.

FÜRSTENBERG

Auch die Schilderung des Schlosses Fürstenberg in Schückings „Malerischem und romantischen Westphalen" geht auf die Droste zurück: „Jenseits der Weser dehnt der Solling seine anmuthig wogenden Formen, und trägt, Wehren fast gegenüber, auf einem schroffen Vorberge die Braunschweigische Domaine Fürstenberg, ehemals eine Burg, jetzt eine Porzellanfabrik. Von ihrem weissen Gemäuer zieht eine breite Fahrstrasse zum Flusse sich hinab, von der

Sappho-Büste aus der Manufaktur Fürstenberg

Das ehemalige Frauenkloster Gehrden aus der 2. Hälfte des 17. Jahrhunderts

die Luft das Knarren der Wagenräder und das Schnalzen der Peitschen herüberträgt, während näher die Segel der Schiffe dicht an der Gartenmauer von Wehren herflattern und man das Aechzen der geplagten Gäule und das Rauschen der Zugleine im Grase hört."

In der 1747 gegründeten Manufaktur deckte insbesondere der Adel der umliegenden Güter seinen Porzellanbedarf. Die Familie von Haxthausen beispielsweise tritt in den Verkaufsbüchern der Manufaktur zahlreich in Erscheinung. So hat auch die Droste häufig von Fürstenberger Geschirr gegessen. Durch die Aufzeichnungen ihrer Schwester Jenny ist zumindest e i n Besuch der Droste in Fürstenberg verbürgt, nämlich im September 1805. Neun Jahre später, im September 1814, kaufte Jenny von Droste-Hülshoff dort vier kleine Büsten aus Biskuitporzellan für ihre Schwester Annette. Sie schreibt in ihrem Tagebuch: „Morgen, den 4. September wollte ich früh nach Fürstenberg, aber es fing an zu regnen; Fritz Metternich ging auch mit zu unserem großen Leidwesen, ich kaufte dort einige kleine Büsten für Nette – Shakespeare, Goethe, Plato und Sappho" (Westhoff-Krummacher) .

➤ Der Ort Fürstenberg liegt am östlichen Weserufer gegenüber von Godelheim an der Landstraße von Holzminden (14 km).

GEHRDEN (Brakel)

In Gehrden war bis zu Säkularisierung ein Frauenkloster beheimatet (heute Familienerholungswerk des Erzbistums Paderborn). Ein dortiger Besuch der Droste ist für den 19. September 1805 belegt.

➤ Der Ort Gehrden liegt etwa 10 km südwestlich von Brakel. Man erreicht ihn über die Abfahrt Gehrden der Bundesstraße 252, die von Rheder nach Willebadessen führt.

GREVENBURG (Sommersell)

Das Gut Grevenburg bei Steinheim mit seiner malerischen Wasseranlage aus dem 16. Jahrhundert wurde zur Zeit der Droste von dem selbst literarisch tätigen **Karl Adolf Ludwig von Oeynhausen** bewohnt. Nach dem frühen Tod seiner Eltern war er zunächst in Grevenburg, dann 1807 in Stuttgart und 1809 in Mannheim von einem Prälaten erzogen worden. 1811, nach absolviertem Gymnasium, studierte er in Eisleben und 1813 in Göttingen Bergwissenschaften. Nach der Teilnahme an den Freiheitskriegen kehrte er nach Göttingen zurück, um Naturwissenschaften und Mathematik zu studieren. In dieser Zeit unternahm er erste literarische Versuche. Anschließend war er bis 1820 in Eisleben, Bochum, Essen und Bonn als Bergbeamter tätig, bevor er sich in Bonn und Heidelberg ausschließlich philosophischen Studien widmete. Er begeisterte sich insbesondere

Die Grevenburg. Zeitgenössische Farblithographie

für Dante, dessen „Das neue Leben. Die Vita Nova" er 1824 neu herausgab.
1825 übernahm er das inzwischen verwahrloste Familiengut in Grevenburg. Daneben war er 1830/31 Landrat in Brakel. 1865 übergab er den Besitz, nach Jahren der Einsiedelei, einem Verwandten und lebte fortan auf seinem Gute in Oldenburg. 1872 erschien: „Karl Adolf Ludwig von Oeynhausen. Gedichte aus seinem Nachlaß. Ein Andenken für seine Freunde." Einzelne seiner Gedichte gelangten auch 1885 in Hartmanns „Schatzkästlein"-Sammlung zur Veröffentlichung.
Die Droste schien von Oeynhausens literarischen Künsten nicht sehr angetan gewesen zu sein. Nach einem Besuch im Jahre 1838 schrieb sie ihrer Mutter: *in Grevenburg hatte ich Gesichtsschmerzen, und der gute Oinhausen laß mir den ganzen Tag seine Gedichte und Uebersetzungen aus dem Italiänischen und Griechischen vor, wodurch es immer schlimmer wurde, zudem hatte die armselige Friderike ein gutes*

Die Grevenburg. 1536 errichtete Wasseranlage mit Herrenhaus als rechteckige Hofanlage und Torhaus

Gut Hainhausen, heutiger Zustand

Auge auf mich geworfen, und kam mir nicht von der Seite,– sie spielte mir einen schönen Streich! – wir saßen im Garten auf einer langen Bank, einen Tisch vor uns, und aßen dicke Milch, ich will mir einen Löffel kriegen, und hebe mich so ein Bißchen vom Sitz in die Höhe, das benutzt sie geschwind, mit ihren Teller mit Milch unter zu schieben, warum weiß Gott, aber ich setzte mich natürlich hinein, das gab ein großes Gelächter, Alles stürzte herbey mich abzuputzen, nur die arme Friderike rang ganz verzweiflungsvoll die Hände, und rief immer, „Ach Gott! das schöne schwarze Kleid! ganz weiß! ganz weiß! es hat aber gar nicht gefleckt,–" ich wurde hier schrecklich damit geneckt, und Hassenpflug, der gern aus dem Schelmuffsky spricht, sagte, „Gott! was wird die Welt sagen, daß sone fürnehme Standesperson wie Sie, so'n ‚Pfui dich an' hat auslaufen lasse" ich gehe so bald nicht wieder nach Grevenburg. 1843 kam es zu einem erneuten Besuch in Grevenburg, allerdings traf man dort den Hausherrn nicht an: *Oeynhausen ist nach Pyrmont ins Bad gereist, und wir suchten ihn in seiner Grävenburg auf, als er gerade vor einigen Tagen abgefahren war, ich habe ihm also Ihre Grüße nicht überbringen können. – Grävenberg war immer ein durch Alterthümlichkeit interessanter, und ist jetzt ein sehr lieblicher Aufenthalt, da der große Garten voll Blumen und Obst, trefflich gepflegt, und von den Zimmern viele wöhnlich und elegant eingerichtet sind. Dieses, nebst seinen Studien und nachbarlichen Besuchen sind auch des armen Schelms einzige Lebensfreunde, der seine Tage jahraus, jahrein zu dreyen, mit seiner total verrückten Schwester, und ihrer zwar verständigen, aber ältlichen und fast ganz tauben Gesellschafterinn zubringt. Man muß wie er, ein Philosoph seyn, um das so freundlich zu ertragen, doch hat er mir seine häusliche Einsamkeit bitter geklagt! – Ich werde ihm noch zum Heurathen rathen, wenn er sich nicht diesen Ausweg durch allzu großen Edelmuth versperrt hätte …* (an Elise Rüdiger, Juli 1843).

➤ Die Grevenburg liegt an der Straße von Marienmünster nach Steinheim (3 km).

HAINHAUSEN (Bökendorf/Brakel)

Auf dem Gut Hainhausen, zwischen Brakel und Bökendorf gelegen, wohnte seit 1838 ein Cousin der Droste, der Sohn ihrer Tante **Franziska von Bocholtz-Asseburg geb. von Haxthausen**, **Diederich von Bocholtz-Asseburg**, mit seiner Frau **Wilhelmine geb. von Westerholt-Gysenberg**. Der *Haynsche Hof* sollte schon 1837 von dem frisch vermählten Paar bezogen werden, das jedoch zunächst auf der elterlichen → Hinnenburg bleiben mußte, *da an Wohnen im Haynschen Hofe gar nicht zu denken seyn soll, es soll so arg und lange durchgeregnet haben, daß Alles nun verfault ist, sogar die dicken Balken, und man beynahe ganz neu bauen müste* (an die Mutter, Oktober 1837). Ab 1838 wohnten dann *in Hinnenburg, die alten Asseburgs, in Haynhausen die jungen* (an Pauline von Droste-Hülshoff, Juli 1843). Die folgende briefliche Schilderung der Droste bezieht sich auf einen Besuch im Jahre 1839: *Ich war einen Tag abwesend, bey meiner Cousine Asseburg* 〈Wilhelmine von Bocholtz-Asseburg〉, *um dort die Frau von Fürstenberg zu sehn, von der ich Vieles von Hause zu hören hoffte.– sie war aber seit drey Monaten auf Reisen, und wußte weniger als ich – es wird mir doch lang, bis ich unsre guten Haiden wiedersehe! … der Asseburg (gebornen Westerholt) ist ein münsterisches Gesicht auch wie ein frischer Trunk, so zufrieden sie sonst ist. – die Glückliche hält den Merkur,– wir studirten zusammen die Beylagen, und lasen mit Entzükken die Worte „der Bogen, der Prinzipalmarkt,*

Lücke, Beberdick“ unter den Schellfischen und Häringen …

Von einem weiteren Besuch in Hainhausen berichtet die Droste ihrer Schwester Jenny im Juli 1843: *In Haynhausen ists jetzt leer, vorgestern sind Diderich und Mimy (mit den Kindern) nach Norderney abgereißt, – Mimy ist sehr mager geworden, und leidet immer, bald an diesem bald an jenem, zumeist an Brust- und Rückenschmerzen, Jedermann fürchtet daß sie den Weg ihrer seligen Mutter geht. – es wäre ein unersetzlicher Verlust! sie war so freundlich und herzlich, und ich habe innerlich betrübt Abschied von ihr genommen, – beyde Kinder gleichen ihr frappant, und doch hat Clementinchen so viel einzelnes Schönes, daß sie gewiß recht hübsch werden wird. – ein kräftiges aber sehr rundes Figürchen, – prächtige Augen, – zwey prächtige dunkle Haarzöpfe, und eine Haut wie Pfirsich, – dabey ein angenehmes Lachen um ihren großen Mund, – aber leiden mag ich die Blage nicht recht, so liebenswürdig sie seyn kann, sie ist mir zu schlau und stolz – der Junge ist garstig, sieht aus wie eine fromme Dogge, und ist das beste Kind von der Welt. – Ich traf in Haynhausen Joseph Stolberg, der sich kindisch freute …*

➤ Hainhausen liegt 3 km südlich von Bökendorf an der Straße nach Brakel.

HERSTELLE (Beverungen) → KEMPERFELD

Ein wiederholtes Besuchsziel der Droste war Burg Herstelle bei Karlshafen an der Weser. Das Schloß wurde damals von ihrer Tante **Ferdinandine von Heereman-Zuydtwyck geb. von Haxthausen** bewohnt. Diese hatte die Burg 1820 nach dem frühen Tod ihres Mannes zusammen mit dem Rittergut → Kemperfeld erworben. In einer auf die Droste zurückgehenden Passage im „Malerischen und romantischen Westphalen“ heißt es: „Bis hierhin ⟨Wehrden⟩ hat die Gegend einen auffallend wilden Charakter getragen; die Gebirge weichen zurück und lassen Steinmassen vortreten, die von bloss steilen Ufern sich allmählich zu thurmhohen Klippen steigern und früher kaum dem Fahrweg Raum liessen. Ietzt führt eine neue Chaussee nach Carlshafen am linken Weserufer her, wo von Beverungen an die Berge dem Flusse zwar noch immer nahe bleiben, aber auf dem rechten Ufer fruchtbares Flachland die Berge des Sollings von dem Strome trennt, bis sie Herstelle gegenüber wieder an's Gestade sich stellen, um zu schauen, wie ihr ruppig Angesicht in dem jüngeren Gewässer sich ausnimmt, dessen neckende Najade in tausend Wellchen plätschernd durch zitterhafte Verzerrungen der Graubärte spottet. Am schönsten ist das stille helle Stromthal, wenn man in einem Nachen sich hindurch schaukeln lässt, dem Geschwirr der Wellen horcht, die der Ruderschlag des Fährmanns über die Uferkiesel streichen macht, und den Schwalben zuschaut, wie sie, mit ihren schillernden Flügeln das Gewässer streifend, blanke Furchen ziehen …

Herstelle ist jetzt ein neues Gebäude, das in halb gothischem Style errichtet mit seinem schweren zinnengekrönten Thurme und chorartigen Ausbau halb den Eindruck einer Zwing-

Burg Herstelle. 1826–1832 neuerbaute dreigeschossige Burg mit Rundturm. Zeitgenössischer Stich

Burg Herstelle. Stich von R. de Hooghe

feste aus der Feudalzeit, halb den einer Kirche macht. Es liegt auf einer senkrechten Felsenklippe, an seinem Fusse ein Dorf beherrschend. Auf dem Hofe des Schlosses fand man jüngst in einer Art verschütteten Cisterne einen beispiellos reichen Schatz von Alterthümern und zwar zuerst Gegenstände, die etwa dem sechszehnten Jahrhundert angehören mogten, Krüge mit Wappen und Bildern, Sporen u. s. w., darunter Sachen aus älterer Zeit, dann noch ältere, immer alterthümlicher die Formen und Stoffe, als ob man immer tiefer in graue Jahrhunderte sich senkte: ganz zu unterst lag die Römerzeit in Metallspiegeln, Waffenfragmenten und einem zierlichen Trinkgefäss aus römischer Erde, begraben …

Burg Herstelle, heutiger Zustand

Nach dem Aussterben des Falkenbergischen Geschlechts wurde die Familie von Spiegel zum Desenberge mit Herstelle belehnt; diese verkaufte es an eine Freifrau von Zuidtwick, welche den jetztigen alterthümlichen Wohnsitz auf der Felsenhöhe erbaute. Von oben in das Thal hinab führen zwei gleich romantische Pfade; der eine an dem frühern Kloster, jetzt der Pfarrwohnung, nah vorüber, eine breite steinerne Treppe herab, die an Länge einer Jakobsleiter nicht nachgibt, der andere wie ein Gemsensteg längs der Klippe, dass man schwindelt, sieht man Träger, die unter ihren Lasten keuchen, Mädchen mit Milcheimern auf den Köpfen oder kaum flügge Kinder so ruhig wie Nachtwandler über die thurmhohen Felszinnen gleiten; man presst jeden Laut zurück, als ob er die Träumer wecken und zerschmettert vor unsern Fuss schleudern könne. Die schon früher wild und trümmerhaft geformte Wand hat durch Steinbrüche an pittoreskem Aussehen noch gewonnen; überall weite Risse, Zacken und vorspringende Flächen, die, wenn man der erwachenden Kletterlust nachgäbe, leicht in die halsbrechende Situation weiland Kaiser Maximilians brächten."

Auf die steilen Pfade in das Tal hinab bezieht sich eine Äußerung im Brief an die Schwester

aus dem Dezember 1845: *Tante Dine* sei von Herstelle wieder nach → Kemperfeld gezogen, schreibt die Droste, *und läßt alle Mittag und Abende das Essen von der Burg* ⟨Herstelle⟩ *holen – das muß jetzt Abends schon anfangen ziemlich halsbrechend zu werden, – und nun vollends im Winter wenn es geglatteißt hat.*
In den 40er Jahren hielt sich ein Onkel der Droste, **Carl von Haxthausen**, während der Sommermonate regelmäßig in Herstelle auf und kümmerte sich dort um die Gartenanlagen: *Onkel Carl ist seit einigen Jahren den ganzen Sommer in Herstelle, und hat sich dort allerliebst eingerichtet, auf ein paar Zimmern, ganz am Ende des Ganges, wo es ganz für sich ist, und alle seine Liebhabereyen und Knüseleyen um sich hat. – er hat wunderhübsche Anlagen gemacht, die ganze Klippe entlang, – überall wo der Felsen vorspringt Terassen mit Bänken; – Wo nur irgend Boden genug war, oder aufgefahren werden konnte, Bäume gepflanzt, – wo hierzu nicht Erdreich genug, blühende Sträucher – und wo noch weniger, wenigstens Blumenbeetchen angelegt, oder einzelne Blumenstöcke oder Rankengewächse in die Felsritzen gepflanzt – die Balkone haben hübsche Balustraden, entweder gemauerte oder Eisenstakete, – kurz das Ganze ist schon jetzt sehr hübsch, und wird immer schöner werden* (an Jenny von Laßberg, Dezember 1845).
Mit einem Blick auf Herstelle endet die Schilderung des geistlichen Fürstentums Corvey in den *Westphälischen Schilderungen*: *Bei dem neuantiken Schloß Herstelle hat die Landschaft ihren Höhepunkt erreicht, und geht, nach einer reichen Aussicht, die Weser entlang, und einem schwindelnden Niederblicke auf das hessische Gränzstädtchen Carlshafen, der Verflachung und überall dem Verfall entgegen.*
➤ Der Ort Herstelle mit der Burg Herstelle liegt etwa 2 km westlich von Bad Karlshafen an der Wesertalstraße (B 83). In der Burg befindet sich heute ein Cafe.

HINNENBURG (Brakel)

... in Hinnenburg ist jetzt große Freude über das kleine Töchterchen, Asseburg, der einen gewissen Stolz darin setzt, daß in einer Familie, wie im englischen Hause die folge durch die weibliche Linie geht, will sich auch jetzt kein Dementi geben, spricht schon von der kleinen Erbtochter, und lächelt dazu wie ein Bauer der Zahnweh hat, es ist komisch, daß man ihm wirklich die Angst anmerkt, Diderich könne keine Söhne bekommen, was doch ganz unwahrscheinlich ist ... (an die Mutter, August 1838).
Die Hinnenburg liegt nördlich der Stadt Brakel; sie wird erstmals 1237 als Sitz der Ritter von Brakel erwähnt. Zur Zeit der Droste lebte dort ein Zweig der **Familie von Bocholtz-Asseburg**. Die Droste stand um 1820 vor allem ihrer Stieftante **Franziska von Haxthausen** nahe, die seit dem 27. Oktober 1810 mit dem Grafen **Hermann Werner von Bocholtz-Asseburg** verheiratet war. Ihr widmete sie die Übersetzung „Jubel der Seele" aus **Friedrich von Spees** „Trutznachtigall": *An mein zärtlich geliebtes Fränzchen nach dem mit Gott überstandenen Winter 1820.* Dem Droste-Forscher Eduard Arens zufolge soll *Tante Frenzchen* unter den Haxthausen-Geschwistern das größte literarische Talent zueigen gewesen sein.

Schloß Hinnenburg. 1237 erstmals erwähnte dreiflügelige Höhenburg mit schmalem Binnenhof. Lithographie von Ph. Herle, 1830/1840

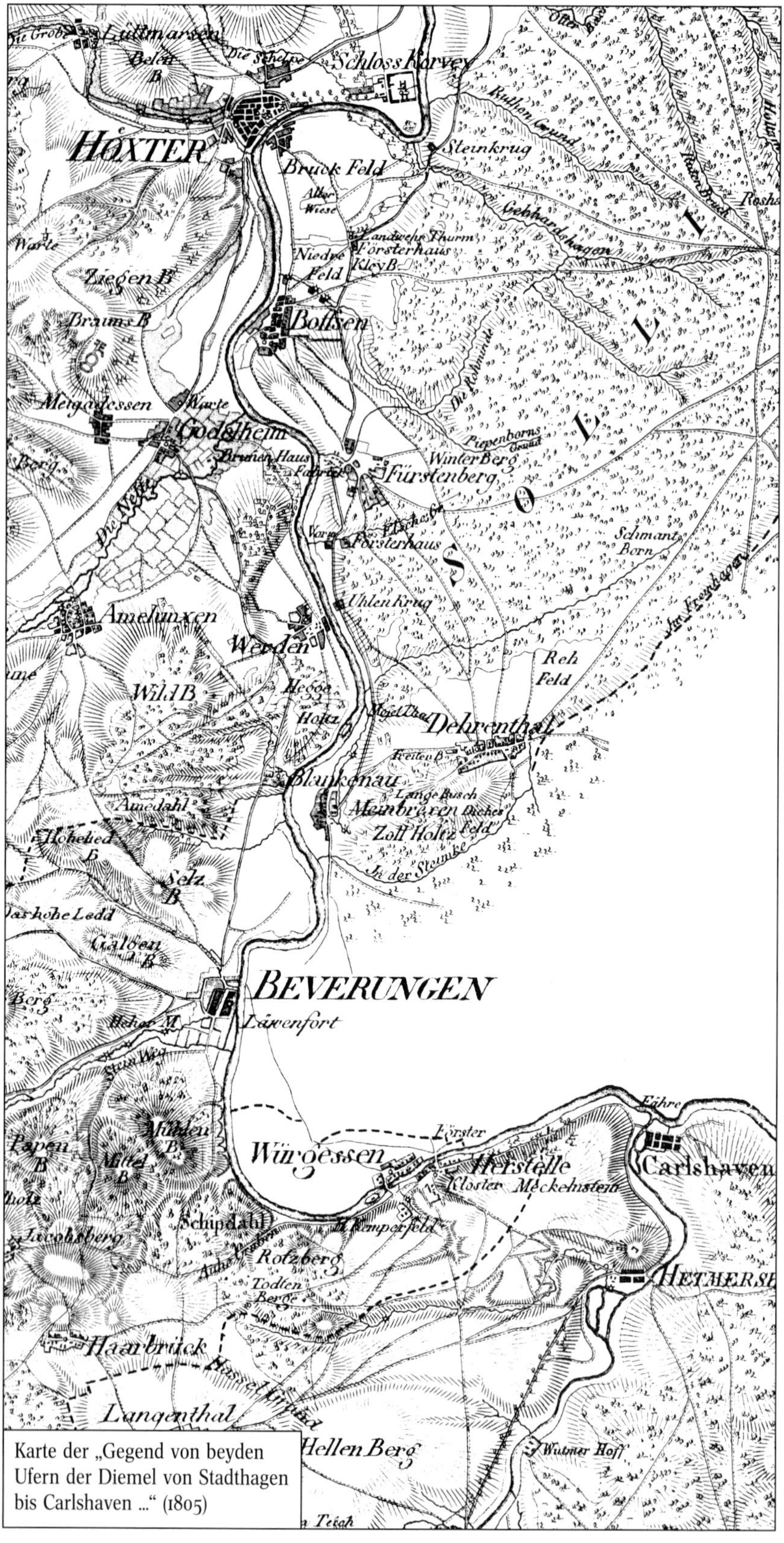

Karte der „Gegend von beyden Ufern der Diemel von Stadthagen bis Carlshaven ...“ (1805)

Historische Darstellung von Schloß Hinnenburg

„Von Bökendorf führt ein Weg durch den Wald bis zur Hinnenburg, den man zur Zeit des Bökendorfer Kreises oft gegangen ist, so auch die Droste. Bekannt wurde die Hinnenburg zusätzlich durch den Maler Ludwig Emil Grimm, der sich häufig hier aufhielt und zahlreiche Ansichten der Burg und der Natur aus dem Hinneburger Wald sowie Skizzen von Personen und Lebensszenen hinterlassen hat." (Günter Tiggesbäumker)

Während des Sommers 1838 hielt sich der ehemals in preußischen Diensten tätige Diplomat **Ferdinand von Galen**, verheiratet mit **Anna Isabella von Bocholtz-Asseburg**, einer Tochter des Hauses, mit seiner Familie in Hinnenburg auf. Er war aus Protest gegen das Verhalten Preußens im Kölner Kirchenstreit aus dem preußischen Staatsdienst ausgetreten, was ihm innerhalb der Familie von Haxthausen viel Ansehen einbrachte.
Äußerungen der Droste aus den 1840er Jahren lassen erkennen, daß ihr Besuche in Hinnenburg zunehmend unangenehmer wurden: *In Hinnenburg (bey Asseburgs) ists steifer wie je, da fast alle Kinder fort sind, (verheurathet oder auf Schulen) mir aber angenehmer, weil mir eine AllongePerücke lieber ist wie eine moderne Haartour, – ein wohlwollendes Ceremoniel ist erträglich, ja, als ächtes Rococo mit-*

Haus Holzhausen

Haus Holzhausen. Zweigeschossiges Herrenhaus mit ausgedehntem Wirtschaftshof

unter ergötzlich, aber die vornehme Langeweile neuerer Zeit macht Einen todt. – die Tante dauert mich, sie war von allen Haxthausen die kopfleerste aber gemüthlichste, denk dir, in dieser doppelten Beziehung, jetzt ihren Abgrund von Langeweile! – sie bringt ihre Zeit damit zu nach ihren Kindern zu jammern, und besonders auf jedem Plätzchen wo Maria gesessen, täglich ein gewisses Quantum Thränen zu opfern, es ist rührend und ennuyant zugleich. – ich war noch nicht auf längere Zeit dort, (jetzt) dieses Heil steht mir noch bevor (an Sibylle Mertens-Schaaffhausen, Juli 1843).

Ihrer Schwester Jenny von Laßberg berichtete die Droste kurze Zeit später: *In Hinnenburg ists jetzt gar einsam und steif, Niemand von den Kindern dort als Johannes, der ein Greuel von Unart ist, sonst hübsch und klug, – ich bin ungern dort, da Asseburg es nicht lassen kann unaufhörlich auf den Böckendorfern, Gretchen, Michelis, den Hassenpflugs, zu hacken, – Gretchen und Male H⟨assenpflug⟩ haßt er förmlich, und nennt sie nur mit einem Gesichte als ob er sich brechen müßte.* – (Brief aus dem Juli 1843).

➤ Die Hinnenburg ist zu erreichen über die Ostwestfalenstraße (3 km nördlich von Brakel) oder von Bökendorf aus zu Fuß durch den Hinnenburger Wald.

HOLZHAUSEN (Nieheim)

Das Herrenhaus Holzhausen (in Holzhausen bei Nieheim) war Wohnsitz der Familie **von Kerckerinck-Borg**. Besuche der Droste sind dort für den 19. Juli 1813 und den Sommer 1838 belegt. Hierüber berichtete die Droste ihrer Mutter: *ich war auch in Holzhausen und Grevenburg, mit Onkel Fritz, habe mich aber beyde Mahle wenig amusirt: in Holzhausen war Carl abwesend, nur Minchen dort, die ungeheuer einsilbig und steif war, so daß sie immer von Fräulein Sophie und Fräulein Ludowine sprach, ich war froh als wir fortfuhren.*

➤ Holzhausen liegt an der Ostwestfalenstraße 2 km südlich von Nieheim.

Das Rathaus von Höxter. Langgestreckter, zweigeschossiger Bau mit mittelalterlicher Bausubstanz

HÖXTER/CORVEY
Rathaus
Schloß Corvey

Im Januar 1820 trat die Droste im Rathaus zu Höxter in einem kleinen öffentlichen Konzert als Sängerin und Pianistin auf. Die Veranstaltung lief, wie die Autorin selbst schildert, nicht ohne Komplikationen ab: *Ich habe Mittwoch zu Höxter im Concert gesungen mit der Fennewitz – du kannst nicht glauben wie mir die Sache erschwert wurde, zuerst bekomme ich den Brief mit der Bitte und den Noten zugleich den Sonntag zuvor, die Zeit von drey Tagen war kurz genug zum Einstudiren, doch nahm ich es an, den folgenden Abend spät (Mon-*

Höxter und Schloß Corvey. Anfang des 19. Jahrhunderts zum Schloß umgestaltete ehemalige Benediktinerabtei

tag) kömmt ein zweyter Bothe, man hätte sich versehn, Madame Fennewitz hätte die andere Stimme einstudirt,– ich müßte also wechseln obschon ich zum Einstudiren dieser andern Stimme jetzt nur einen Tag mehr hatte, ich nahm es jedoch an, und wurde auch ziemlich fertig. Mittwoch gegen Mittag kommen wir zu Höxter an, Madame Fennewitz ist schon da, und wir wollen anfangen zu probiren, da kömmt es heraus das die Fennewitz, wie sie das Duett in Münster gelernt hat einige Stellen geändert hat, weil sie ihr zu schwer waren, danach mußte ich jetzt hintenach meine Stimme auch ändern, und endlich wie das Concert bald angehn soll, erklärt Herr Becker, der uns begleiten wollte, daß er es nicht könne, und ich also selbst das Clavier dazu spielen müsse, ich wollte mich durch aus nicht dazu verstehn, weil ich bey meiner kurzen Zeit absichtlich alle Zwischenspiele auf dem Clavier überschlagen hatte, wie sich dieser Herr Becker, aber ans Clavier setzte (In der Probe) machte er seine

Bibliotheksraum im Schloß Corvey

Sachen so schlecht, daß ich mich nur freute, daß ich es übernehmen konnte, alle diese Fatalitäten zusammen machten mir aber eine solche Angst, daß ich wie wir auftreten sollten, einen Krampf in der Brust kriegte, und hätte ich nicht überhaubt besser gesungen, wie die Fennewitz, so wär es mir übel gegangen, mir aber ging es gut, und wir wurden sehr beklatscht.
Im Juli 1843 kam es zu einem Wiedersehen mit **Lisette Vennewitz geb. Grassow**: *Ich habe hier auch vor einigen Tagen die Lisette Greshoff (Madame Fennewitz) gesehn, – ihr Mann hat eine große Pachtung im Corveyischen, – sie hat schwere Zeiten durchlebt, und sich äußerst ehrenvoll durchgearbeitet – du hast sie gewiß gekannt, die jüngere Tochter des Weinhändlers Greshoff, und Schwester der Kynitz ... Ich traf sie im Gasthofe zu Corvey, grade beym Verlobungsfeste, – sie war nach ihrer Weise ziemlich wohl, und freute sich sehr mich – nach drey und zwanzig Jahren – wieder zu sehn ... Es war mir doch wunderlich Eine, die ich zuletzt als blühendes Ballpüppchen gesehn hatte, jetzt als Großmama wieder zu finden, und ⟨ich guckte⟩ verstohlen in den Spiegel, und wirklich war es auch ein GroßmamasGesicht was mir daraus entgegen sah. – die Zeit läuft nicht allein, sie rumpelt uns auch mit, über Stock und Stein, und wir lassen an jedem Strauch irgend ein Schleifchen oder Löckchen hängen* (an Pauline von Droste-Hülshoff, Juli 1843).
Im „Malerischen und romantischen Westphalen" werden Höxter und das 2 Kilometer entfernt liegende Schloß Corvey ausführlich geschildert. Auch hier dürfte die Droste Schückings erste Informantin gewesen sein. Ihre Ortskenntnisse wird sie sich dabei vor allem während ihres langen Bökendorf-Besuches 1819/1820 angeeignet haben. Ein späterer Besuch in der Schloßbibliothek am 12. Juli 1843 ist durch einen Eintrag im Corveyer „Fremdenbuch" belegt. Dies war allerdings noch bevor **August Heinrich Hoffmann von Fallersleben** seine Tätigkeit in der berühmten Bibliothek aufgenommen hatte (1860).
„Das im 9. Jahrhundert gegründete Benediktinerkloster Corvey erlebte bis zum ausgehenden Mittelalter eine besondere kulturelle und wirtschaftliche Blüte; der danach einsetzende Niedergang erreichte während des Dreißigjährigen Krieges seinen ersten traurigen Höhepunkt und setzte sich bis zur Auflösung des Klosters im Jahre 1803 kontinuierlich fort. Nach unruhigen Jahren und mehrfachem Besitzwechsel gelangte die Anlage 1822 zunächst an den Landgrafen Viktor Amadeus von Hessen-Rotenburg, der Corvey an seinen Neffen, den Prinzen Viktor von Hohenlohe-Schillingsfürst, vererbte. Dieser schuf ab 1840 als erster Herzog von Ratibor und Fürst von Corvey die heutigen Eigentumsverhältnisse. Spiegelbild der wechselvollen Geschichte der ehemaligen Reichsabtei ist ihre Bibliothek. Mit dem Verbleichen des mittelalterlichen Glanzes verschwand bis 1648 auch die berühmte Bibliothek mit ihrem Tacitus-Codex aus dem 9. Jahrhundert (heute in Florenz) und der noch älteren Hieronymus-Handschrift (heute in Wolfenbüttel). Der größte noch zusammenhängende Bestand der von Fürstabt Maximilian von Horrich neu begründeten barocken Klosterbibliothek gelangte schließlich in die Erzbischöfliche Akademische Bibliothek nach Paderborn. Mit den neuen Herren kam auch eine neue Bibliothek, die dritte an historischer Stelle. Zu besichtigen

Schloß Corvey. Stich von Carl Schlickum

Schloß Corvey. Zeitgenössischer Stich

ist heute eine der größten Privatbibliotheken Deutschlands mit ca. 70 000 Büchern." (Günter Tiggesbäumker)

Im „Malerischen und romantischen Westphalen" heißt es über Corvey und Höxter: „Die alte gefürstete Reichsabtei Corvei liegt in einer Ebene, die nach zwei Seiten hin von einer Krümmung der Weser umschlossen wird, unter seinen Gärten und Alleen, als ein schönes und imposantes Denkmal alter Herrlichkeit da. Das Gebäude ist ein grosses aus Bruchsteinen erbautes Quadrat, das in seinem Innern mehrere Höfe und die Kirche birgt; jetzt zum Schlosse umgeschaffen, zeigen die meisten seiner Räume den steifen, schwerprächtigen Geschmack des vorigen Jahrhunderts: reiche seidne und gewirkte Tapeten, Vergoldungen und Stukaturen im Uebermass, Deckengemälde u. s. w. kurz die ganze Rococo-Herrlichkeit, welche man noch vor zwanzig Jahren rastlos zu vertilgen strebte und jetzt wieder so sorglich zusammenleimt. Die Wände eines der Gemächer sind mit den Brustbildern der Aebte, von Adelhard dem Stifter an, ausgefüllt, und seltsamer Weise endet auch hier, wie in vielen andern säcularisirten Stiftern, wie in dem Römersaale zu Frankfurt, mit dem Bilde des letzten Herrn der Raum, der für so viele Jahrhunderte genügt hatte. In Corvei fehlt zwar das Bild des letzten Fürstabts, des Bischofs von Lüning; aber der Raum dafür ist vorhanden und kein Zollbreit mehr. Die gothisch verzierte Kirche ist schön und geräumig.

Eine schöne hohe Buchenallee führt von Corvei nach dem nahen Städtchen Höxter, das an einem schlanken Bogen des glatten Stromes wie eine schmucke Dirne vor ihrem Spiegel steht. Seine Lage ist weniger grossartig romantisch als lachend freundlich; fast koquett anmuthig gleitet die Weser um die zierlichen Pfeiler einer neuerbauten Brücke, als ob sie mit ihnen tändeln wolle: die Berge umher sind weder steil noch sehr hoch, aber schön bewaldet und im Lenz voll Nachtigallenschlag;- sie sind ein zahmes Geschlecht, unter dem nur, nah am Stadtthore, der Ziegenberg mit seinem rothen nackten Gesteine wie ein Wilder, ein letzter der Mohicaner sich aufreckt. Aber man hat nichts destoweniger sein stolzes Haupt und die starren Glieder mit Gemüsepflanzungen bedeckt, die Cultur hat auch ihn bezwungen, und wie mit grünen blühenden Banden gefesselt, dass er zu dem voherrschenden Bilde lieblicher Anmuth das seine beitragen muss. Ein andrer Berg hart an der Stadt, nach Norden hin, ist zu einem Vergnügungsort umgeschaffen: es ist der Rauschenberg, eine wahre Nachtigallen-Colonie, aus deren frischen Baumwipfeln hier ein zierliches Dach, dort ein Zelt, drüber eine halbversteckte Bank hervorlauschen: ein kleines Bergplateau ragt mit Mauer und Geländer umgeben, wie ein grandioser Balkon vor: zündet ein abendliches Fest (St. Viti) dort oben seine Lampen an, dann erscheint der Berg vom Thale aus wie ein riesiger Elfenhügel, von tausend Flämmchen umzuckt, die sich nach einem Punkte zusammendrängen, wo man das lustige Geistervolk, die tanzende schöne und unschöne beau monde, seine leichten Sprünge machen sieht, nach dem Tackte einer Musik, von der nur einzelne Accorde wie träumend zu uns herüberschweben. Der Anblick ist magisch: ‚weisse Elfen, sich mit dunklen Gnomen drehend, unter des gebräunten Pilzes Dach.' Der Pilz ist das Zelt, unter dem man Erfrischungen

Gut Kemperfeld. Wohnhaus, heutiger Zustand

reicht und das wirklich der Champignon heisst. Wer dagegen oben am Berge aus dem grellen Lampenlichte zu einem dämmerigten Vorsprunge flüchtet, erhält ebenfalls einen seltsam gespenstischen Eindruck von dem entschlafenen Städtchen Höxter mit seinen Dächern und Thurmspitzen, die in blaulichten Duft gehüllt da liegen, während der Spiegel des Strom's unter dem blassen Scheine des Mondes zittert gleich einem bleichen Vorgeschichtenseher, den der Mondschein quält und ängstet. Einzelne verspätete Boote gleiten sacht wie dunkle Särge über die Fläche des Flusses hin, mehr bezeichnet als erhellt durch die matte Laterne vor dem Steuer, deren dunstiger Wiederschein neben her schwimmt wie ein phosphorescirendes huschendes Todtenlicht."

➤ Schloß Corvey liegt 2 km östlich von Höxter an der Weser.

KEMPERFELD (Herstelle/Beverungen)

Das Rittergut Kemperfeld war zur Zeit der Droste im Besitz ihrer Tante **Ferdinandine von Heereman-Zuydtwyck geb. von Haxthausen** (*Tante Dine*). Diese hatte das Rittergut gemeinsam mit der Burg → Herstelle erworben. Die Droste stand besonders deren Tochter **Amalie von Heereman-Zuydtwyck** nahe, die über ein bedeutendes Zeichentalent verfügte. Im Herbst/Winter 1824 übernahm sie in Hülshoff den Unterricht dieser Cousine. Amalie von Heereman-Zuydtwyck war seit ihrem 18. Lebensjahr durch ein Brust- und Nervenleiden lange Jahre lebensgefährlich erkrankt. Sie lebte 1814 in Köln (wo sie vermutlich die Bekanntschaft **Ludwig Grimms** machte), ab Sommer 1815 mit ihrer Mutter in Bökendorf und später gelegentlich in Kassel, wo sie dem Freundeskreis der **Grimms** und **Amalie Hassenpflugs** angehörte. Letztere porträtierte sie in der Figur der ‚Veronica' in dem bereits erwähnten Roman „Margarethe Verflassen. Ein Bild aus der katholischen Kirche" (2. Aufl. Hannover 1871). Amalie von Heereman-Zuydtwyck starb als Ordensfrau des „Ordens vom Heiligen Herzen Jesu" in Graz.

Anfang der 1840er Jahre gab die Familie von Heereman-Zuydtwyck Kemperfeld als Wohnsitz auf und bezog die Burg → Herstelle. Hierüber berichtet sie Droste im Januar 1841: *Tante Dine ist jetzt in Herstelle, und es ist bisher so gut gegangen, daß sie gar nicht wieder nach Kemperfeld ziehn will.* Die Droste bedauerte den Umzug: *mir wird es doch leid seyn,* schreibt sie im Februar 1843 an ihre Schwester, *wenn ich mahl hinkomme* ⟨nach Herstelle⟩, *das gute Kemperfeld so ganz abgedankt, und wie ich höre schon sehr verregnet und verfallen zu finden, ich habe angenehme Tage dort verlebt, und ziehe es Herstelle weit vor.* Ähnlich muß auch Ferdinandine von Heereman-Zuydtwyck gedacht haben, die Ende 1845 wieder nach Kemperfeld zurückzog: *Tante Dine wohnt jetzt wirklich wieder in Kemperfeld, und läßt alle Mittag und Abende das Essen von der Burg holen* (an Jenny von Laßberg, Dezember 1845).

➤ Haus Kemperfeld liegt links vor dem Ortseingang von Herstelle an der Wesertalstraße (B 83) von Beverungen kommend in Richtung Bad Karlshafen. Es befindet sich dort heute ein landwirtschaftlicher Betrieb.

Gut Kemperfeld. Gesindehaus, heutiger Zustand

MARIENMÜNSTER
→ VÖRDEN

NEUENHEERSE

Im Herbst 1819 besuchte die Droste das Damenstift Neuenheerse, in dem ihre Stieftante **Sophie von Haxthausen** Stiftsdame gewesen war. Über den Besuch berichtete sie ihrer Mutter: *Ich bin, wie du wohl schon weißt, mit der Schloshauer nach Neuenheerse gewesen, die Tante Felitz war anfangs sehr spitz, aber zuletzt so freundlich, daß ich nicht wußte, was sie mir zu Gefallen thun sollte, sie logirte mich zu meiner großen Angst in einem nagelneuen Zimmer, womit sie selbst so verwöhnt war, daß sie ihre reinen Schuh jedesmahl abputzte, wenn sie hinein ging, sie sagte des Abends, wie sie mich herein führte, Laken, Kissen, Handtücher, alles wäre das Beste was sie in ihrem Vermögen hätte, du kannst denken, wie mir dabey zu Muthe war, sie läßt dich aufs zärtlichste grüßen, und will diesen Winter noch nach Bökendorf kommen, und im Frühjahr soll ich auf vierzehn Tage zu ihr kommen, wofür mich Gott behüte, denn ich kann es gar nicht aushalten, daß sie das Essen mit ihrem eignen Löffel vor-*

Das ehemalige Damenstift mit Abteigebäude in Neuenheerse, heutiger Zustand

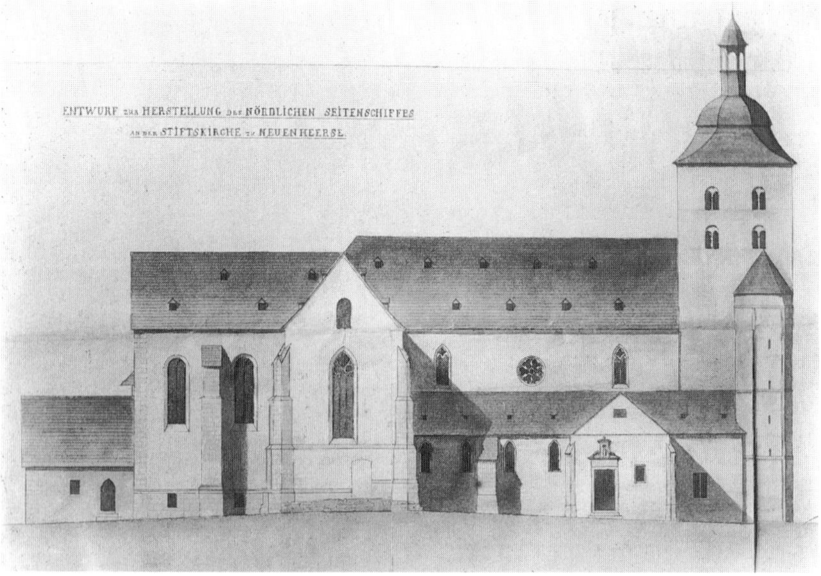

Die ehemalige Stiftskirche St. Saturnina von Neuenheerse

legt, und wenn sie mir Wein oder auch Wasser einschenkt, die bouteille zuvor vor den Mund setzt, um zu sehn ob es auch gut ist, wenn das nicht wäre, dann sollte alles noch wohl gehn … (Dezember 1819).

➤ Der Ort Neuenheerse befindet sich etwa 7 km südlich von Bad Driburg an der Straße nach Willebadessen.

NIEHEIM → HOLZHAUSEN
SOMMERSELL → GREVENBURG
STEINHEIM → THIENHAUSEN

August von Haxthausen (1792–1866), Stiefonkel der Droste. Ölgemälde von Hugo Danz, 1860. Im Hintergrund Schloß Thienhausen

THIENHAUSEN (Steinheim)

Das Wasserschloß Thienhausen bei Steinheim genoß im 19. Jahrhundert den Ruf eines beliebten Künstler- und Literatentreffpunktes. Hausherr der „Herberge der Gerechtigkeit", wie **Levin Schücking** (→ Münster) das Schloß in einem gleichnamigen Roman nannte, war **August von Haxthausen**, der „Tyrann von Thienhausen", ein Onkel der Droste. **Lulu von Strauß und Torney** beschrieb ihn in ihrem Roman „Vom Biedermeier zur Bismarckzeit" (1932) als eine „höchst originelle, kantige und schrullige Persönlichkeit, um die sich ein ganzer Kranz von Legenden bildete … In der alten Burg war sommerlang ein fortwährendes Kommen und Gehen von Gästen, die Gaststuben standen nie leer, und man traf immer irgendwelche bedeutenden Leute dort, vor allem aus dem Kreis der westfälischen Romantik … Dem Tyrannen selbst konnte die Burg gar nicht voll genug, das geistreich ausgelassene Treiben gar nicht toll genug sein."

Ob die Droste selbst Thienhausen kennenlernte, ist nicht belegt. **August von Haxthausen** hatte das Schloß 1843 gekauft und erst 1847 dort seinen ständigen Wohnsitz bezogen.

Im genannten Roman **Schückings** sind einige typische Thienhauser Salongespräche nachgestellt. Er legte dabei einer Romanfigur folgende Worte über den Baron „Bellersheim" (hinter dem sich unzweifelhaft August von Haxthausen verbirgt) in den Mund: „Ich möchte sehen, wie kahl die Welt würde, wenn die Sammler nicht wären, um ihr die besten und schmückendsten Besitztümer zu retten … Und mit wehmütigem Nachklang: Die alten Tradi-

Haus Thienhausen. Ab 1609 entstandene zweiflügelige Wasseranlage mit quadratischem Treppenturm

tionen verlieren sich mehr und mehr aus dem Volke."
Haxthausens Persönlichkeit erschließt sich vor allem von dieser Seite her. Seine literarischen Interessen bezogen sich in erster Linie auf die Sammlung und Erhaltung literarischen Volksguts (→ Bökendorf). Für Lyrik hatte der „Tyrann" hingegen wenig übrig. Schücking läßt ihn sagen: „Jeder Thurm hat seine Sage und jedes Haus hat seinen Roman ... und oft auch ist's ein ganz richtiges Drama; was aber die Lyrik angeht, so wird ihrer zwar viel schriftlich angefertigt, im Leben aber spielt sie eine geringe Rolle." Die Droste spielt in ihren Briefen mehrfach auf diese Abneigung ihres Onkels an. Seine Anregungen, ein Lustspiel im *vaterländischen Dialekt* zu schreiben, das im Bauernmilieu spielen sollte, griff sie jedoch nicht auf, wie sie ebenso auch seinen späteren Sammlungen von frommen Wallfahrts- und Arbeitsliedern uninteressiert gegenüberstand.
Ein wenig bekanntes literarisches Porträt August von Haxthausens verdanken wir **Karl Gutzkows** auf westfälischem Boden spielendem Roman „Der Zauberer von Rom" (1859–61). Dort stand Haxthausen für den „Baron von Hülleshoven" Modell. Er wird bis zur Karikatur überzeichnet, erscheint als alter Junggeselle, der „je älter, je grilliger" werde. An anderer Stelle heißt es: „Levin von Hülleshoven ist ein geistvoller, unterrichteter Mann, aber schrullenhaft und afterklug. Die Sicherheit, mit der er sich schon vor vierzig Jahren auf den Bau von Pyramiden verstand, während ihm jeder Backofen, den er bauen ließ, zusammenfiel, wird sich ... nicht gebessert haben ... Abenteuerliche Gelehrsamkeit ist allda sein Steckenpferd."

Nach Haxthausens Tod wurde Schloß Thienhausen von 1867 bis 1887 von dem Dichter **Friedrich Wilhelm Weber**, Verfasser des Epos „Dreizehnlinden", bewohnt. Neben Schücking war auch der Schwager der Droste, Joseph von Laßberg, Gast Thienhausens. 1905 wurde Thienhausen durch ein Feuer schwer beschädigt.

➤ Thienhausen liegt an der Landstraße von Steinheim nach Marienmünster. Man erreicht es auch von Nieheim aus über die Landstraße, die über Eversen führt (5 km).

VÖRDEN (Marienmünster)

Haus Vörden wurde um 1319 vom Abt des Klosters Marienmünster als Burg „tom Forde" errichtet, die aber vom Paderborner Bischof eingezogen wurde. Mitte des 16. Jahrhunderts begründete die Familie **von Haxthausen** an der Burgstelle ein Rittergut. Dieses gelangte 1840 an den einzigen männlichen Nachkommen der Familie, der die Erbfolge antreten konnte, an **Guido von Haxthausen**, Sohn des Stiefonkels der Droste, **Moritz von Haxthausen**. Auch Guidos Bruder **Arno** hielt sich für einige Zeit in Vörden auf. In einem Brief der Droste aus dem Februar 1841 heißt es: ... *Arno Haxthausen ⟨ist⟩ in Vörden, und ein großer Liebling von Carolinen, die sogar nur auf ein paar Stunden böse wird, wenn er ihr tüchtig die Wahrheit sagt, und sich gleich wieder mit ihm versöhnt – er hilft dort dem Pastoren in seinen Pfarrgeschäften, und erwartet den Ruf des Vikariats, zu einem bestimmten Wirkungskreise* (an Jenny von Laßberg, Februar 1841).
Nach dem Tod seines Vaters übernahm **Guido**

Haus Vörden. Herrenhaus mit Mittelrisalit und Eckpavillions

von Haxthausen von seinen Onkeln 1843 die selbständige Bewirtschaftung des Gutes. Der Vetter der Droste hatte jedoch zunächst kaum ein Auskommen. So heißt es im Brief an die Schwester aus dem Februar 1843: *Guido ist recht fleißig, Morgens um Fünf schon auf, und trabt auf seiner Rozinante umher, oder sitzt am Schreibtisch, zeigt auch vielen Trieb zum Sparen und stiller Häuslichkeit, versteht aber natürlich noch wenig von Landwirthschaft und überhaubt Güterverwaltung, und läßt sich leider nichts einreden, weder von den Oncles noch Sophien* ⟨seiner Mutter Sophie von Haxthausen geb. von Blumenthal⟩.

An ihre Schwester **Jenny von Laßberg** schreibt die Droste im Juli 1843: *Guido hat jetzt seine eigne Wirthschaft in Vörden, was ihm natürlich äußerst angenehm ist, er betrachtet sein eignes Korn und Heu mit wahrer Wollust, kauft und bettelt überall Blumen für seinen Garten et cet – sagt auch bey jeder Gelegenheit welche Freude ihm dieses macht, und wie gern er in Vörden ist, was ihm auch Jeder gern glaubt, außer seiner Mutter, die nicht aufhört zu wimmern, über „ihren armen unglücklichen Jungen, den sie in das elende einsame Loch gesteckt haben".*

Aus mehreren Briefstellen wird deutlich, daß es zwischen **Guido von Haxthausen** und seinen Stiefonkeln immer wieder zu Streitigkeiten kam. Im September 1842 schreibt die Droste ihrer Schwester: *mit Guido stehts beym Alten, er käbbelt sich den ganzen Tag mit den Onkels, denen er deshalb etwas widerlich ist, die*

Haus Vörden. Lithographie von Ph. Herle, 1830/1840

Schloß Wehrden. Lithographie von Ph. Herle, 1830/1840, im Hintergrund Schloß Fürstenberg

ihn aber doch sonst für gut und brav halten. Bis Anfang 1845 hatte sich hieran noch wenig geändert: *Mit Guido geht es ziemlich schlecht,* berichtet die Droste wiederum ihrer Schwester, *aber doch jetzt, solange Fritz mit ihm allein ist, etwas besser wie früher, nur fürchten wir der Sturm geht los, wenn August zurück kömmt* (Januar 1845).

Wiederholt versuchte die Droste, bei den ständigen Zwistigkeiten zwischen **Guido von Haxthausen** und seinen Onkeln zu vermitteln. Dies geht aus einem Schreiben Guido von Haxthausens an seine Mutter vom 12. Juli 1843 hervor: „Nette ist noch immer sehr wegen des Vergleichs mit den Onkeln in Sorge und spricht mit mir von fast nichts anderem, sie will mir aber doch in nichts mehr zureden, weil sie sich vor Nackenschlägen fürchtet, und um nicht am End von beyden Theilen Vorwürfe zu bekommen …" Im Herbst 1845 waren die Familienstreitigkeiten weitgehend ausgeräumt: *Du weißt,* schreibt die Droste, *daß die Haxt⟨hausenschen⟩ Güter, obwohl an sich bedeutend, doch sehr verschuldet waren, und Guido sie zudem nur gemeinschaftlich mit seinen drey Onkels (also eigentlich nur zum vierten Theile, und ohne den mindesten Einfluß auf die Verwaltung, da eine Stimme nie gegen drey aufkommen konnte) besaß. – Jetzt haben die Onkels eins der besten Güter ganz schuldenfrey gemacht und es ihm* ⟨Guido von Haxthausen⟩ *völlig eingerichtet übergeben, auch noch eine bedeutende Summe zu ferneren Verbesserungen, ein anständiges Nadelgeld für die Frau, und noch manche andre Vortheile ihm bewilliget, so daß er jetzt schon, zwar nicht glänzend aber doch anständig leben kann, – und haben sich ferner verbindlich gemacht, vom Ertrage der übrigen Güter keinen Heller für sich zu verwenden, sondern Alles zu Verbesserungen und Schuldenablösungen, um ihm endlich das Ganze in völlig gutem Zustande zu übergeben* (an Pauline von Droste-Hülshoff, Oktober 1845). Später war Gudio von Haxthausen Majoratsherr und somit aller finanziellen Sorgen ledig.

➤ Vörden liegt etwa 7 km nördlich von Bökendorf an der Straße nach Marienmünster.

WEHRDEN (Beverungen)
Schloß Wehrden
Türkenruine
Wildberg

Schloß Wehrden war ein festes, wenngleich nicht sonderlich beliebtes Besuchsziel der Droste. Dort wohnte ihre Tante **Dorothea** (*Dorly*) **von Wolff-Metternich geb. von Haxthausen**. *Seit zwey Tagen,* schreibt die Droste am 11. Juli 1843 an **Sibylle Mertens-Schaaffhausen**, *bin ich ganz allein in Abbenburg, Mama ist in Wehren bey der Metternich, und übermorgen muß ich auch hin – „Hier laß einen Seufzer fahren, und wenn du kannst, noch einen", sagt Abraham a Santa Clara, – ich bin nicht gern in Wehren, Alles ist mir zu ruschlig dort, und vollends die Tante selbst ein wahrer Ameishaufen, – Alles Leben und Verwirrung – Handlungen, Worte, und wie es mit den Gedanken aussieht, das mag ich den meinigen gar nicht zumuthen* *zu untersuchen, du würdest sie gradeswegs für verrückt erklären, und doch ists nur eine tolle Phantasie in einem sehr schwachen Kopfe, die vor fünfzig Jahren den letzten Zügel zerrissen hat und seitdem en carrière durchgeht.* An anderer Stelle bezeichnet die Droste ihre Tante als *gutmütigste und lebhafteste aller Frauen*, die, *wenn sie allein ist vor Langeweile und übler Laune fast* sterbe, fast *kein wahres Wort* sage, zu *aufsehenerregenden Aktionen* neige und die Droste beständig für sich in Anspruch nehmen wolle.

Im Archiv von Boeselager (Höllinghofen, Vosswinkel) sind zwei Gedichtalben überliefert, die überwiegend Abschriften geistlicher Gedichte der Droste von Hand Dorothea von Wolff-Metternichs enthalten. Im älteren der Alben finden sich insgesamt neunzehn Abschriften von Droste-Gedichten. Die Droste kommt in einem ihrer Briefe – allerdings in einem recht abfälligen Ton – auf die Gedichtbegeisterung ihrer Tante zu sprechen: *Von Wehren weiß ich nur*, schreibt sie 1843 an ihre Schwester, *das Alles dort wohl ist … Tanty Dorly schreibt fast alle 14 Tage an Mama, einen Brief voll Verse, meistens aus meinen Gedichten, und das Hinterste vorn …* (Februar 1843).

Der Droste-Turm im Garten von Schloß Wehrden, heutiger, restaurierter Zustand

Schloß Wehrden und dessen Turm, der innerhalb der Schloßanlage einen eigenen Akzent setzt, werden erstmals in einem Brief der Droste an ihre Cousine **Therese von Wolff-Metternich** vom 20. Juli 1821 erwähnt: *Wenn du auf den Thurm kömmst, so mußt du jedes mahl an mich denken, wenn du das nicht thust, und ich erfahre es wieder so fällst du in Ungnade – auch auf dem Wildberge, und in der Nähe von Fürstenberg, und bey den Steinen in der Weser, auf Denen ich so oft gestanden.*

In einem späteren Brief an **Dorothea von Wolff-Metternich** vom September 1838 heißt es: ich *wollte mich mit Euch Allen mahl recht aussprechen, auf meinem lieben Thurme sitzen, an der Weser spatzieren und Steine klopfen.*

Auf den Turm in Wehrden bezieht sich auch eine Ballade der Droste: *Der Fundator*. Mit dem Fundator (Stifter, Gründer) ist der Familiensage nach der Stammherr von Schloß Wehrden gemeint, Freiherr **Hermann Werner von Wolff-Metternich zur Gracht**, Fürstbischof von Paderborn. Im „Malerischen und romantischen Westphalen" berichtet Schücking über ihn: „Im Dorfe Wehren erzählt euch jedes Kind, dass der alte Bischof nächtlich dort bei seiner Studierlampe sitze: dann sind die Fenster des Thurmes alle mit einem blaulichten Lichte umgossen, dass das Gebäude aussieht wie ein grosser Leuchtwurm, und je finstrer die Nacht ist, desto heller leuchtet der Thurm auf."

Die Schilderung Wehrdens im „Malerischen und romantischen Westphalen" lautet: „Versetzen wir uns an die Weser nach Godelheim zurück und ziehen an dem hohen Wildberge mit den wenigen Trümmern einer gleichnamigen Corveiischen Burg vorbei, nach dem Freiherrlich Wolf-Metternich'schen Schlosse Wehren das nur durch einen schmalen smaragdgrünen Wiesenstreif von der Weser getrennt ist, deren Ufer hier sacht sich bis unmittelbar an die Wellen abdachen. In Wehren ist der runde alte Thurm mit dem chinesischen Dache über seinen Zinnen für uns zu erklimmen, der herrlichen Aussicht wegen, die sich oben bietet, in ein Thal voll üppiger Kornfelder und Wiesenfluren, stundenweit sich dehnend und doch nicht zu ausgedehnt, dass nicht die Formen der umgebenden Berge klar und deutlich hervorträten. Nördlich zeigt der Wildberg seine riesige Sargesgestalt, überragt von düstern Fichtencandelabern, schwarz, steil aufsteigend; die Burgruine liegt verdeckt, nur wer den Wildberg selbst ersteigt und sich durch seine Baumknorren und Gestrüppe geschlagen hat, steht mit einem Male vor den eingesunkenen Gewölben der Burg, wie am Rande eines Steinbruchs; denn was über der Erde war, ist verschwunden, nur der unterirdische Theil hält sich wie die Wurzel eines gefällten Riesenbaumes noch immer fest in den Grund geklammert; zahllose Ranken von Epheu, Steinbrech und andern Schlingpflanzen drängen sich aus jeder Spalte, und der Boden ist besäet mit Maiblumen, die hier wie verwünschte Schönhei-

Schloß Wehrden. Ab 1696 neugestaltetes zweigeschossiges Herrenhaus mit Walmdach

ten in der Drachenhöhle einsam blühn und welken. Der Grund zeigt vielfache Spuren von Schatzgräberei. Dem Wildberge gegenüber sieht man von unsrem Thurme aus den dunkelrothen Kathagenberg, ein ödes gespaltenes Felsgeklippe, scharfkantig, wie in wüsten Riesentrümmern zusammen geschleudert, um deren Zacken pfeifend die Habichte kreisen, bis der Dämmerung misstönendes Conzert, das schrillende Gezisch des Capellmeisters Uhu und seiner Bande sie ablösen ... Das Innere unsres Thurm's, den einst Franz Arnold Wolf-Metternich zur Gracht, Fürstbischof von Münster, Paderborn und Corvei bewohnte, um hier neben der alten ‚Türkenruine', deren Reste ziemlich wohl erhalten dicht an Wehren stehen, ein neues Schloss um sich her erstehen zu sehen – ist mit seiner alterthümlichen Einrichtung und seiner Aussicht ein höchst poetischer Aufenthalt, dem auch die Weihe durch Sage und Gespensterglauben nicht fehlt".

In den *Westphälischen Schilderungen* heißt es über das Corveyer Land und Wehrden: *Immer mannigfaltiger wird die Landschaft, immer reicher schattirt von Laub- und Nadelholz, scharfen und wellenschlagenden Linien.– Hinter dem alten Schlosse Wehren und der Türkenruine hebt der Wildberg aus lustigen Hügeln, die ihn wie vom Spiel ermüdete Kinder umlagern, seinen stachligen Sargrücken, und scheint nur den Cathagenberg gegenüber, der ihn wie das Knochengebäude eines vorweltlichen Ungeheuers aus rothen Augenhöhlen anstarrt, seiner Beachtung werth zu halten.– Von hier an beginnen die Ufer steil zu werden, mit jeder Viertelstunde steiler, hohler und felsiger, und bald sehen wir von einer stundenlangen, mit Mauern und Geländern eingehegten Klippe die Schiffe unter uns gleiten, klein wie Kinderspielzeug, und hören den Ruf der Schiffer, dünn wie Mövenschrei, während hoch über uns von der Felsterrasse junge Laubzweige niederwinken, wie die Hände schöner Frauen von Burgzinnen.*

➤ Schloß Wehrden liegt am nördlichen Ortsrand von Wehrden direkt an der Weser an der Wesertalstraße (B64/83) zwischen Höxter und Beverungen.

WEWELSBURG (Büren)

Im „Malerischem und romantischen Westphalen" findet sich auch eine Beschreibung der Wewelsburg (Kreis Büren; heute Jugendherberge und Kreisheimatmuseum): „Die Wewelsburg ist der interessanteste Punkt in der Nähe Paderborns; hart an den schönen Ufern der Alme erhebt sie auf einem felsigen Hügel ihre Dächer und Thürme, und die alten Mauern, mit denen sie im Grundriss ein rechtwinkliges Dreieck bildet. Ursprünglich eine Verschanzung der Hunnen aus dem 10. Jahrhundert, dann eine Burg Wevels von Büren, ward 1122 Friedrich der Streitbare von Arnsberg einer ihrer Erbauer; im Jahre 1301 tritt ein Graf von Waldeck sie an das Stift Paderborn ab, dem sie von da an geblieben ist. Mehr als die Geschichte hat die Sage sie bereichert. Im Verliesse des ‚Norbertloches' soll der wilde Arnsberger jenen heiligen Mann haben schmachten lassen, in ihren Gewölben die Vehme gehalten sein; durch ihre Räume schreiten die romanhaften Gestalten aus dem ‚Bruno von Kyrburg' und vielleicht auch der Schatten des freylen Marschalks ...".

Die Droste gestaltete diesen Sagenstoff auf

Die Wewelsburg. Zeitgenössischer Stahlstich

Bitte Schückings zu einer eigenen Ballade aus, die im „Malerischen und romantischen Westphalen" ein illustratives Füllsel bildet.

Kurt von Spiegel

O frommer Prälat, was ließest so hoch
Des Marschalks frevlen Muth du steigen!
War's seine Gestalt deren Adel dich trog,
Sein flatternder Witz unter Bechern und Reigen?
O frommer Bischof, wie war dir zu Muth,
Als rauchend am Anger unschuldiges Blut
Verklagte, verklagte dein zögerndes Schweigen!

Am Wewelsberge schallt Wald-Hurrah,
Des Rosses Flanke schäumt über den Bügel,
Es keucht der Hirsch, und dem Edelwild nah,
Ein flüchtiger Dogge, keucht Kurt von Spiegel;
Von Thurmes Fahne begierig horcht
Der arme Tüncher, und unbesorgt
Hält in der Hand er den bröckelnden Ziegel.

Die Wewelsburg. 1123 errichtetete Höhenburg, zweigeschossige, dreiseitige Anlage mit runden Ecktürmen

Schloß Wewer. Zeitgenössische Farblithographie. 1684–86 errichtetes Herrenhaus mit neugotischem Kapellenanbau

Da horch! Halali! das Treiben ist aus,
Des Hirsches einzige Thräne vergossen,
Ein Hörnerstoß durch das waldige Haus
Vereint zum Geweide die zott'gen Genossen,
Und bald aus der nickenden Zweige Geleit
Der Treiber so stumm, die Ritter so breit,
Ziehn langsam daher mit den stöhnenden Rossen.

Der Spiegel spornt sein rauchendes Thier,
„Verfluchte Canaille, du hast mich bestohlen!"
Da sieht er, hoch an des Thurmes Zimier,
Den armen Tüncher auf schwankenden Bohlen.
„Ha," murrt er, „heute nicht Beute noch Schuß,
Nie kam ich noch wieder mit solchem Verdruß,
Ich möchte mir drüben den Spatzen wohl hohlen!"

Der Tüncher sieht wie er blinzelt empor,
Und will nach dem ärmlichen Hütlein greifen,
Da sieht er drunten visieren das Rohr,
Da hört er den Knall, und die Kugel noch pfeifen;
Getroffen, getroffen! – er schaukelt, er dreht,
Mit Ziegel und Bohle und Handwerksgeräth
Kollert er nieder zum rasigen Streifen.

Als träf ihn selber das Todesgeschoß
So zuckt der Prälat, seine Augen blitzen,
„Marschalk!" stöhnt er, die Stirne wird naß,
Am schwellenden Halse zittern die Spitzen,
Dann fährt auf die Wange ein glühendes Roth,
Und „Marschalk!" ruft er, „das bringt dir den Tod!
Greift ihn, greift ihn, meine Treiber und Schützen!"

Doch lächelnd der Spiegel vom Hengste schaut,
Er lächelt umher auf die bleichen Vasallen:
„Mein gnädigster Herr, nicht zu laut, nicht zu laut,
Eu'r Dräuen möchte im Winde verhallen!"
Dann wendet er rasch, im sausenden Lauf
Durchs Thor und die donnernde Brücke hinauf.–
Zu spät, zu spät sind die Gitter gefallen!

Im Dome zu Paderborn ist verhallt
Das Sterbegeläute des alten Prälaten,
Und wieder im Dom hat Kapitels Gewalt
Den neuen Beherrscher gewählt und berathen.
Stumm fährt das Gebirg und die Felder hinein
Der neue Bischof zur Wewelsburg ein,
Geleitet von summenden Volkscomitaten.

Und als nun über die Brücke er rollt,
Und sieht die massigen Thürme sich strecken,
Wie ihm im Busen es zittert unf grollt!
An seiner Inful – o brandiger Flecken!
Des Spiegels Blut in dem Ahnenbaum hell!
Leis seufzet er auf, dann murmelt er schnell:
„Herr Truchses, laßt unsre Tafel nun decken."

Es kreisen die Becher beim Böllergeknall,
Die stattlichen Ritter, die artigen Damen,
Sich schleudernd des Witzes anmuthigen Ball,
Fast von der Stirne die Falten ihm nahmen;
Da horch! im Flure ein Schreiten in Eil;
Es knarren die Thüren, es steht eine Säul',
Der Spiegel, der blutige Marschalk, im Rahmen!

Der Bischof schaut wie ein Laken so bleich, –
Im weiten Saal keines Odems Verhallen –
An's Auge schlägt er die Rechte sogleich,

Und langsam läßt er zur Seite sie fallen.
Dann seufzt er hohl und düster und schwer:
„Kurt! – Kurt von Spiegel, wie kömmst du daher! –
Greift ihn, ergreift ihn, ihr meine Vasallen!"

Kein Sünderglöckchen geläutet ward,
Kein Schandgerüst sah man zimmern und tragen,
Doch sieben Schüsse die knatterten hart,
Und eine Messe hörte man sagen.
Der Bischof schaut' auf den blutigen Stein,
Dann murmelt' er sacht in's Breve hinein:
„Es ist doch schwer eine Inful zu tragen!"

➤ Die Wewelsburg befindet sich am nordöstlichen Rand des gleichnamigen Ortes.

WEWER

Ein Aufenthalt der Droste in Wewer ist für den 13. Juli 1813 belegt. Das Tagebuch Jenny von Droste-Hülshoffs vermerkt, daß die Droste dort einen Freundschaftsbund mit einer Dichterin, *Mademois. Kosmann*, geschlossen habe.
Auf dem Schloß Wewer, einem Wohnsitz der **Familie von Brenken**, hat sich ein bis zum Ende des 19. Jahrhunderts nachweisbarer Überlieferungsträger des *Geistlichen Jahres* erhalten, das heute verschollene ‚Weweralbum'. 1819/1820 hatte die Droste in dieses Album geistliche Lieder und Gedichte eingetragen. Es war ein Geschenk für ihre tiefreligiöse Stiefgroßmutter **Maria Anna von Haxthausen**, die selbst religiöse Gedichte verfaßte. Das Album bildet den wichtigsten Überlieferungsträger für die frühen geistlichen Gedichte der Droste.

➤ Der Ort Wewer liegt etwa 2,5 km südwestlich von Paderborn.

TEIL 3
SAUERLAND

„... beschreiben Sie mir so hübsch wie Höxter etc. was Sie noch gesehen haben von Westphalen, die Bruchhäuser Steine z. B. und was Sie von der Ruhr oder von einer andren Gegend kennen" – beim „Malerischen und romantischen Westphalen" wollte sich **Levin Schücking** nicht nur hinsichtlich Ostwestfalens, sondern auch bezüglich des Sauerlandes der Ortskenntnisse der Droste versichern. Auf seinen Brief vom 21. Dezember 1840 hin verfaßte sie unter anderem Prosaskizzen über Büren, Alme, Bruchhausen, Pleisterlegge, Velmede, Meschede, Arnsberger Wald?, Fröndenberg, Klusenstein und Arnsberg. Auf einem zweiten Blatt findet sich darüber hinaus eine unvollständige Reinschrift über Bruchhausen. Weit mehr als die Hälfte der achten Lieferung des „Malerischen und romantischen Westphalen" geht unmittelbar auf Annette von Droste-Hülshoff zurück.

Die Kenntnisse der Droste über das Sauerland basieren auf einem einzigen, möglicherweise auch auf zwei dortigen Besuchen. Die Quellenlage ist äußerst dürftig. Über den Besuch im Herbst 1824 liegen zumindest Anhaltspunkte vor. Zielorte der Reise waren damals vermutlich Gevelinghausen, der Wohnsitz der befreundeten **Familie von Wendt-Papenhausen** – Caroline von Wendt-Papenhausen wurde im Mai 1826 Schwägerin der Droste –, und Bruchhausen, wo die **Familie von Gaugreben** lebte.

Bei den Passagen, die die Droste Schücking zur Verfügung stellte, brauchte dieser nur wenig redaktionell einzugreifen; allenfalls glättete er die gelegentlich allzu schroffe Aneinanderreihung von emotional überladenen Sinneseindrücken. Andererseits zeigen gerade die ungefilterten Entwürfe und Vorstufen, wie sich die Droste die sauerländische Landschaft „sinnlich" angeeignet hatte – wobei ihr Blick stets auf das Charakteristische und Merkwürdige gerichtet war. Beeindruckend ist, wie genau sich die Droste noch nach Jahren an viele Details erinnerte und das Zurückliegende noch einmal zu verlebendigen verstand – so als sei sie gerade erst von ihrer Reise zurückgekehrt. Auf das Sauerland und seine Bewohner bezieht sich die Droste etwa eineinhalb Jahre nach ihrer Mitarbeit am „Malerischen und romantischen Westphalen" auch in ihren *Westphälischen Schilderungen.* Diese bieten wiederum – wie beim Paderborner *Eingeborenen* – unfreiwillige Beispiele für einen „merkwürdigen Perspektivismus" (Clemens Heselhaus). Vor allem der Vorwurf der Verkommenheit der Paderborner und der mangelnden Religionstreue der Sauerländer wurden der Autorin später von Kritikern verübelt. Bei der Droste heißt es: *Der Sauerländer ist ungemein groß und wohlgebaut, vielleicht der größte Menschenschlag in Deutschland, aber von wenig geschmeidigen Formen; kolossale Körperkraft ist bei ihm gewöhnlicher, als Behendigkeit anzutreffen. Seine Züge, obwohl etwas breit und verflacht, sind sehr angenehm, und bei vorherrschend lichtbraunem oder blonden Haaren haben doch seine langbewimperten blauen Augen alle den Glanz und den dunkeln Blick der schwarzen.– Seine Physiognomie ist kühn und offen, sein Anstand ungezwungen, so daß man geneigt ist, ihn für ein argloses Naturkind zu halten, als irgend einen seiner Mitwestphalen; dennoch ist nicht leicht ein Sauerländer ohne einen starken Zusatz von Schlauheit, Verschlossenheit und praktischer Verstandesschärfe, und selbst der sonst Beschränkteste unter ihnen wird gegen den gescheutesten Münsterländer fast immer praktisch im Vortheil stehen. – Er ist sehr entschlossen, stößt sich dann nicht an Kleinigkeiten, und scheint eher zum Handel und guten Fortkommen geboren, als dadurch und dazu herangebildet. – Seine Neigungen sind heftig aber wechselnd, und so wenig er sie Jemands Wunsch und Liebe aufgibt, so leicht entschließt er sich, aus eigener Einsicht und Grille hierzu. – Er ist ein rastloser und zumeist glücklicher Speculant, vom reichen Fabrikherrn, der mit Vieren fährt, bis zum abgerissenen Herumstreifer, der „Kirschen für Lumpen" ausbietet; und hier findet sich der einzige Adel Westphalens, der sich durch Eisenhämmer, Papiermühlen und Salzwerke dem Kaufmannsstande anschließt. – Obwohl der Confession nach katholisch, ist das Fabrikvolk doch an vielen Orten bis zur Gleichgültigkeit lau, und lacht nur zu oft über die Schaaren frommer Wallfahrter, die vor seinen Gnadenbildern bestäubt und keuchend ihre Litaneien absingen, und an denen ihm der Klang des Geldes, das sie einführen, bei weitem die verdienstvollste Musik scheint. – Uebrigens besitzt der Sauerländer manche anziehende Seite; er ist muthig, besonnen, von scharfem und kühlen Verstande, obwohl im Allgemeinen berechnend, doch aus Ehrgefühl bedeutender Aufopferungen fähig; und selbst der Geringste besitzt einen Anflug ritterlicher Galanterie und einen naiven Humor, der seine Unterhaltung äußerst angenehm für denjenigen macht, dessen Ohren nicht allzu zart sind.*

Die Droste nutzte die Sauerlandreise im Jahre 1824 ausgiebig, um sich die Sehenswürdigkeiten vor Ort anzusehen. Einige Punkte ihrer damaligen Reiseroute lassen sich ausschließlich anhand der erwähnten Manuskriptblätter (Entwürfe) für das „Malerische und romantische Westphalen" rekonstruieren. In der Schückingschen Adaption dieser Vorstufen heißt es über das Sauerland allgemein (Einführung zum 4. Kapitel): „... der Arnsberger Wald zwischen Mönne und Ruhr, bildet

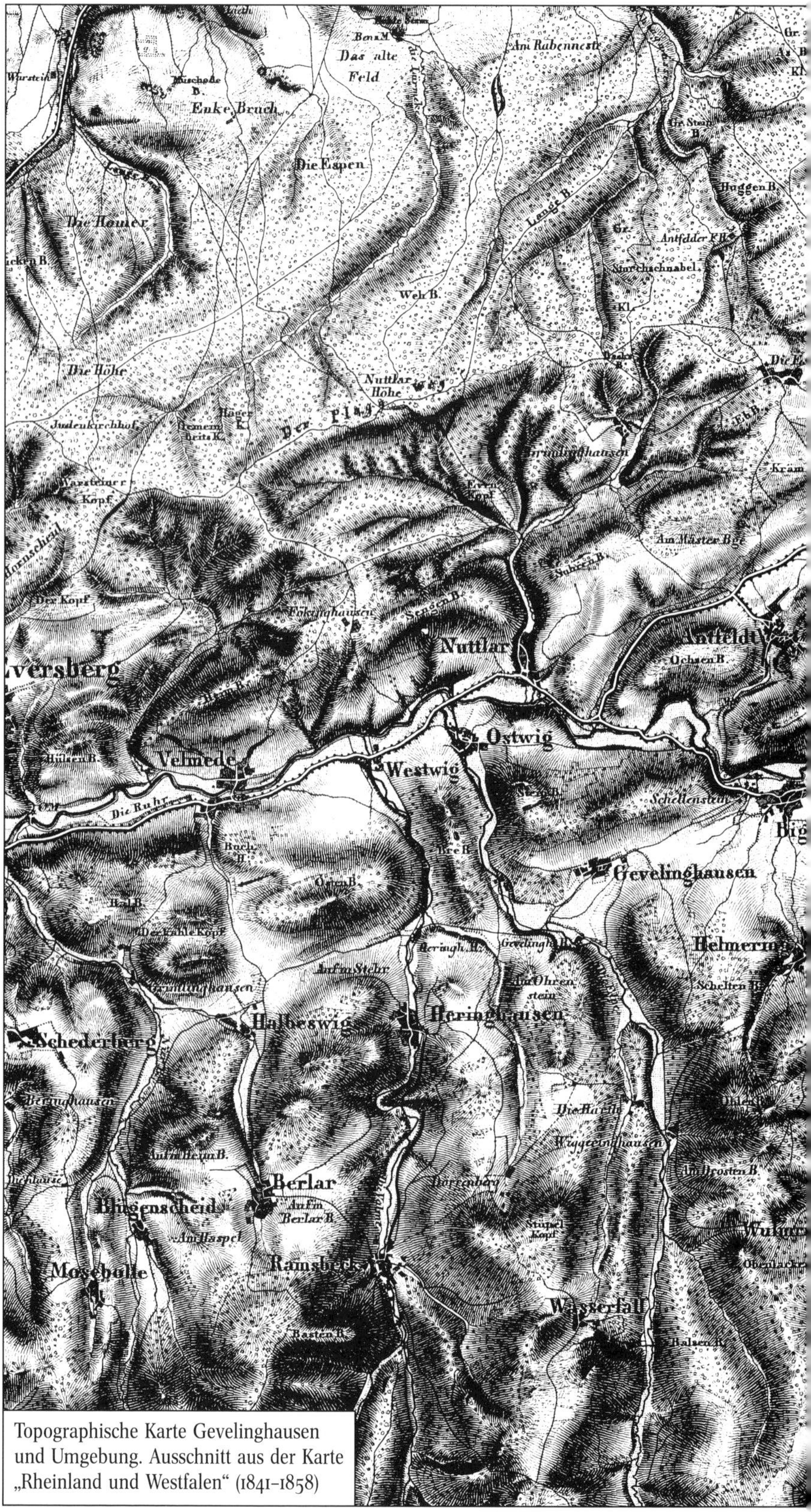

Topographische Karte Gevelinghausen und Umgebung. Ausschnitt aus der Karte „Rheinland und Westfalen“ (1841–1858)

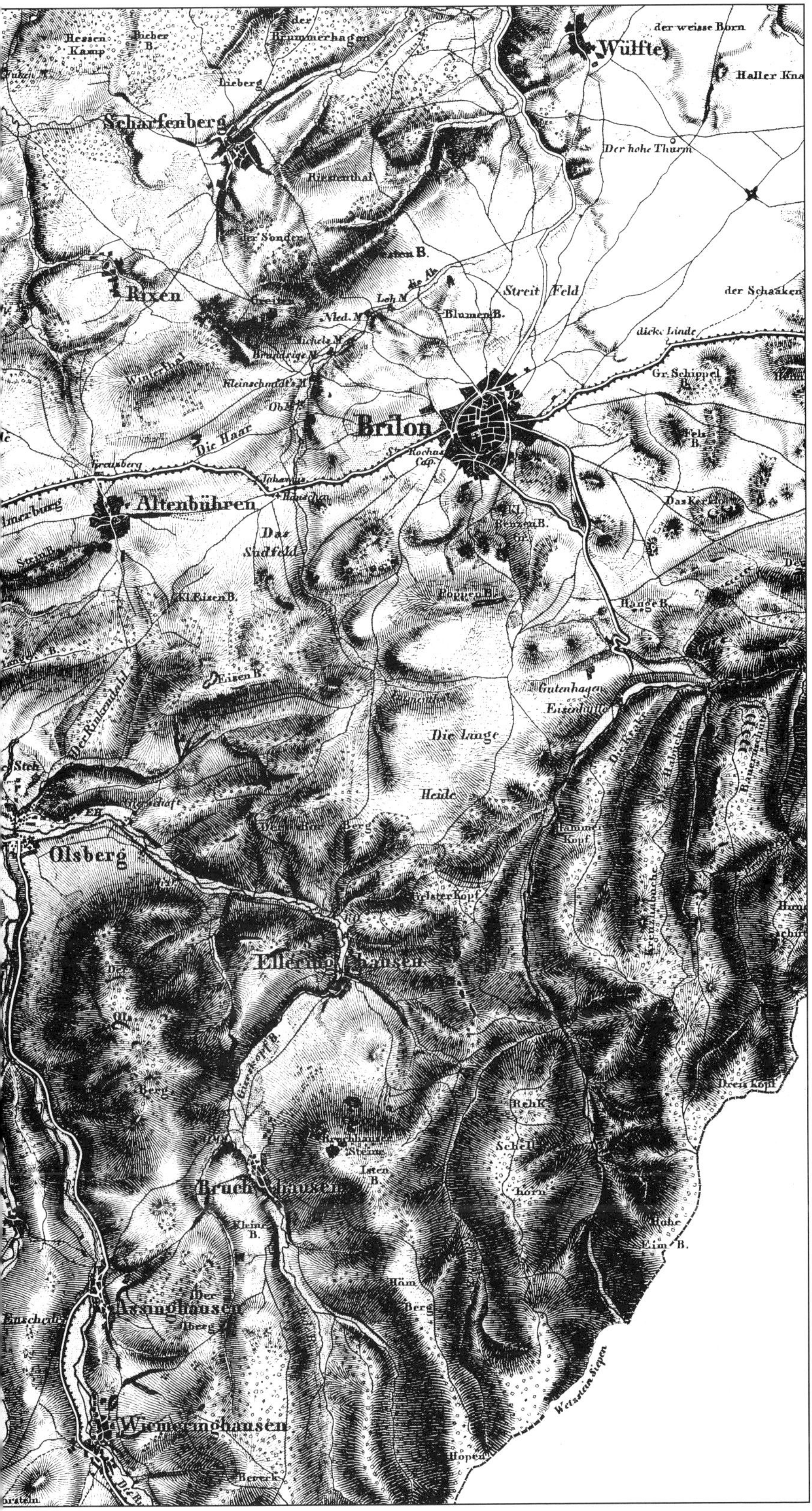
Hessen Kamp
der Brummerhagen
Lieberg
der weisse Born
Wülfte
Haller Kna
Scharfenberg
Riesenthal
Der hohe Thurm
der Sonder
Rixen
Streit Feld
der Schaaken
Loh M.
Blumen B.
Ned. M.
dicke Linde
Michels M.
Gr. Schippel
Winterthal
Kleinschmidt's M.
Brilon
Die Haar
St. Rochus Cap.
Altenbühren
Johannis Häuschen
Das Kerkloh
Das Sudfeld
Kl. Eisen B.
Pöppen B.
Hange B.
Eisen B.
Der Rinkenthal
Gutenhagen Eisenhütte
Die Lange
Heide
Olsberg
Berg
Elleringhausen
Drei Kopf
Reh K.
Berg
Bruchhausen
Isten B.
Hohe Eim B.
Assinghausen
Hopen
Wetzstein Siepen
Wiemeringhausen

den vermittelnden Uebergang. Er führt aus dem anmuthigen, mildfruchtbaren Gelände des Mönnethales zu der grossartigen und wildpittoresken Natur des linken Ruhrufers, wo bald gigantische Felsen, die sich schwindelnd über Thalkessel voll grotesker Trümmer, wie Proteus über seine Robbenheerde beugen, keine Seltenheit mehr sind, wo die Adler und die Uhus horsten, das Land der Tropfsteinglänzenden Klüfte, der von allen Höhen niederkollernden und spritzenden Bergwässer; aus den Tiefen dröhnt das dumpfe Pochen der Hammerwerke, schwere Rauchsäulen rollen sich über die Felszacken auf oder zerstieben an den Baumwipfeln – Dante's glühende Felsen treten uns im Brandlichte der hohen Oefen entgegen. Aber hier auf dem höchsten Gipfel haben wir auch die Gränze der Poesie erreicht, und wir wenden uns ab von dem Uebergange des Wilden zum Wüsten, winterlich Kümmerlichen, das zuletzt mit Krüppelholz, kahlen Gipfeln, Schnee im tiefen Mai und ärmlichen Hafersaaten endigt. Im gleichen Verhältnisse werden am rechten Ufer der Ruhr der kleineren Felsen immer weniger, die Thäler weiter, wiesengrüner, der Fluss dehnt sich, und hat seiner Stimme eine Sourdine aufgesetzt, als fürchte er, das Gebirge zu wecken, das seinen Zakkenkranz abgelegt und sich unter die grüne flatternde Decke gestreckt hat."

Über die Landschaft der Grafschaft Mark bzw. des Sauerlandes heißt es in den *Westphälischen Schilderungen*: *Diesen* ⟨des Fürstentums Corvey⟩ *ähnliche Bilder bietet die Grafschaft Mark, von gleicher theils sanften, theils kräftiger auftretenden Romantik, und durch die gleichen Mittel. – Doch ist die Landschaft hier belebter, reicher an Quellengeräusch und Echo, die Flüsse kleiner und rascher, und statt Segel bei uns vorbei gleiten zu lassen, schreiten wir selbst an schäumenden Wehren und Mühlrädern vorüber, und hören schon weither das Pochen der Gewerke, denn wir sind in einem Fabriklande. – Auch ist die Gegend anfangs, von der Nähe des Münsterlandes angehaucht, noch milder, die Thäler träumerischer, und tritt dagegen, wo sie sich dem eigentlichen Sauerlande nähert, schon kühner auf als die der Weser. –* ⟨es folgen Beschreibungen des → Felsenmeeres bei Hemer und des → Klusensteins⟩. *Doch sind dieses Ausnahmen, die Landschaften durchgängig sanft, und würden, ohne die industrielle Regsamkeit ihrer Bewohner, entschieden träumerisch seyn. – Sobald wir die Fläche überschritten, verliert sich indessen die Milde mehr und mehr, und bald begegnet es uns nur noch in einzelnen, gleichsam verirrten Partien, die uns jetzt durch ihre Seltenheit so überraschend anregen, wie früher die kühneren Formen, von denen wir fortan, durch tagelange Wanderungen, fast übersättigt werden. – Der Sauerländer rühmt sich eines glorreichen Ursprungs seiner Benennung – „dieses ist mir ein saures Land geworden", soll Karl der Große gesagt haben – und wirklich, wenn wir uns durch die, mit Felsblöcken halb verrammelten Schluchten des Binnenlandes winden, unter Wänden her, deren Unersteiglichkeit wir mit schwindelndem Auge messen, und aus denen kolossale Balkone strecken, breit und fest genug, eine wilde Berghorde zu tragen, so zweifeln wir nicht an der Wahrheit dieses Worts, mag es nun gesagt seyn oder nicht. – Das Gebirge ist wasserreich, und in den Thalschlünden das Getöse der niederrauschenden und brodelnden Quellen fast betäubend, wogegen der Vogelgesang in den überhandnehmenden Fichtenwaldungen mehr und mehr erstirbt, bis wir zuletzt nur Geier und Habichte die Felszacken umkreisen sehen, und ihre grellen Diebspfeifen sich hoch in der Luft antworten hören. – Ueberall starren uns die schwarzen Eingänge der Stollen, Spalten und Stalaktitenhöhlen entgegen, deren Senkungen noch zum Theil nicht ergründet sind, und an die sich Sagen von Wegelagerern, Berggeistern und verhungerten Verirrten knüpfen. – Das Ganze steht den wildesten Gegenden des Schwarzwaldes nicht nach – sonderlich wenn es zu dunkeln beginnt, gehört viel kaltes Blut dazu, um sich eines mindestens poetischen Schauers zu erwehren, wenn das Volk der Eulen und Schuhue in den Spalten lebendig wird, und das Echo ihr Gewimmer von Wand zu Wand laufen läßt, und wenn die hohen Oefen wie glühende Rachen aus den Schluchten gähnen, wirre Funkensäulen über sich aufblasen, und Baum und Gestein umher mit rothem Brandscheine überzittern. – In diesem Style nimmt die Landschaft immer an Wildheit zu, zuletzt Klippen bietend, auf denen man schon verirrte Ziegen hat tagelang umherschwanken sehen, bis die Zackenform der Berge allmählig kahlen Kegeln weicht, an denen noch wohl im hohen Mai Schneeflecke lagern, der Baumwuchs fast gänzlich eingeht, und endlich bei „Winterberge" die Gegend nur noch das Bild trostloser Oede beut, – kahle Zuckerhutformen, an denen hier und dort ein Fleckchen magerer Hafersaat mehr gilbt als grünt.*

ALME (Brilon)
Quelle
Schloß Alme
Schloß Tinne

Die Droste lernte das Almetal möglicherweise bei einem Abstecher von Schloß → Erpernburg aus kennen. Das Schloß liegt auf einer Anhöhe nur wenige Kilometer von Büren und dem Almetal entfernt. Im „Malerischen und romantischen Westphalen" findet sich die folgende Schilderung, die unmittelbar auf eine Vorlage

Schloß Alme. Farblithographie

der Droste zurückgeht: „Die Alme bildet an ihrer Quelle, über dem Dorfe Nieder- und Oberalme, ein Thal, welches ihr als die Krone aller Romantik im Gebiete der Lippe anerkennen werdet, wenn ihr die tiefdüstre und doch so belebte und blumigte Schlucht betretet, in der Wildheit und Reiz in seltnem Grade verschmolzen um die Formen der phantastisch kühnen und doch fast zierlichen Steinzacken und Zinnen schweben. Immer dunkler, immer höher, immer steiler rückt die Thalschlucht um uns zusammen – vor, neben, um uns nichts als Felsgestalten, wie aus einem Mährchen entlehnt; in dem tiefen Kessel die Alme der Erde entbrodelnd und schäumend und wie ein wildgewordenes entsprungenes Ross sich ungestüm in die Räder mehrerer Mühlen stürzend, welche die Schlucht mit einem endlosen, vom Wiederhall verstärkten Gesause füllen; noch tiefer hinein und die Felsen scheinen fast zusammentreten zu wollen, schroff, schwindelnd, zumeist gespalten, wie mit go-

Schloß Alme. Dreiflügelige Wasseranlage aus der ersten Hälfte des 18. Jahrhunderts mit langgestrecktem zweigeschossigen Herrenhaus

Haus Tinne. Lithographie von Ph. Herle, 1830/1840

thischen Spitzen und Creneaux geschmückt, als thürme eine zerstörte Cathedrale in wirren Structuren sich auf. Neben den düstern Rissen und Einsenkungen steht desto greller der Sonnenstrahl auf den ihm erreichbaren Vorsprüngen und hervortretenden Wänden, und lässt unten das sprudelnde Gewässer der Alme in tausend Funken aufblitzen. Wo die Seiten der Berge minder schroff und mit Erdreich bedeckt sind, da lässt der Schutz der Felsenwände die üppigste Flora keimen und die Blüthe des wilden Leberkrauts überzieht im Lenz einen der Abhänge so dicht, dass er von fern wie eine lichtblaue Wand herüberleuchtet. Am Eingange des Thals scheint das Dorf Alme wie auf der Flucht begriffen vor seinen wilden Schrecknissen und schon halb den Hang hinangeklommen; über ihm steigt auf ihrer schwindelnden Felswand die Tinne empor, früher eine feste Burg, in deren Resten sich jetzt ein Edelhof angesiedelt hat, wie eine junge Falkenbrut im überjährigen Neste – hier ein Thurm – dort ein Stück schuss- und feuerfesten Gemäuers, dazwischen das spätere Bauwerk, immer noch wie eine Burg aussehend, als ob mit dem Air einer mittelaltrigen Chatelaine coquettirend."
Bei der Droste hinterließen der Ort Alme und das Almetal einen nachhaltigen Eindruck. Ihr überschwengliches Urteil wurde von Schücking etwas abgemildert. In den Entwürfen hatte die Droste das Almetal als *die Krone Westphalens* bezeichnet und über

Haus Tinne. Einstöckiges Gutshaus mit Barockportal

Schloß Antfeld. 1716–1719 entstandene Anlage mit dreiflügeligem Herrenhaus und zwei quadratischen Ecktürmen

Alme geschrieben: *dieses ist eine Stadt, die obwohl nicht an Größe der Maßen, doch an Großartigkeit und Romantik kühn mit jeder Deutschlands wetteifern kann …*

➤ Der Ort Alme liegt an der B480 etwa 10 km nördlich von Brilon. Am nordwestlichen Rand des Ortes befindet sich Schloß Alme. Die Alme-Quellen und Schloß Tinne liegen am südlichen Rand des Ortes.

ANTFELD (Olsberg)

Das Wasserschloß Antfeld war Wohnsitz der **Familie von Papen-Lohe**; es wird ebenfalls, jedoch nur kurz, auf einem der Konzeptblätter (MA I3) zum „Malerischen und romantischen Westphalen" erwähnt: … *Antfeldt, einem stattlichen, (dem Freyherrn von Pape gehörenden) und vielleicht den vollkommensten Rococo-Edelhof im Land, wo noch grüne Truthähne alljährlich aus Taxusnadeln mausern.*

➤ Der Ort Antfeld liegt etwa 5 km östlich von Brilon an der B7.

ARNSBERG
Schloßruine
Abtei Weddinghausen

Die Stadt Arnsberg hinterließ bei der Droste einen begeisternden Eindruck. Schücking griff bei seinen Ausführungen im „Malerischen und romantischen Westphalen" fast wörtlich auf ihre Vorlage zurück. Bei ihm heißt es: „Arnsberg liegt auf dem Rücken einer Berghöhe, vor der die westwärts strömende Ruhr plötzlich gen Süden sich wendet, dann in einem grossen Bogen umkehrend wieder nördlich strömt, und wenn sie so die Stadt zur Halbinsel gemacht, nach Nordwesten weiter rauscht. Die Stadt ist zum Theil neu und schön und theilt sich in die untere und obere Stadt, wie sie vom rechten Ufer der Ruhr mälig die Höhe hinanklimmt, ihre letzten Häuser fast in die Baumschatten rückend, durch welche man die ohnedies höchst malerische Schlossruine noch malerischer zu machen gesucht hat. Es sind gewaltige Trümmer, diese Ruine, die breite Bergfläche wie ein Sattel den Rücken eines Riesenpferdes überspannend, weit genug in ihrem Umkreis einem ganzen Lustwald Raum zu geben. Kaum wagt man, all die Trümmer für Fragmente eines Baues zu halten. Das Schloss wurde, von den alten Grafen von Arnsberg seit 1100 nach und nach ausgebaut, dann von den beiden letzten Churfürsten Kölns aus Bayerischem Hause, Joseph Clemens und Clemens August verschönert und erweitert; im siebenjährigen Kriege von dem Herzog von

Ruinen des Arnsberger Schlosses, der ehemaligen kurkölnischen Burganlage, die 1762 durch Ferdinand von Braunschweig zerstört wurde. Fotografie von 1967

Ansicht von Arnsberg. Steindruck von Ph. Herle, 1832

Braunschweig hart beschossen, ward es vor etwa einem halben Jahrhundert als unwiederherstellbar der Zerstörung überwiesen und das Material zum Bau öffentlicher Gebäude verwandt; aber die älteren Einwohner Arnsbergs reden noch mit Stolz von der Pracht und den grossartigen Verhältnissen ihres Schlosses: es gab einen Saal darin, in welchem vierspännige Wagen bequem wenden konnten; jährlich einmal zur Kirche umgeschaffen nahm er eine, gegen 6000 Menschen starke Prozession auf und, wie man sagt, ohne Gedränge. Man hat von der Höhe des Schlosses aus eine wunderbar schöne Aussicht; das enge Thal der Ruhr, uns gegenüber als schliessende Wand hochbewaldete Bergrücken; von der (südlichen) Spitze der Halbinsel segnet die Benediktiner-Abtey Weddinghausen auf die Stadt herab; unten die wirbelnde quecksilberne Ruhr, die blanken Häuser, die stäubende Chaussee. Zur andern Seite der Ruine, nach Westen hinaus, im lieblichsten Contrast mit dem jenseitigen Bilde, weite ruhige Wiesenflächen; der Blick nur durch ferne Höhen mild begränzt und gleich einer Silberschlange der im offenen Strale zitternde Fluss, sich leicht dahin win-

Ansicht von Arnsberg mit dem 1170 gegründeten ehemaligen Norbertinerkloster Weddinghausen. Zeitgenössischer Stich von W. Strack

dend und rechtsab wie ein glänzender Nebel am Horizonte verdämmernd. So ruht und träumt man sich in eine süsse Romantik hinein zwischen den Trümmern des Schlosses, zwischen seinen blühenden Stauden, deren Zweige um zerfallendes Gemäuer flattern, unter den schlanken Baumwipfeln, die mit einem grauen Thurme flüstern; der hat, nachdem all die alte glänzende Herrlichkeit von ihm abgefallen, sich ein neues bescheidenes Jägerkleid aus unvergänglichem Epheu angethan. Unser Fuss ruht auf Schutt, aus welchem wilde Anemonen spriessen, und lässt Kellergewölbe wiederhallen, welche der Sage harren, die sie mit den Geistern der alten zürnenden Grafen bevölkern wird, die schon jetzt die Stelle nicht geheuer macht, wo der alte Fehmgerichtsplatz im Baumhofe zur Seite des Schlosses in einen Garten verwandelt ist.“

BESTWIG-VELMEDE

Velleda-Höhle

Im „Malerischen und romantischen Westphalen“ findet sich die folgende Schilderung der Velleda-Höhle bei Velmede, die ebenfalls auf die Droste zurückgeht: „Wir kehren über Gevelinghausen durch die Ostwiger Schlucht an die Ruhr zurück ⟨von → Pleisterlegge⟩ und sehen sie erst einen mächtigen Bogen krümmen, um jetzt ganz nach Westen zu strömen. Ein schönes Thal voll Gärten und Wiesen zwischen den auf beiden Seiten zurückweichenden Bergen und den Ufern führt uns nach Velmede, und zu dem Thore der Höhle, die von der Sage als Velleda's Wohnung bezeichnet wird. Die Velmeder Höhle, welche man fast an der Höhe des Berges über dem Städtchen durch eine weite Thorwölbung betritt, ist eine geräumige aus einem Bogen geschlagene Halle, so weit und Kirchenähnlich, dass sie jährlich eine Prozession umfasst und christliche Gebete in endlosem Gesumme und Brechungen durch die Klüfte irren, wo einst unsre Wodansgläubigen Väter, unter dem feuchten Gewölbe sich fester in ihre Bärenhaut wickelnd, nach dem Felsspalte starrten, aus dem die mächtige Drude hervortreten musste. Im Hintergrunde des Gewölbes senkt sich ein schwarzer Schlund fast senkrecht hinab, und hier mag Velleda, schaudernd vorgebeugt, den Stimmen ihrer schlimmen Götter gelauscht haben; drunten flüstert und zischt es; man hört den Stein, den man in den heiligen Schlund wirft, hier, dort, zehn, zwanzig Mal anfahren und dann in die Gewässer plätschern, die unten aus zahllosen Ritzen zusammenrieseln und ihre heimlichen Wege unter der Erde ziehen. Ein muthiger Fabrikherr hat es unternommen, trotz der drohenden Wassertiefe und der schreckenden Zacken des Schachtes hinabzufahren und wir wissen nun, dass man unten durch eine Seitenkluft in eine Halle gelangt, weit grösser und prächtiger als die obere, hochgewölbt, mährchenhaft, mit Säulen, Candelabern, und grotesken Gestalten aus feuchtglänzendem Tropfstein; ob dem Frevler zürnend die Midgardsschlange und das Wolfungethüm Fenris erschienen, hat er nicht entdeckt, aber seine Beschreibung lässt unsre Phantasie ahnen, dass, wie in ihren Pyramiden die zu Holz gedörrten Pharaone, hier die alten Asgardgötter, inkrustirt und zu Stein erstarrt, den tiefen Fall ihrer Grösse in den leise tropfenden Steinthränen beweinen.– Ein schmaler brocklichter Pfad, schlimmer als eine Leiter, führt aus der obern Höhle in eine Seitenkluft, welche in die geheime Werkstatt der Drude leitet, eine gemachähnliche Wölbung, klein, heimlich, mit spitzen Felszacken, die den Eingang bewachen, und schwarzen schmalen Spalten, die noch weithin im Berge sich verschlingen sollen; wir aber haben den heiligen Mistel nicht zur Hand und treten wieder an das Licht des Tages hinaus, das uns die sonst nicht hervorstechend schöne Gegend doppelt anmuthig nach der nächtlichen Wanderung macht. Die Bewohner des Dörfchens unten wissen noch manche Sage von dem ‚Hollenloch‘ und seinen weisen Frauen, den Hollen, die es einst bewohnt und bald Glück, bald Unheil über Menschen und Saaten gebracht haben sollen.“

➤ Die Höhle liegt etwa 1 km südlich von Velmede, etwas abseits (östlich) der Landstraße nach Berlar; z. Zt. ist die Höhle nicht begehbar.

BRILON

Rathaus

Auf dem Konzeptblatt zum „Malerischen und romantischen Westphalen“ (MA I 3) schreibt die Droste über Brilon: *Von Alme führt der Weg über B r i l o n, einer grauen düstern Stadt, in der nur der alterthümliche Giebel und die Säulenhalle des Rathauses einen Augenblick unsere Aufmerksamkeit fesseln, davor Bergflächen, auf denen die Rippen eines mächtigern zerspältnen Vergängers, freystehende in Kreisen oder Gruppen starrender Felsblöcke den Reichhoff einer antediluvianischen Natur bezeichnen, und ein kleiner Fluß, die Aa, so gewaltig aus dem Grunde führt, daß man wenigstens einen Rhein en herbe vermuthet, bis man ihn nach kurzem Lauf elend im Sande verdursten sieht, nachdem er sieben Mühlen, jede Folge matter und muthloser, getrieben, und man auf dem Wege, nach und nach, seine Gewässer, wie Ratten in ihre Löcher, in die Erde kräuseln gesehn* …

Das Rathaus von Brilon. Mittelalterlicher Kernbau mit Barockfassade

BRUCHHAUSEN (Olsberg)
Gut Bruchhausen
Bruchhauser Steine

Emma ist jetzt im Sauerlande, und wird wohl nicht nach Hülshoff kommen, da ihr Kindchen sehr krank ist … die arme Emma wird an diese Reise denken! sie muß jetzt den Winter bleiben in dem alten öden Bruchhausen … (an Sophie von Haxthausen, September 1837).

Sie haben mich sehr freundlich nach Bruchhausen eingeladen, aber Bruchhausen – und der Papa Gaugreben – und Sauerland im Winter – was sagen Sie dasu? (an Sophie von Haxthausen, Dezember 1837).

Den Briefzeugnissen zufolge hat die Droste Gut Bruchhausen (in Bruchhausen bei Olsberg) nicht sonderlich geschätzt. Das Anwesen war im Besitz der **Familie von Gaugreben**. Der Erbherr **Carl von Gaugreben** heiratete 1836 **Emma von Thurn-Valsassina** (→ Frekkenhorst), mit der die Droste 1835/36 in Eppishausen näher bekannt geworden war. Die Familie Thurn verkaufte später ihren Besitz im Thurgau – das Eppishausen benachbarte Schloß Berg – und zog ganz nach Bruchhausen. Das Gut liegt unmittelbar unterhalb der Bruchhauser Steine am Fuße des Istenbergs.
In einer überlieferten Reinschrift für das „Malerische und romantische Westphalen" hat die Droste die Bruchhauser Steine wie folgt beschrieben: *Einem der wildesten Punkte, wo die rauhe Natur nach einem Salvator Rosa zu rufen scheint,– kein Berg umher ohne seine Felsriffe.– Das ganze, nicht große, Thal mit Steinblöcken besät, gleicht dem mit Riesenmaterial, bedeckten Bauplatze für eine Gigantenwohnung,– dennoch ist der Boden fruchtbar, man hat ihn, durch Sprengung der Blöcke theilweise urbar gemacht, und die wüsten Brocken hier und dort, als Einfriedigung des eroberten Grundes stehn lassen, doch sind noch ganze Strecken dem alten Chaos verfallen, und warten auf eine stärkere Kraft als die des Pulvers,– Dicht am Fuße des, hier sehr schroffen, Isenberges liegt das Dorf und (Freyherrlich Gaugrebensche) Gut Bruchhausen, und auf dem Gipfel an dem Hange hinauf (Einer zu höchst auf denen) die vielbesprochenen Bruchhauser Steine, isolirt stehende Felsmassen, wie sie, in dieser Stärke und Höhe, Staunen erregen.– wer aus dem Paderbörnischen oder Waldeckeschen kömmt, sieht sie auf viele Stunden weit, wie ungeheure Warten, am tiefsten, etwa auf der Mitte des Hanges der mächtigste von den Vieren, der Brunnenstein eine compacte aber trümmerhafte Masse, an Höhe dem höchsten Thurme gleich, an Umfang ihn weit übertreffend.– Weniger steil als die Uebrigen, und durch Risse und kleine Flächen dem Fußtritte Raum geben, wird er häufig bestiegen;– man will doch auf den Bruchhauser Steinen gestanden, man will den Brunnen (d. h. die nah der Kuppe, auf einem Plateau befindliche Höhlung, wo sich das abrieselnde Bergwasser sammelt, und durch ein Felsendach geschützt, nicht leicht austrocknet) gesehn haben.– Die drey anderen Blöcke stehen auf dem Gipfel des Berges, und schaun über die alten Baumwipfel; wie Saul über das Volk Gottes;– der nahe Goldstein, ein schwerer massiger Donjon, fest und steil-*

Die Bruchhauser Steine – Felsformationen aus Quarzkeratophyr, entstanden als untermeerische Vulkane – befinden sich auf dem Istenberg; es handelt sich um vier Steine: Bornstein, Ravenstein, Goldstein und Königs- oder Feldstein (zwischen 700–756 m hoch)

Gut Bruchhausen. Zeichnung von 1830

auf gemauert, die Bastey dieser Vestemauer auf dem Gipfel des Berges. Der Feldstein, niedriger als die Andern, doch immer gewaltiger eine imposante Felsnadel, über die alten durch ihre schärferen Formen mahlerisch abstechend – oben auf darstellend, dem Rabenstein … Hier bricht die Reinschrift der Droste ab, auf die Schücking später ebenfalls in „seinem" Text des „Malerischen und romantischen Westphalen" zurückgriff – übrigens ohne Namensnennung oder Danksagung an die Droste. Die folgende „Ergänzung" ist dem bereits mehrfach erwähnten Konzeptblatt MA I3 entnommen: *Rabenstein, brockenhaft, dem Brunnenstein ähnlich, nur minder hoch, das Ansehn eines Bruchstücks riesigter Ruinen darbietendend und fast perpendicular über dem Edelhofe liegend.– man besteigt ihn gewöhnlich, um der endlosen Aussicht ins Waldeckische und Paderbörnische zu genießen, der nur durch die*

Gut Bruchhausen. Wasserburg aus dem 14. Jahrhundert, Herrenhaus mit rechteckigem Wohnturm

Eversberg mit Burgruine. Anfang des 19. Jahrhunderts abgebrochene ehemalige Burg der Grafen von Arnsberg

Unvollkommenheit des Auges Schranken gesetzt wird – da ist, da das Land, nach dieser Seite nur eine verhältnißmäßige Fläche darbietet, die Aussicht nicht eigentlich schön, nur äußerst ausgedehnt, da scharfe Augen und rollend Perspective die Thürme des über 13 Stunden entfernten Paderborns entdecken wollen – es bedarf kaum gesagt zu werden daß Habichte, Steinadler und Uhus, gern an den Felsen siedeln, und durch ihr Gepfeife und Kreisen den Eindruck des Wilden bedeutend steigern. –

➤ Den Ort Bruchhausen erreicht man entweder über die Landstraße von Olsberg aus (etwa 8 km südöstlich) oder man verläßt Olsberg südlich auf der B 480 und biegt in Assinghausen auf die Landstraße nach Bruchhausen ab (4 km nordöstlich).

EVERSBERG (Meschede)

Burgruine

Über die Stadt Eversberg mit der Ruine der Burg der **Grafen von Arnsberg** liest man auf dem Konzeptblatt MA I3: *Eversberg … dessen schöne Schloßruine rechterhand uns mit ihrem runden Donjon und Fensternischen gern hinüber locken möchte.* Im „Malerischen und romantischen Westphalen" heißt es, hieran anknüpfend: „Die Chaussee führt durch das Ruhrthal, das Städtchen Eversberg zur Seite lassend, wo die schöne Ruine eines Schlosses der Grafen von Arnsberg uns mit ihrem runden Donjon und den hohen Fernsternischen gern hinüberlocken möchte."

➤ Der Ort Eversberg liegt etwas nördlich zwischen Bestwig und Meschede nahe der Autobahn 46.

FELSENMEER (Hemer)

Im „Malerischen und romantischen Westphalen" findet sich weiterhin eine ausführliche Schilderung des Felsenmeers bei Hemer. Der Text dürfte ebenfalls auf Annette von Droste-Hülshoff zurückgehen, obwohl diesmal kein Konzept im Nachlaß überliefert ist: „Etwa 10 Minuten von der Sundwicher Höhle entfernt liegt das Felsenmeer; der Weg führt über eine Art Plateau, das rechts die Höhen des Balver Waldes begränzen; die Strasse ist etwas vertieft, steigt dann empor und plötzlich hebt sich wie eine Springfluth, die im Weiterrauschen versteinert ist, aus dichtem Gebüsch die Wogenbrandung des Felsenmeers euch entgegen; eine tiefe Einsenkung des Bodens mitten in der Feldfläche umfasst im Umkreise einer halben Stunde wirre wilde Massen von dunkelgrauen Felsen, die wie colossale Löwen sich übereinander geworfen haben und ruhen, oder schroff wandsteil emporstehen. Steigt ihr hinunter in diese Walstatt der Natur, dann fasst euch ein seltsam, wunderbares Grauen an; ihr seht in den steilrechten Wänden, in den niedergeschmetterten Colossen, in den zackigen

Rissen und Brüchen, wo wie durch Beilschläge sie auseinandergeklaubt sind, das Wirken einer mehr als Titanenhaften Kraft; und dennoch diese Stille, diese Oede bei so viel Kraft, die wir sonst nicht ohne blutrothes lärmendes Leben uns denken können! Es liegt etwas Uebermenschliches, Spuckhaftes in dieser lautlosen Ruhe, die über den Werken der Gewalt schwebt, oder tief unten in der Hölle sich gebettet hat. Die Hölle ist der tiefste, der schauerlichste Grund dieses Felsenmeers, zu dem man eines Ariadnefadens bedarf, um sich hinein zu wagen durch das Labyrinth der Massen, die oft vielhäuptig wie Cerberus-Ungeheuer in den Weg sich stellen, um die Gefahrdrohenden verschütteten Eisengruben herum, an tiefaufklaffenden Schlünden her. Es ist eine eng zusammen geklemmte Grotte, zu der ihr endlich gelangt; es gehört Muth dazu, den verlassenen Eisenschacht zu befahren, nur bis an den Rand der dunklen grundlosen Tiefe, die am Ende der Grotte vor euch aufgähnt; zerreibt nur ein kleiner Stein, verschiebt nur eine Kante der Felsstücke sich, dann malmt der ganze grausige Bau über eurem Haupte zusammen. Ich wüsste nicht, was an wüster Schreckbarkeit dem Felsenmeer an die Seite zu stellen wäre; aber wie immer hat auch hier die Natur mildernde Schleier sich über das zu fürchterlich starrende Antlitz geworfen; sie mag ihrem zagen Kinde nirgends einen Todtenschädel zeigen; sie steckt ihn in diesem ihrem Beinhaus hinter die üppige Vegetation, die mit Stauden und Kräutern und Moosen zu überdecken strebt, was sie erreichen kann. Um einzelne Felsstücke klammern sich mächtige Wurzeln und ziehen mit krausem Geäst an den steilen Wänden herunter, bis sie den Grund gefasst haben, aus dem sie Nahrung für die oben auf dem Scheitel stolz und hoch prangende Buche saugen".

In den *Westphälischen Schilderungen* wird der Ort nur kurz erwähnt: … *ein Thal, wo Riesen mit wüsten Felswürfeln gespielt zu haben scheinen.*

➤ Der Ort Hemer liegt etwa 3 km östlich von Iserlohn. Das Felsenmeer befindet sich nahe der Straße Richtung Deilinghofen.

FRÖNDENBERG

Offensichtlich war das adlige Damenstift in Fröndenberg ein besonderer Fixpunkt, der von der Droste auf ihrer Sauerlandreise 1824 angesteuert wurde. In der folgenden Textstelle gibt sie selbst einen Hinweis darauf, daß sie damals auf der Ruhruferchaussee unterwegs war. Die Passage bietet eine Gelegenheit, die Schilderung der Droste mit der „Endfassung" Schückings zu vergleichen. Die Vorstufe der Droste ist weniger strukturiert, enthält dafür

Ehemaliges Damenstift in Fröndenberg. Zwischen 1225 und 1230 gegründetes ehemaliges Zisterzienserinnenkloster mit Stiftskirche und -gebäuden.

jedoch Impressionen, die in der „geglätteten" Version Schückings verlorengingen. Auf dem Konzeptblatt MA I 3 heißt es: *Von hier (Arnsberg) dem Laufe der Ruhr folgend, gelangen wir, den Arnsberger Wald, das größte Waldgebirge Westphalens zur Seite lassend, darinnen es früherhin von Zigeunern wimmelte, und wenn noch zuweilen Abends einzelne braungelbe Gesichter mit Pfeifenstummelchen im Munde sich hervorschlagen, durch Neheim und Hüsten, nach Fröndenberg. Einem Bilde voll der zartesten Lieblichkeit – einem lebenden Idyll – Wiesenthal so sanft und grün wie ein Elfenthal – von einer zahllosen Viehheerde friedlich durchweidet – drinnen die Ruhr, wie ein springendes Kind, breit, klar, und seicht, über 1000 Kieselchen und an erhobenen größerern Steinen artige Wellchen kräuselnd und eigensinnig aufspritzend – eine hübsche, sonntäglich aussehende Brücke führt hinüber, und am Berghange nächst dem Flusse das Dorf und Frauenstift amphitheatralisch, bis fast an das Ufer absteigend, und nur einen milden grünen Strich zwischen sich und dem Gewässer lassend,– die Chanoinessen wohnen überall lauschen der Frönde – nett und sittsam auf kleinen Flächen stehen Gärtchen mit geschorner Buchenlaube und Centifolienbüschen zu ihren Füßen, und scheinen nach der drunten im Klee und Maßlieben weidenden Rinderheerde zu spähen, zwischen der man an der edleren Race und Buntfarbigkeit die Lieblinge der adlichen Jungfrauen zu erkennen glaubt – eine breite Treppe, von behauenen Steinen, führt terassenartig den Berg hinan bis zum stillen Kirchhofe und der sehr mahlerisch ins Auge fallenden Kirche auch die umliegenden Berge schauen mit ihren milden Formen, ihrem üppigen frischen Baumwuchs fast kindlich drein und über das Ganze schwebt ein Hauch ländlichen Friedens, der nicht wiederzugeben ist, aber von jedem gefühlt wird, der auf dem Absatze der Steintreppe seine Blicke*

Schloß Gevelinghausen. Zeichnung aus dem Familienkreis, 1831

über Dächer und Gärtchen nachträumen läßt oder am Ufer der Ruhr tretend in dem anmuthigen Kräuseln der Wellchen ⟨ein Wort unleserlich⟩ *zugeschaut, vertraulich angeschnaubt von den stutzigen Rindern,–*

Der Text des „Malerischen und romantischen Westphalen“ lautet entsprechend: „Die Ufer der Ruhr behalten im Ganzen, wenn wir weiter hinab ihrem Laufe folgen, zur Rechten den Arnsberger Wald lassend, dann über Hüsten und Neheim gehend, wo die Gewässer der Mönne sich ihr vereinigen, den schon beschriebenen, freundlich milden Charakter. Nach vielen Windungen strömt sie endlich wieder ganz westlich, doch hinter Fröndenberg sich mit leiser Abweichung dem Süden zuwendend. Fröndenberg ist ein Frauen-Stift, die Staffage in einem Bilde der zartesten Lieblichkeit – Wiesenteppiche so sanft und grün wie ein Elfenthal, von einer zahllosen Viehheerde friedlich durchweidet, der Fluss wie ein springendes Kind, über tausend Kiesel rauschend, an grösseren Steinen artig Wellchen kräuselnd oder eigensinnig aufspritzend. Eine hübsche sonntäglich aussehende Brücke führt hinüber und vom Berghange jenseits steigt das Dorf amphitheatralisch bis fast an das Ufer nieder; überall lauschen freundliche Wohnungen hervor, die der Chanoinessen oben, nett und sittsam auf kleinen Flächen stehend, Gärtchen mit geschornen Buchenlauben und Centifolienbüschen zu ihren Füssen. Eine breite Treppe von behauenen Steinen führt über Terrassen den Berg hinan, bis zum stillen Kirchhofe und der höchst malerisch liegenden Kirche. Auch die umliegenden Berge schauen mit ihren milden Formen, ihrem üppigen frischen Baumwuchs fast kindlich drein und über dem Ganzen schwebt ein Hauch ländlichen Friedens, der nicht wiederzugeben ist, aber von dem sich Jeder angeweht fühlt, der von den Absätzen der Steintreppe seine Blicke über die Dächer und Gärten und Gebüsche, das ganze fröhliche Ensemble hat streifen lassen. – Der Weg führt uns, immer die Wiesen entlang, bis zur Hönne, die sich hier unter Fröndenberg mündet, ein kregles Wässerchen, so kraus und zänkisch, wie ein englisches Hähnchen.“

➤ Fröndenberg liegt etwa 4 km nördlich von Menden; die ehemaligen Stiftsgebäude befinden sich im Ortskern.

GEVELINGHAUSEN (Olsberg)

Schloß Gevelinghausen war der Wohnsitz der **Familie von Wendt-Papenhausen**. Mit dieser Familie war die Droste gleich zweifach verwandt. Ihre Stiefgroßmutter **Maria Anna von Haxthausen**, der sie ihre frühen geistlichen Gedichte widmete, war eine geborene **von Wendt-Papenhausen**. Außerdem heiratete ihr Bruder Werner 1826 **Caroline von Wendt-Papenhausen**. Ein Besuch der Droste in Gevelinghausen ist für den 16. September 1824 belegt.

Das Gut Gevelinghausen wird in den Vorstufen des „Malerischen und romantischen Westphalen“ nur kurz erwähnt: *Von der Pleisterlegge nun führt der Weg rückwärts über Gevelinghausen (Dorf und Gut) und unweit Ostwigk her wieder dem Ruhrufer zu …*

➤ Der Ort Gevelinghausen liegt leicht südöstlich Ostwigs an der Straße nach Brunskappel; das Schloß befindet sich am westlichen Ortsrand.

HEMER→ FELSENMEER

KLUSENSTEIN (Hönnetal)
Gutshof Klusenstein
Feldhofhöhle
Mühle

Eine der eindrucksvollsten Schilderungen des „Malerischen und romantischen Westphalen“ bezieht sich auf den Felsen und den gleichnamigen Gutshof Klusenstein. Die Schilderung geht ebenfalls fast ganz auf die Droste zurück. In ihren *Westphälischen Schilderungen* stellt die Droste den Klusenstein sogar als besondere sauerländische Attraktion heraus: … *und die Bergschlucht unter der Schloßruine und der bekannten Tropfsteinhöhle Klusenstein dürfen ungezweifelt einen ehrenvollen Platz im Gebiete des Wildromantischen ansprechen, sonderlich das Letzte, und eben diese starr gegeneinander rückenden Felswände, an denen sich der kaum fußbreite Ziegenpfad windet – oben das alte Gemäuer, in der Mitte der schwarze Höllenschlund, unten im Kessel das Getöse und Geschäum der Mühle, zu der man nur vermittelst Planken und Stege gelangt, und wo es immer dämmert – sollen dem weiland vielgelesenen Spies den Rahmen zu einem seiner schlimmsten Schauerromane (ich glaube die Teufelsmühle im Höllenthal) geliefert haben.*

Schücking ließ bei seiner Redaktion die abenteuerliche Besteigung des Klusensteins über den Ziegenpfad ebenso entfallen wie die farbige anekdotische Schilderung des Einstiegs in die Tropfsteinhöhle. Im „Malerischen und romantischen Westfalen“ heißt es: „Es ist eine gefährliche Wanderschaft; das Thal klemmt sich immer wilder und düstrer endlich zur engen Schlucht zusammen, die schmale Hönne rauscht pfeilschnell unten über kantige Felsbrocken, aufbrodelnd und Streichwellen über den Fussweg schleudernd, bis endlich aus tiefem Kessel uns das Gebrause und Schäumen einer Mühle entgegen stürmen. Hier ist die Fährlichkeit überwunden, eine kühne kuppige Felswand springt vor uns auf, drüber ragen die Ringmauern und Trümmer der alten Burg, aus der ein neueres Wohnhaus wie ein wohlhabiger Pächter einer alten Ritterherrlichkeit hervorlugt. Der Weg führt etwas seitab, durch's Gebüsch, zum Eingange der Höhle, die uns wie ein schwarzes Thor entgegengähnt. Das Gewölbe ist schön, und weit gespannt, eine kühne Architektonik; der erste Raum ist 200 Fuss lang. An Decke und Seitenwänden glänzen Stalaktiten von röthlicher Farbe und grotesken Formationen; an jeder Spitze ein graulicht glänzender Tropfen der langsam fällt und die Höhle mit einem monotonen Geräusche einschläfert. Im Hintergrunde klaffen zwei dunkle Spalten auf, die man mit Fackellicht, scheu vor dem überall hervorsickernden Wasser, gebückt vor den wie Spiesse niederdrohenden Tropfsteinzapfen betritt, gebückt durchschreitet, endlich durchkriecht. Nach mühseliger Fahrt dämmert der Schimmer des Tages uns entgegen, wir stehen wieder in der Eingangshalle, ehe wir's gedacht und sind verwundert, einen Halb-

Schloß Gevelinghausen. Zweistöckiges Herrenhaus mit Mansarddach. Gartenseite

Gutshof Klusenstein. Zeitgenössischer Stich

kreis beschrieben zu haben, während wir uns den Eingeweiden der Erde immer mehr zu nähern glaubten. Nehmen wir den Weg, nachdem wir aufgeathmet, über die Höhe, an den Mauertrümmern her, lassen uns einen frischen Trunk oben aus dem unergründlich tiefen Brunnen winden und schauen über das Gemäuer und die Felskegel in den drunten gähnenden Schlund, um dessen Felsriffe und Burgruine, eintöniges Mühlengeklapper und düstre Wipfelschatten, eine Veit Webersche Sagenpoesie schwebt, wenn in der Dämmerung die grosse Reheverzehrende Ohreule Schufut sie umkreist."

Im Konzept der Droste fällt die Vorstellung des Klusenstein viel lebendiger aus: *wir klimmen den Berghang hinan, und fortan nicht ganz ohne Gefahr und Schwindel den Ziegenpfad, der über eine halbe Stunde wieder an Klippen herleitet, zuweilen ist nur Fußbreiten Raum über der senkrecht unter uns schäumenden Hönne,– Trümmer vom Regen aus der Felswand gewaschen, hindern den Schritt grade an den schlimmsten Stellen, und Mancher kehrte gern um, aber der Raum zum Wenden fehlt.– aber in Gottes Namen voran – wer den Ziegenpfad betreten hat den Schild hinter sich geworfen – jetzt ist wieder das Thal fast nur noch eine Schlucht zu nennen, immer wilder und düstrer klemmt sichs vor uns zusammen, wo das Gebrause und der Schaum einer Mühle uns aus dem Kessel entgegen stürmen – endlich ists überstanden der Pfad setzt sich und wir stehn an einem Stege – den das Wasser jeden Augenblick zu überkollern droht – jedenfalls die treibenden Räder, über Uns eine kühne kuppige Felswand, Zacke über Zacke aufsteigend drüber und als Krone, die Ringmauern der alten Burg aus Denen ein Bauernhaus hervor lugt, gleich einem guten wohlbehabigten Pächter, der auf einem bequemen Platz Wacht hält über uns und ein Wandeln seiner Kornsäcke drunten an der Mühle – etwas seitab, durchs Gebüsch, und wir stehn am Eingange der Höhle, der uns wie ein schwarzes Thor entgegen gähnt, das Gewölbe ist schön – geräumig,– an der Decke und Seitenwänden Stalaktiten von röthlichem Stein,– an den Spitzen ein graulicht glänzender Tropfen der langsam fällt, auch die Höhle mit seinem monotonen Takte einschläfert.– Im Hintergrunde klaffen zwey dunkle Spalten, Aus- und Eingang eines Ganges den man etwas scheu vor dem aus jeder Spalte niedersickernden Wasser, unter Vorleuchten einer Laterne, tapfer, Schritt vor Schritt betritt – bald aufrecht – bald bükkend vor dem wie Spieße abwärts drohendem Tropfsteinzapfen – bald scheint das Gestein uns nieder zu rollen – sehr beleibten Menschen ist die Fahrt nicht zu rathen,– ein würdiger Mann und gelehrter Professor, hätte hier fast sein Leben gelassen – eingeklemmt sich selbst und seinen vorschreitenden Gefährten – mit jeder Minute mehr die Luft bangend, gelang es ihm nur durch einen verzweifelten Ruck gequetscht, geschunden und mit Verlust eines Rockschooßes die Oberwelt zu erreichen, und er schwört seitdem nicht höher als bey dem Schrecken der Klusensteiner Höhle – Wir indessen, die wir keine 300 Pfund wiegen, drängen Uns, von vorne,– Bücken! Bücken – immer tiefer, endlich jede Würde der Menschheit verläugnend, auf allen Vieren,– der Führer hebt die Laterne, und läßt unser Ebenbild den Hunden ähnlich an der Decke hervortreten,– gottlob das er nicht freier ist, sein Rachen lau-*

Gutshof Klusenstein. Mitte des 14. Jahrhunderts gegründete Burg mit schlichtem steinernem Hauptgebäude

ert grade über unserm Genick – es ist überstanden, wir richten uns auf, Die Schimmer des Tages dringt uns entgegen – wir stehen in der Eingangshalle eh wirs gedacht, und sind überrascht einen Halbkreis beschrieben zu haben, während wir uns den Eingeweiden der Erde nur mehr zu nähern glaubten – man athmet auf und nimmt den Rückweg über die Höhe an den Mauertrümmern her, läßt sich droben einen frischen Trunk aus dem nahen Hundert Fuß tiefen Schloßbrunnen winden, schaut noch einmahl über dies Gemäuer und die Felsen auf die berstenden Räder, das tosende Wasser den drunten gähnenden Schlunde und ist doch froh Klusenstein gesehn zu haben. –

➤ Man erreicht den Gutshof auf dem Klusenstein durch das Hönnetal auf der B 515. Nachdem man die Bundesstraße an der Abzweigung Richtung Hemer verlassen hat, biegt man an der ersten Möglichkeit links ab. Sofort wieder links führt der Weg auf Haus Klusenstein zu. Mit der beschriebenen Tropfsteinhöhle dürfte die Feldhofhöhle gemeint sein, die sich allerdings nicht, wie die Droste beschreibt, in unmittelbarer Nähe des Klusensteins befindet.

Die Sundwicher Höhle. Stich von Carl Schlickum, 1841

Ansicht der Stadt Meschede

Man erreicht die Höhle am besten von Haus Recke an der B 515 aus; von dort führt der Wanderweg A 3 zur Feldhofhöhle.

MENDEN

Annette von Droste-Hülshoffs „Sauerländische Reise" streift auch den Ort Menden. Auf dem Konzeptblatt MA I 3 heißt es: *so schlendern wir die Wiesen entlang, bis zur Hönne, einem kregeln Wässerchen, das so laut kräht – so kraus und zänkisch wie ein englisches Hühnchen, durch Menden und an seinem höchst reizenden Romberge hin, in dessen Anlagen ein schönes liegendes Christusbild bewundert wird, und man sich der Täuschung hingiebt, in dem Schwanken der drüber neigenden Zweige die steinerne Brust auf und nieder bewegen zu sehn –*

MESCHEDE

Gut Laer

Kapelle auf dem Klausenberg

Bei der Schilderung Meschedes, des Gutes Laer und der Kapelle auf dem Klausenberg stützte sich Schücking wiederum ganz auf Material, das ihm von der Droste zur Verfügung gestellt worden war: „Die Chaussee führt durch das Ruhrthal ⟨es folgt eine kurze Beschreibung → Eversbergs⟩ nach dem Städtchen Meschede, einem der schönsten Punkte des Süderlandes, aber sich fast aller Beschreibung durch den Mangel des charakteristisch Hervorstechenden entziehend; was hilft's zu sagen, das Thal hat angenehme Dimensionen, die Berge haben anmuthig wallende Formen, sind ausserordentlich schön bewaldet und reich an lieblichen Contrasten durch hochstämmiges und junges Laub- und Nadel-Holz – die Ruhr macht einen allerliebst coquetten Bogen, die daran wie eine schmucke Dirne vor dem plätschernden Brunnen-Kübel stehende kleine Stadt ist blanker und reinlicher als gewöhnlich; an dem Ruhrufer entlang läuft eine der ebensten und schönsten Chausseen Deutschlands? Und doch sind dies die scheinbar geringen Mittel, durch welche eine der reizendsten Gegenden gebildet wird. Meschede ist ein Ort, in dem es schwer sein muss, traurig zu sein, so hell und freundlich und dem Auge wohlthuend tritt uns Alles entgegen; es ist der höchste Triumph des eigentlich Mittelmässigen, die Lorbeerkrone des im Grunde Unbedeutenden. Jedermann nennt diese Gegend eine paradiesische und mit Recht; dennoch lässt sich nichts daraus hervorheben, es gibt weder Felsen, noch Ruinen, noch bedeutende Bergformen; aber eine Klause gibt es, am Berge nächst der Chaussee, die mit ihrem Thürmchen oder Glockenstuhl an der Fichtenwand eine gar reizende Wacht hält, und ihr Glöckchen über die darunter liegende Stadt schallen lässt, wenn dem armen Bruder die Lebensmittel ausgegangen sind, wo sich dann alles beeilt, ihn wieder zu verproviantiren. Ein angenehmer Spaziergang führt an der Klause vorüber nach dem Gräflich Westphalschen Gute Laar, das inmitten seiner ausgedehnten Garten- und Parkanlagen, in der ohnedies schönen Lage am Ruhrufer eine neidenswerthe Besitzung bildet. Unter Andrem macht eine Reihe schwindelnd hoher lombardischer Pappeln hart unter dem Berghange und sich längs seiner Fichtenwand abschatti-

Gut Laer bei Meschede. Zeitgenössische Zeichnung

rend, einen pittoresken, fast grandiosen Effekt. Bald auf dem rechten, bald auf dem linken Ufer laufend, zieht von hier die Chaussee über unzählige Brücken sich durch das immer malerische Thal, über frische Auen, an bekränzten Höhen vorbei. Dann verlässt sie die Gestade des Flusses, der rechts seitab strömt, führt an dem stattlichen ehemaligen Kloster Rumbeck her und zieht einen Berghang hinan bis zu dem Punkte, wo man in ein neues Stromthal hinabschaut, kaum glaubend, es sei der herrliche Fluss da unten die jüngst verlassene Ruhr …"

➤ Das Rittergut Laer befindet sich etwa 2 km westlich von Meschede an der Landstraße nach Arnsberg. Die Klause liegt am westlichen Ortsrand von Meschede.

OSTWIG

In Ostwig wohnte ein Zweig der **Familie von Lüninck**. Die Droste war seit 1842 weitläufig mit dieser Familie verwandt, als ihre Cousine **Jenny von Wolff-Metternich** (Tochter ihrer Tante **„Dorly" von Wolff-Metternich**) **Karl Theodor von Lüninck** heiratete.

Gut Laer. Ins Mittelalter zurückreichendes Lehnsgut des Stiftes Meschede mit einem aus der Renaissance stammenden Hauptgebäude

Ausschnitt aus der Karte „Rheinland und Westfalen“ (1841–1858)

Wamel
Ob. Bergheim
Wessendorf
Mühlheim
Welschenbeck
Völlinghausen
Allagen
Nd. Bergheim
Hirschberg
Die Hühle
Lattenberg
Beumlingen
Ensterknick
Stimmstamm
Ensten
Bockum
Olpe
Stockhausen
Wennemen
Meschede
Stesse
Berghausen
Nied
Berge
Walle
Mühlsborn
Heggen
Immenhausen
Enkhausen
Remlinghausen
Löllinghausen
Mielinghausen
Schüren

Ansicht von Meschede mit der Kapelle auf dem Klausenberg, eine im Stil der Romantik und der Renaissance erbaute Kapelle, die zunächst von Klausnerinnen, später von Klausnern bewohnt wurde

Im „Malerischen und romantischen Westphalen" wird Ostwig nur beiläufig erwähnt; ebenso auf dem überlieferten Konzeptblatt der Droste. Dort ist lediglich von *Ostwig und seinem schönen Thal voll Klippen und Baumschatten* die Rede.

PLEISTERLEGGE
(Wasserfall / Ramsbeck / Bestwig)

Mit Pleisterlegge wird ein Waldgebiet mit einem Wasserfall unterhalb des Ortes Wasserfall im Elpetal bezeichnet. Daß Schücking beim „Malerischen und romantischen Westfalen" allenfalls redaktionelle Tätigkeiten ausübte und keinesfalls originär-schöpferisch tätig wurde, zeigt auch die folgende Schilderung, die abermals fast vollständig auf dem Konzept der Droste fußt. Nur an zwei Stellen griff Schücking gravierend in das Manuskript ein: Bei ihm stürzt der Wasserfall nicht (wie bei der Droste) 80 Fuß in die Tiefe, sondern lediglich 50 Fuß; außerdem ließ Schücking die einschränkende Schlußsentenz entfallen, die bei der Droste lautet: *daß der Fall nicht immer gleich schön ist, daß Regenbäche und selbst Wasserstauungen durch Deiche hierbey zuweilen einwirken, darf*

Haus Ostwig

Haus Ostwig

hier nicht zum Vorwurf gereichen, da es in dem Lippischen und mitunter in der wirklichen Schweiz nicht anders zugeht.

Die entsprechende Passage im „Malerischen und romantischen Westphalen" lautet: „Etwa zwei Stunden weiter ⟨von Bruchhausen⟩ in's Gebirge hinauf bringen uns nach der Pleister-Legge (Lei, Gestein,) und einem so schönen Wasserfall, als ihn eine Berggegend, die doch nur zweiten Ranges ist, bieten kann. Von Bruchhausen her führt ein anmuthiges Thal dorthin, durchrauscht von der kleinen muntern Elpe, von grünen Laubholzhöhen beschirmt, die nur selten in Felsparthien die steinernen Rippen ihres Baues durchscheinen lassen. Nur der, etwa in der Mitte des Weges liegende Ohlenberg macht eine Ausnahme und glotzt, nur am Fusse reich bewaldet, mit kahlem Schädel weit über die andern fort, wie ein verdriesslicher Alter, dass unter all den grünen Gesellen er allein noch im Mai mit schneegebleichtem Haupte stehen muss. Das Thal verengt sich, die Strasse klimmt die Höhen hinan und läuft an ihnen unter dem Laubdach hin, unten rauscht über Schlacken und Gestein immer unruhiger ihr Funken spritzend die Elpe, zuletzt Schaumwellen sich nach reissend, wenn wir dem Getöse des Wasserfalls uns nahen. Nun seitwärts, eine Felswand tritt uns entgegen, eine andre neben uns, eine dritte dieser gegenüber, und ein starker über dem Mittelriff aus unzähligen Quellchen und Zuflüssen zusammengerieselter Bach stürzt senkrecht eine Höhe von vielleicht 50 Fuss hinab, in eine Garbe von Wasserstralen zersplitternd, dann noch eben so tief über Trümmer und Absätze schäumend und aufdampfend. Wir stehen auf unsrer kleinen Terasse im feinen Dunstregen, betäubt von dem Getose und Gezisch, geblendet vom auffahrenden Schaume; von allen Bergen rieseln und kollern Quellen, den fast nur als Staub unten ankommenden Bach verstärkend und mit ihm der Elpe zueilend. Ueber dem Sturze einige hundert Schritt zurück liegt das Dörfchen Wasserfall, nur sichtbar,

Pleisterlegge. Der Wasserfall unterhalb des Ortes Wasserfall

Das Gut Rödinghausen. Heutiger Zustand

wenn wir die ganze Höhe erklimmen, um den Sturz aus der Vogelperspective zu betrachten; das Thal schliesst sich dort und streckt nur noch einen Büschel Polypenarme als Schluchten und Wege in die Berge aus, wie um sich anzuklammern in der Furcht, von dem Wasserstosse losgerüttelt zu werden."

➤ Man erreicht den Wasserfall entweder von dem Ort Wasserfall (bei Ramsbeck, 6 km südlich von Bestwig) aus auf einem steil nach unten führenden, nicht gut befestigten Weg durch den Wald oder von unten aus dem Elpetal von dem Wanderparkplatz Wiggeringhausen aus. Der von der Droste beschriebene Weg, der von Bruchhausen zur Pleisterlegge führt, ist heute in der Form nicht mehr begehbar. Es führt aber ein Wanderweg von Assinghausen über Wulmeringhausen und Wiggeringhausen nach Wasserfall.

RÖDINGHAUSEN (Menden)

Gut Rödinghausen war Wohnsitz der befreundeten **Familie von Dücker**. Zwei Töchter der Familie wuchsen zeitweilig in Hülshoff auf. 1808/09 war dies **Sophie von Dücker** und von Sommer 1821 bis Mai 1822 ihre Schwester **Elise**. Die Droste besuchte das Gut der Familie ebenfalls während ihrer Sauerlandreise im September 1824.

➤ Das Gut Rödinghausen ist zu erreichen von der B 515 aus (Hönnetal) über den Ort Hüingsen südlich von Menden.

WASSERFALL → PLEISTERLEGGE

RAD- UND WANDERWEGE

Auf folgende Rad- und Wanderwege sei besonders hingewiesen:

Annette-von-Droste-Hülshoff-Wanderweg Der Wanderweg wurde 1995 angelegt. Er umfaßt eine Gesamtlänge von 46 km und führt von Marienmünster über Nieheim nach Lichtenau-Herbram-Wald. Die Tour schließt 3 Übernachtungen, Verpflegung sowie Personen- und Gepäcktransfer mit ein (nähere Informationen: Fremdenverkehrsverband Corveyer Land; s. u.).

Der „Dreizehnlinden-Wanderweg"
Der „Dreizehnlinden-Wanderweg" orientiert sich an den Lebensstationen des „Dreizehnlinden"-Dichters Friedrich Wilhelm Weber, bezieht aber auch die Wirkungsstätten des Bökendorfer Kreises mit ein. Der Weg wurde 1994 aus Anlaß des 100. Todestages von Friedrich Wilhelm Weber eingeweiht. Er läßt sich sowohl auf einem Rundwanderkurs als auch als Sternwanderung in 4 Tagesetappen erwandern. Als Start und Ziel des Rundwanderkurses bietet sich Bad Driburg an. Als Ausgangsort für die Sternwanderung ist Nieheim als zentral gelegener Ort gut geeignet. Die Stationen im einzelnen: 1. Tag: Alhausen-Rosenberg-Bad Driburg-Iburg-Sachsenring-Alhausen; 2. Tag: Alhausen-Emder Höhe-Emde (ehemalige Waldglashütte)-Emder Bach-Bellersen-Bökendorf; 3. Tag: Bökendorf-Altenbergen-Vörden-Marienmünster-Schloß Thienhausen; 4. Tag: Schloß Thienhausen-Entrup-Nieheim-Pömbsen-Alhausen (vgl. Helmut Waldmann: Der Dreizehnlinden-Wanderweg. In: Walter Gödden (Hg.): Westfälische Dichterstraßen 1: Südostwestfalen. Münster 1996, S. 101–105).

HINWEISE FÜR BESUCHER

Haus Rüschhaus, Am Rüschhaus 81, 48161 Münster-Nienberge (Tel. 0 25 33/13 17)
Öffnungszeiten: 1. März bis 30. April und 1. Nov. bis 23. Dez.: dienstags bis sonntags 11–13 Uhr und 14–16 Uhr; 1. Mai bis 31. Oktober: dienstags bis sonntags 10–13 Uhr und 14.30–17.30 Uhr

Burg Hülshoff, 48329 Havixbeck (Tel. 0 25 34/ 10 52)
Öffnungszeiten: Mitte März bis Mitte Dezember täglich 9.30–18 Uhr

Museum Bökerhof
Geöffnet an Wochenenden und nach Absprache. Tourist-Information Brakel, Am Markt 5, 33034 Brakel (Tel. 0 42 72/36 02 69).

Schloß Corvey mit Abteikirche, Bibliothek und Museum
Geöffnet vom 1. April bis 30. Oktober täglich 9–18 Uhr. Informationen bei der Rentkammer Corvey, Schloß Corvey, 37671 Höxter (Tel. 0 52 71/68 10)

Bei allen anderen Objekten ist nur Außenbesichtigung möglich.

LITERATUR (Auswahl)

Werke und Briefe der Droste werden nach der Historisch-kritischen Droste-Ausgabe, hg. von Winfried Woesler. Tübingen 1978 ff. zitiert; die Konzepte der Droste zum „Malerischen und romantischen Westphalen" nach der Arbeit von Ortrun Niethammer (s. u.). Die Bearbeiter konnten auf Materialien der Droste-Forschungsstelle in Münster zurückgreifen.

Ulrich Ernst: *Literatur und Literaten in – um – aus Brakel*, in: Jahrbuch Kreis Höxter 1985, S. 169–193

Ulrich Ernst, Werner Broer: *Spuren der Literaturgeschichte* (Erholung mit Kunst und Kultur). Detmold 1993

Liselotte Folkerts: *„... nichts Lieberes als hier – hier – nur hier ..." Haus Rüschhaus. Annette von Droste-Hülshoffs Einsiedelei in Literatur und Kunst einst und jetzt.* Münster 1986

Liselotte Folkerts: *Haus Rüschhaus. Von Johann Conrad Schlaun erdacht und von Künstlern ins Bild gebracht.* Münster 1995

Walter Gödden, Iris Nölle Hornkamp. *Dichter – Stätten – Literatouren. Literarische Gedenk- und Erinnerungsstätten in Westfalen.* Münster 1992 (Kulturlandschaft Westfalen 1)

Walter Gödden (Hg.): *Westfälische Dichterstraßen 1: Südostwestfalen.* Münster 1996 (mit Beiträgen von Johannes Heinemann, Franz Schuknecht, Helmut Birkelbach, Günter Tiggesbäumker und Helmut Waldmann)

Walter Gödden: *Tag für Tag im Leben der Annette von Droste-Hülshoff. Daten, Texte, Dokumente.* Paderborn 1. und 2. Aufl. 1996.

Walter Gödden: *Sehnsucht in die Ferne. Annette von Droste-Hülshoffs Reisen durch die Biedermeierzeit.* Düsseldorf 1996

Peter Heßelmann: *August Freiherr von Haxthausen (1792–1866). Sammler von Märchen, Sagen und Volksliedern, Agrarhistoriker und Rußlandreisender aus Westfalen.* Ausstellungskatalog der Universitätsbibliothek Münster. Münster 1992

Walter Huge: *„Dort drüben, in Westfalen." Zur Literaturgeschichte einer Landschaft*, in: Westfälische Zeitschrift 128, 1978, S. 104–118

M. Apollinaris Jörgens: *Ludowine von Haxthausen (1794–1872). Waisenmutter, Erzieherin, Bahnbrecherin einer zeitgemäßen Frauenbil-*

dung, Wohltäterin der Armen, in: Droste-Jahrbuch 2, 1988–1990. 1990, S. 153–165

Carl Knüppel: *Annette von Droste-Hülshoff und Billerbeck.* In: Westfälischer Heimatkalender 12, 1958, S. 183–185

H.D. Krus: *Mordsache Soistmann Berend. Zum historischen Hintergrund der Novelle „Die Judenbuche" von Annette von Droste-Hülshoff.* Münster 1990

Karl E. Mummenhoff/Winfried Woesler: *Haus Rüschhaus.* Münster 1986

Karl Moritz (Hg.): *Chronik von Nienberge.* Nienberge 1983

Ortrun Niethammer: *Vorarbeiten für den Band „Verschiedenes" (VII) der historisch-kritischen Ausgabe der Werke und des Briefwechsels von Annette von Droste-Hülshoff.* Diss. masch. Osnabrück 1991

Günter Tiggesbäumker: *Die Fürstliche Bibliothek zu Corvey.* Münster 1994 (Westfälische Kunststätten 71)

Annelise Raub: *Burg Hülshoff.* München, Zürich 1989

Annelise Raub: *Die Gestade der Annette-Ledwina. Nach 150 Jahren – zwischen Rüschhaus und Burg Hülshoff.* In: *Annette von Droste-Hülshoff. 1797–1848. Wie sie lebte, wie sie war, was sie schrieb.* Hg. von Rainer A. Krewerth. Münster 1990, S. 76–86

Annelise Raub: *Annette von Droste-Hülshoff und ihr Kreis.* Münster 1991

Heinz Rölleke: *Die Brüder Grimm und Bökerhof*, in: Jahrbuch Kreis Höxter 1986, S. 73–78

Thomas F. Schneider: *Annette von Droste-Hülshoff. Die Balladen. Text/Dokumentation.* Osnabrück 1995

Levin Schücking und Ferdinand Freiligrath: *Das malerische und romantische Westfalen.* Faksimile-Nachdruck der 2. Auflage 1872. 7. Ausgabe. Paderborn 1977

Karl Schulte Kemminghausen/Winfried Woesler. *Annette von Droste-Hülshoff.* München 1981

Günter Tiggesbäumker: *Der Bökendorf Kreis und der Bökerhof. Ein literarisches Zentrum in Ostwestfalen.* In: Jahrbuch Kreis Höxter 1996, S. 9–28

Hildegard Westhoff-Krummacher: *Westfalen als Absatzmarkt für Fürstenberger Porzellan*, in: *Weißes Gold aus Fürstenberg. Kulturgeschichte im Spiegel des Porzellans 1747–1830.* Ausstellungskatalog Münster 1988, S. 21–31

Ulrich Wollheim: *Haus Rüschhaus.* München, Zürich 1987

Winfried Woesler: *„Wagen mit Menschen war Nachts in Tobel gestürzt". Annette von Droste-Hülshoff machte Station in Dülmen.* In: Dülmener Zeitung, 24. September 1994.

MIT DEM AUTO, DEM FAHRRAD, ZU FUSS ...

Es liegt eine Vielzahl allgemeiner Reiseführer vor, anhand derer sich selbständig Exkursionen planen und vorbereiten lassen. Exemplarisch seien genannt:

Radwanderkarte „100-Schlösser-Route". 1:75000. Das grüne Schloßsymbol führt auf einem 1080 km langen Rundkurs durch das Münsterland. 33 Kartenausschnitte und Beschreibungen der Sehenswürdigkeiten. Erweiterte Aufl. 19,80 DM

Freizeitkarte Münster und Umgebung. 1:25000 8,80 DM

Auto-, Rad- und Wanderatlas Münsterland, Rad- und Wanderführer. 112 Seiten. Mehr als 100 Farbbilder und 45 Kartenseiten 19,80 DM

Pättkesführer durchs Münsterland. 1:50000. 125 Seiten. 84 ausgearbeitete Vorschläge. 28 Abb., Tourenkarte. 25 DM

Münster-Münsterland. Polyglott-Reiseführer mit 35 Illustrationen sowie 10 Plänen und Karten. 64 Seiten. 9,80 DM

HB-Bildatlas Münster und Münstland. Mit Stadtplan von Münster 1:10000 und Autokarten vom Münsterland 1:150000. 98 Seiten 14,80 DM

NÄHERE INFORMATIONEN

Stadtwerbung und Touristik Münster. Stadt Münster, 48127 Münster (0251/492-2721/2723; Fax 0251/492-7747)

StattReisen Münster. Ludgeriplatz 2. 48151 Münster (Tel. 0251/521600; Fax 0251/523400)

Münsterland Touristik. Grünes Band. Hohe Schule 13, 48565 Steinfurt (Tel. 02551/939291; Fax 02551/939293)

Tourist-Information Brakel. Am Markt 5. 33034 Brakel (Tel. 04272/360269)

Touristikzentrale Paderborner Land. Königstraße 16. 33142 Büren (Tel. 02951/970300; Fax 02951/970304)

Fremdenverkehrsverband Corveyer Land. Corveyer Allee 21. 37671 Höxter (Tel. 05271/974320; Fax 05271/974330)

Provinzial-Nachtbusse von Dortmund bis Steinfurt – für mehr Sicherheit auf den Straßen

Innovationspreis Münsterland – Ansporn für die Innovationskraft der Region

Westfälische Wilhelms-Universität – für die Zukunft bestens gerüstet sein

Westfälisches Landestheater – für kulturelle Vielfalt, die sich landesweit sehen läßt

Engagement für Westfalen.

Die Provinzial unterstützt eine Vielzahl von Aktivitäten. Sie fördert neue Ideen und macht sich stark für mehr Sicherheit und Lebensqualität. Dabei verfolgt sie vor allem ein Ziel: Das Engagement soll den Menschen vor Ort konkret zugute kommen.

Westfälische PROVINZIAL
Versicherung der Sparkassen

BILDQUELLEN

Fotoarchiv Karl Heinz Baltzer: S. 10 (beide), 11, 24 (unten), 25 (unten), 26, 32 (oben), 37, 40, 41 (unten), 42, 46, 48, 52, 67 (unten), 69, 75, 78, 79, 80, 81, 84, 89 (unten), 90 (unten), 103, 105, 107, 108, 114 (unten), 118, 128 (beide), 129 (unten), 130 (oben), 134, 136 (unten), 140 (oben), 141 (unten), 144, 145 (beide), 147, 148 (oben), 150, 151, 152 (unten), 161 (unten), 162 (unten), 163 (oben), 167 (unten), 171, 173 (oben), 179 (unten); Fotoarchiv Dr. Jochen Grywatsch: S. 125, 166, 175 (unten), 180; Fotoarchiv Dr. Günther Tiggesbäumker: S. 135; Landesbildstelle Westfalen, Münster: S. 73 (unten), 74 (oben), 98, 106, 140 (unten); Nordrhein-Westfälisches Landesvermessungsamt, Bonn-Bad-Godesberg: S. 16/17, 22/23, 86/87, 96/97, 110, 116, 126/127, 138, 158/159, 176/177; Westfälisches Amt für Denkmalpflege, Münster: S. 9, 21, 24 (oben), 25 (oben), 27, 28, 29, 30, 32 (unten), 35 (beide), 39, 41 (oben), 43, 44, 45 (beide), 47, 58, 59, 67 (oben), 68 (oben), 72 (oben), 74 (unten), 77, 90 (oben), 91, 100, 101, 109, 112, 114 (oben), 117, 119, 123 (beide), 129 (oben), 130 (unten), 132, 133 (beide), 136, 137, 139 (oben), 142, 143, 146 (beide), 148 (unten), 149, 152 (oben), 153, 161 (oben), 162 (oben), 163 (unten) 164 (beide), 167 (oben), 170, 172, 175 (oben), 179 (oben); Westfälisches Landesmuseum für Kunst und Kulturgeschichte Münster: S. 8, 53, 55, 57, 61, 62, 122, 166, 168, 174, 178 (oben). Bildvorlagen: S. 72 nach Johannes Claassen: Anna Elisabeth von Droste-Hülshoff. Gütersloh 1879; S. 73 (unten) nach Ferdinand Freiligrath, Levin Schücking: Das Malerische und romantische Westphalen. 1. Aufl. 1841; S. 169 nach ebd., 7. Ausg. Paderborn 1977; S. 120, 121 nach Ingrid Koszinowski, Vera Leuschner: Ludwig Emil Grimm. Zeichnungen und Gemälde. Marburg 1990; S. 139 (unten) nach Karl Eugen Mummenhoff: Schlösser und Herrensitze in Westfalen. Nach alten Stichen. Frankfurt 1958; S. 65 nach Elise Rüdiger: Berühmte Liebespaare. Braunschweig 1870; S. 54, 63, 66, 68 (unten) nach Karl Schulte Kemminghausen, Winfried Woesler: Annette von Droste-Hülshoff. 4., in Text und Bild völlig veränd. Aufl. München 1981; S. 131 (unten) nach Weißes Gold aus Fürstenberg. Kulturgeschichte im Spiegel des Porzellans 1747–1830. Ausstellungskatalog des Westfälischen Landesmuseums für Kunst und Kulturgeschichte. Münster 1988; S. 131 (oben) und 141 (oben) nach Weserbuch. Ein erklärender Begleiter auf der Weserreise. Bearb. von August Engel. Hameln 1845. Reprint Hameln 1990.

PERSONENREGISTER

Nicht aufgenommen wurden Namen, die in literarischen Texten vorkommen, sowie Namen, die in den Briefen der Autorin nur beiläufig erwähnt werden.

KULTURLANDSCHAFT WESTFALEN

Walter Gödden/Iris Nölle-Hornkamp
Dichter-Stätten-Literatouren

Die literarische Vergangenheit Westfalens wird in diesem ungewöhnlichen Reiseführer vor den Augen des Lesers ausgebreitet und „erfahrbar“ gemacht. In alphabetischer Reihenfolge werden die Orte in Westfalen beschrieben, die als Schauplätze literarischen Schaffens mehr oder weniger bekannt sind. Von A wie Ahaus, wo Annette von Droste-Hülshoffs Erzählung „Die Schlacht im Loener Bruch“ spielt bis zu W wie Witten in dem Carl Emil Uphoff die „Werksgenossenschaft Worpswede“ gründete, findet der an Westfalen und an Literaturgeschichte interessierte Leser viele wertvolle Hinweise zu Orten in seiner näheren oder weiteren Umgebung, die eine Reise oder einen Kurztrip wert sind.

1992, 176 Seiten, 200 Abb., Br., DM 19,80 ISBN 3-87023-000-2

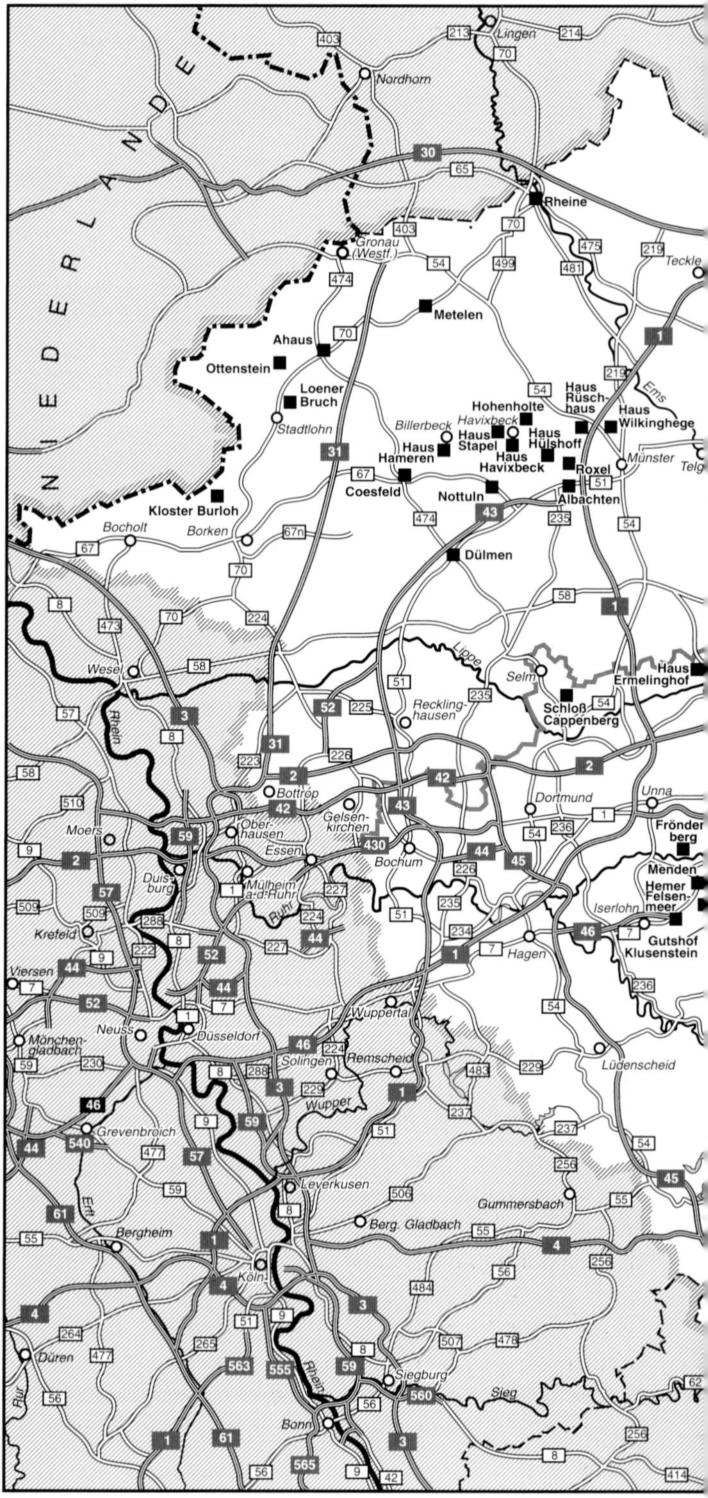
N I E D E R L A N D E
Lingen
Nordhorn
Rheine
Gronau (Westf.)
Teckle
Metelen
Ahaus
Ottenstein
Loener Bruch
Stadtlohn
Ems
Haus Rüsch-haus
Hohenholte
Havixbeck
Haus Wilkinghege
Billerbeck
Haus Stapel
Haus Hülshoff
Haus Hameren
Haus Havixbeck
Münster
Telg
Roxel
Coesfeld
Nottuln
Albachten
Kloster Burloh
Bocholt
Borken
Dülmen
Lippe
Wesel
Selm
Haus Ermelinghof
Rhein
Schloß Cappenberg
Reckling-hausen
Bottrop
Dortmund
Unna
Moers
Ober-hausen
Gelsen-kirchen
Fröndenberg
Essen
Bochum
Menden
Duis-burg
Mülheim a.d.Ruhr
Hemer Felsen-meer
Ruhr
Iserlohn
Krefeld
Gutshof Klusenstein
Hagen
Viersen
Wuppertal
Neuss
Düsseldorf
Mönchen-gladbach
Solingen
Remscheid
Lüdenscheid
Wupper
Grevenbroich
Leverkusen
Erft
Gummersbach
Berg. Gladbach
Bergheim
Köln
Düren
Siegburg
Sieg
Rur
Bonn

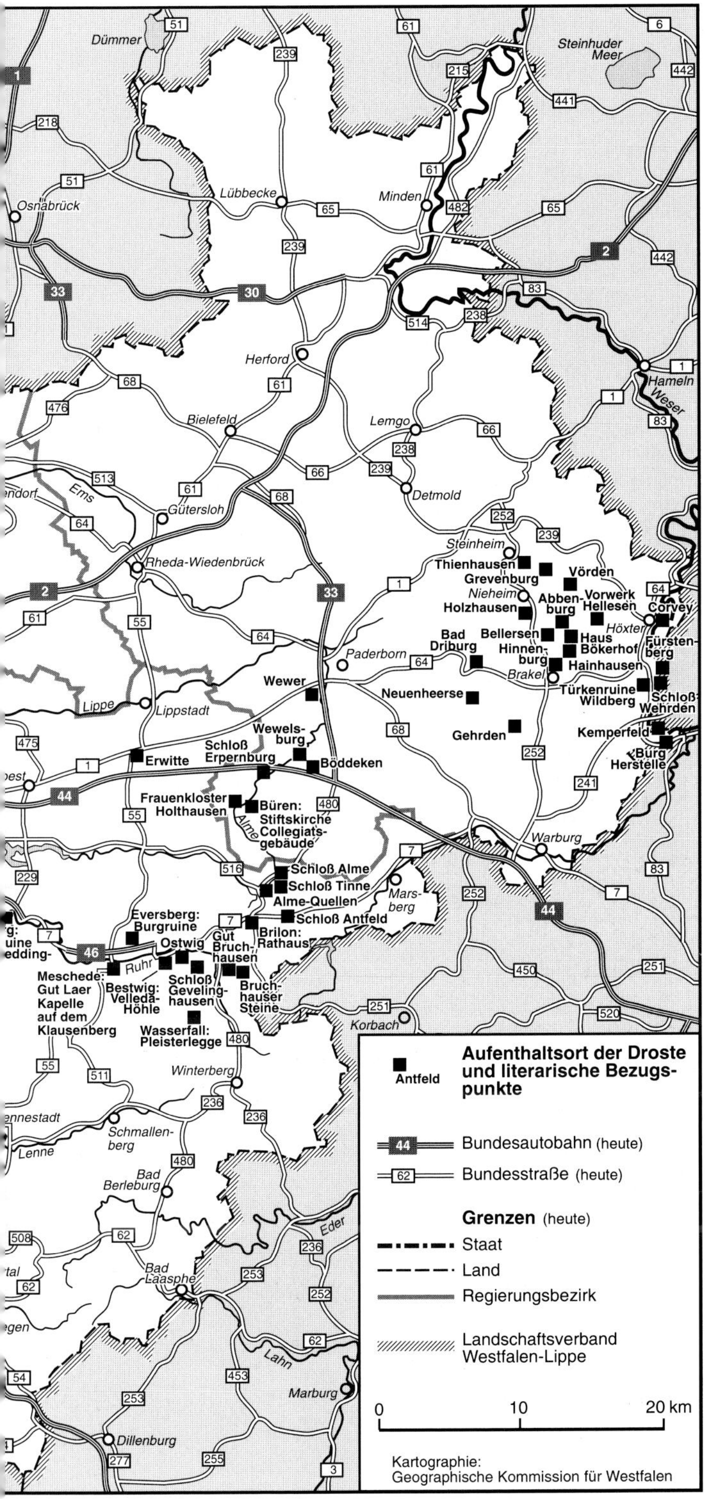
Aufenthaltsort der Droste und literarische Bezugspunkte
Antfeld
Bundesautobahn (heute)
Bundesstraße (heute)
Grenzen (heute)
Staat
Land
Regierungsbezirk
Landschaftsverband Westfalen-Lippe
0
10
20 km
Kartographie:
Geographische Kommission für Westfalen
Dümmer
Steinhuder Meer
Osnabrück
Lübbecke
Minden
Herford
Bielefeld
Lemgo
Detmold
Hameln
Weser
Ems
Gütersloh
Rheda-Wiedenbrück
Steinheim
Thienhausen
Grevenburg
Vörden
Nieheim
Holzhausen
Abbenburg
Vorwerk Hellesen
Corvey
Höxter
Bad Driburg
Bellersen
Hinnenburg
Haus Bökerhof
Fürstenberg
Hainhausen
Paderborn
Brakel
Türkenruine Wildberg
Schloß Wehrden
Wewer
Neuenheerse
Lippe
Lippstadt
Wewelsburg
Gehrden
Kemperfeld
Burg Herstelle
Erwitte
Schloß Erpernburg
Böddeken
Frauenkloster Holthausen
Büren: Stiftskirche Collegiatsgebäude
Alme
Warburg
Schloß Alme
Schloß Tinne
Alme-Quellen
Marsberg
Eversberg: Burgruine
Schloß Antfeld
Ostwig
Gut Bruchhausen
Brilon: Rathaus
Ruhr
Meschede: Gut Laer Kapelle auf dem Klausenberg
Bestwig: Velleda-Höhle
Schloß Gevelinghausen
Bruchhauser Steine
Wasserfall: Pleisterlegge
Korbach
Winterberg
Schmallenberg
Lenne
Bad Berleburg
Eder
Bad Laasphe
Lahn
Marburg
Dillenburg
1
2
33
30
44
46
51
61
239
215
6
442
218
441
65
482
83
514
238
68
476
513
64
66
252
55
475
480
516
229
7
450
251
520
511
236
508
62
253
54
453
277
255
3
241

KULTURLANDSCHAFT WESTFALEN

Dietmar Sauermann/Sabine Greilich
Sagenhafte Stätten – Ein Reisebegleiter durch die Sagenwelt Westfalens

Die Sagenwelt Westfalens ist bevölkert von heiligen Frauen und Männern, von Hexen, Geistern und Helden, die – eventuell – vor langer, langer Zeit an verschiedensten Orten ihr Unwesen getrieben haben. Die Faszination, die von den alten Sagenstoffen ausgeht, schlägt die Menschen auch in unserer aufgeklärten Industriegesellschaft in ihren Bann. – Mit diesem Reisebegleiter kann man sich auf die Spurensuche nach sagenumwobenen Stätten in Westfalen machen, die Gründe für seltsame Ortsbezeichnungen finden und Rätsel um Riten und Aberglauben lösen.

1993, 208 Seiten, 400 Abb., Br., DM 19,80
ISBN 3-87023-040-1

Ulrich Matzner/Florian Schulze
Barock in Westfalen – Ein Reiseführer

Im Jahre 1695 wurde Johann Conrad Schlaun geboren, dessen Name untrennbar mit dem Spätbarock in Deutschland verbunden ist. Der vorliegende Band informiert über Standorte und Besichtigungsmöglichkeiten barocker Bauten in Westfalen. Der Leser kann sich auf die Spuren von Schlaun begeben und anhand von ausgearbeiteten Rundreisen die schönsten Zeugnisse barocker Baukunst besichtigen oder er schlägt unter einem bestimmten Stichwort im Ortsregister nach, um sich darüber zu informieren, welche Bauten aus dem Barock dort noch erhalten und zu besichtigen sind. Eine kurze Einführung und ein Künstlerverzeichnis geben Aufschluß über das weite Feld der barocken Baukunst.

1995, 250 Seiten, 210 Abb., Br., DM 29,80
ISBN 3-87023-052-5